高等职业教育市场营销类专业系列教材

市场营销项目化教程

主　编　苏爱艳　侯铭海
副主编　田红林　丁　欣　夏　凡
主　审　孙诗梅

中国轻工业出版社

图书在版编目（CIP）数据

市场营销项目化教程／苏爱艳，侯铭海主编. —北京：中国轻工业出版社，2021. 8
高职高专“十三五”规划教材
ISBN 978-7-5019-8245-5

Ⅰ. ①市… Ⅱ. ①苏… ②侯… Ⅲ. ①市场营销学－高等职业教育－教材 Ⅳ. ①F713. 50

中国版本图书馆 CIP 数据核字（2011）第 090234 号

本书以营销职业能力的培养为重点，围绕着营销岗位的要求，以营销岗位任务为载体，结合教育部对高职高专学生的培养理念，以项目为导向、任务为驱动，按照“突出能力目标，以学生为主体，知识理论实践一体化”的原则整体设计课程思路。按照营销岗位的工作流程，教材整体划分为五个模块：认识市场营销、关注营销环境、分析顾客购买行为、制定与选择营销战略与制定营销组合策略。本书可作为高等职业院校、成人高等院校、本科院校开办的二级职业技术学院等相关专业的教学用书，也可作为社会从业人士的业务参考用书、培训用书及自学用书。

责任编辑：张文佳　　责任终审：劳国强　　封面设计：锋尚设计
版式设计：王超男　　责任校对：燕　杰　　责任监印：张　可

出版发行：中国轻工业出版社（北京东长安街 6 号，邮编：100740）
印　　刷：三河市万龙印装有限公司
经　　销：各地新华书店
版　　次：2021 年 8 月第 1 版第 9 次印刷
开　　本：720 × 1000　1/16　印张：15. 75
字　　数：310 千字
书　　号：ISBN 978-7-5019-8245-5　定价：30. 00 元
邮购电话：010－65241695
发行电话：010－85119835　传真：85113293
网　　址：http：//www. chlip. com. cn
Email：club@ chlip. com. cn
如发现图书残缺请与我社邮购联系调换
211006J2C109ZBW

前言

市场营销是高职院校经济类学科体系的重要组成部分，在各经济类专业中，如市场营销、电子商务、物流管理、连锁经营管理等，均将其纳入到专业基础课程体系当中。

本书在编写过程中，吸收了国内外最新的营销理论及营销实践经验，依据营销岗位对营销知识及技能的需要，遵从“项目导向”、“任务驱动”、“教、学、做一体化”等教学思路，设计全书内容。从整体框架上，按照市场营销活动的主要内容，划分为5个模块，19个项目。从具体内容的选取上，保证了理论知识必需、实用、够用，在此前提下突出了技能训练和拓展思维训练，旨在培养学生的营销岗位技能和营销素质。

全书在内容和形式上都力求有所突破。总体来说，有如下特点：

（1）以项目为导向，设计驱动型学习任务，可以有效提高学生学习的自主性和能动性，变被动为主动，使学习效果显著提高。

（2）充分体现了“教、学、做”一体化的教学思路。通过布置学习型任务，结合相关知识的课堂讲授，辅之技能训练项目，做到“教中学”、“学中做”，使学生在课程学习当中就能够掌握一线营销岗位技能。

（3）在各学习项目中，开篇首先说明了该项目的知识目标和能力目标，使学生能够在学习过程中目标明确，有的放矢。

（4）理论基础知识简明扼要，通俗易懂，技能训练过程程序化，对我国目前大众化高等教育中的高职学生尤为适宜。

（5）可读性强。企业的真实案例、趣味性的小案例小思考题、营销寓言故事，大量穿插其中，大大增强了教材的故事性、趣味性、可读性。

（6）大量的基础知识训练、观念应用训练、情景模拟训练、思维拓展训练等内容的设计，有助于学生高效快速地吸收消化所学相关理论知识及提高营销技能。

（7）在写作体例上，考虑到模块间的差异，故未苛求各模块写作体例的严格一致。因此大项目按单元设计的学习任务及相关知识，小项目按项目本身设计的学习任务和相关知识。

本书由多位一线教师合力编写。苏爱艳、侯铭海任主编，由苏爱艳设计全书框架，拟定编写大纲，负责全书的修改、总纂和定稿。田红林、丁欣、夏凡任副主编，孙诗梅任主审。编写具体分工如下：认识市场营销（孙诗梅）、关注营销环境（田红林）、分析顾客购买行为（孙诗梅）、制定与选择营销战略（项目一、项目二、项目三苏爱艳，项目四侯铭海）、制定营销组合策略（项目一侯铭海，项目二苏爱艳，项目三田红林，项目四苏爱艳，项目五田红林、夏凡），丁欣老师、夏凡老师还参与了其他实训项目的编写。

在本书的编写过程中，参考和借鉴了国内外同行的有关论著和研究成果，并得到中国轻工业出版社的大力支持，在此一并表示感谢。

限于编者水平有限，本书的不当或疏漏之处，恳请同行和读者提出宝贵意见，批评指正，我们将不胜感激。

编者

2011年4月

目录
CONTENTS

模块一 认识市场营销……1
项目一 走进市场营销……1
项目二 树立现代市场观念……11
项目三 基础知识及技能训练……18

模块二 关注营销环境……25
项目一 营销环境的内涵及分析方法……25
项目二 宏观环境分析……30
项目三 微观环境分析……39
项目四 基础知识及技能训练……45

模块三 分析顾客购买行为……50
项目一 消费者购买行为分析……50
项目二 产业市场购买行为分析……65
项目三 基础知识及技能训练……72

模块四 制定与选择营销战略……78
项目一 市场营销战略的制定……78
项目二 竞争战略分析……84
项目三 目标市场选择战略……92
项目四 基础知识及技能训练……110

模块五 制定营销组合策略……115
项目一 产品策略的制定……115
项目二 价格策略的制定……143

项目三 分销策略的制定......176
项目四 促销策略的制定......193
项目五 基础知识及技能训练......225

参考文献......245

模块一 认识市场营销

项目一 走进市场营销

知识目标

1. 掌握市场营销及相关概念
2. 理解市场营销管理的任务

能力目标

1. 能够区分营销、促销和推销
2. 能够区分现实需求和潜在需求
3. 能够区分各种不同的需求状态并提出基本的营销对策

引导案例

寻找市场

美国一家制鞋公司，先后派出两个业务员，去某岛国推销鞋子。第一个业务员在岛国考察一天，看到这里的居民都不穿鞋，认为没有市场，所以第二天就打道回府。第二个业务员在岛上待了一个星期，看到这里的人不穿鞋后，认为鞋的市场很大，踌躇满志，计划把鞋运过去卖给岛民。公司为了解更真实的情况，又派出第三个业务员。该业务员在那里考察了三个星期，看到这里的居民不穿鞋，因此认为市场潜力巨大，只是需要开发。他了解到这里的人不穿鞋，原因是他们脚上长有脚疾，他们也想穿鞋，但是公司生产的鞋太窄，并不适合他们。这里的部落首领也不允许外来人上岛做生意。这个业务员看到岛上有大量的土特产，认为公司可以想办法先帮他们将这些土特产卖出去，以换取部落首领对他们上岛售鞋的许可。他还让公司专门制作了一批宽鞋来免费送给岛民，并告诉他们穿鞋的好处。岛民渐渐发现穿鞋确实既实用又舒适而且美观，因此穿鞋的人越来越多。部落首领因为售出了大量的土特产获取了很多收入，也欣然同意了制鞋公司的请求。就这样，第三个业务员通过自己的努力，打破了当地居民不穿鞋的习俗。

三个推销员向同一地区推销同一产品，为什么会出现三种不同的结局呢？

任务分析

要回答上述问题，我们必须对市场营销的一些基本概念有一个清晰的认识。诸如营销中对市场的理解，现实市场的构成要素，现实需求与潜在需求的区别，推销与营销的区别等。因此本项目设置如下具体任务：

结合案例资料，辨析市场营销的相关概念，加深对市场营销的理解，并完成一篇心得体会短文。

相关知识

一、对市场营销的理解

1. 市场营销不同于促销和推销

在现实生活中，我们经常看到各种各样的促销活动和推销活动，很多人认为促销、推销就是市场营销，市场营销就是想办法把产品卖掉，变成现金。

其实不然，市场营销是企业在产品产出之前就已经开始了，是企业系统化管理的活动过程，涉及采购、生产、交换及消费等环节，而促销则是营销活动诸多环节中的一环，是产品生产出来以后才有的活动；推销更是众多促销手段当中的一种，对于整个市场营销活动来讲，可谓是冰山之一角。

从图1-1中可以看出，市场营销的核心内容是以消费者为中心的。企业开展营销活动要从市场调查做起，在弄清楚消费者需求爱好的前提下，进行产品的

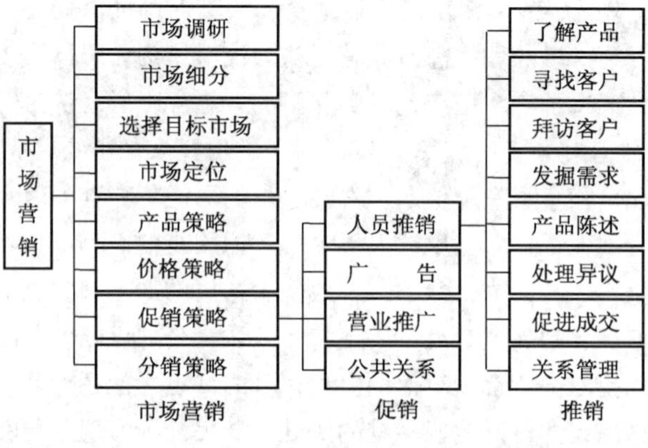

图1-1　市场营销、促销、推销关系图

设计和研发，配合适当的价格、促销、分销等策略，全面为消费者着想。企业如果真正做到了想消费者之所想，急消费者之所急，适消费者之所需，那么推销就显得不必要了。因此美国管理学权威彼得·杜拉克曾说过这样的话：营销的目的就是要使推销成为多余。被称为现代营销学之父的美国西北大学教授菲利普·科特勒也提到："市场营销最重要的部分不是推销，推销仅仅是市场营销冰山的顶端，是市场营销几个职能中的一个，并且往往不是最重要的一个"。

2. 市场营销的含义

迄今为止，国内外学者对市场营销的定义不下上百种之多，企业界对营销的理解更是五花八门，这正反映出了市场营销的复杂性。有人强调市场营销是一种为消费者服务的理论，有人强调市场营销是对社会现象的一种认识，还有人则认为市场营销是通过销售渠道把生产企业同市场联系起来的过程。

在众多的定义中，菲利普·科特勒对市场营销的定义被得到了广泛认可。因此本书采用菲利普·科特勒教授的观点。他指出：

市场营销是个人或组织通过创造并同他人交换产品和价值以满足需求和欲望的一种社会活动和管理过程。

该定义强调了以下几方面内容：

（1）市场营销的主体可以是盈利性的企业，也可以是非盈利性的组织和个人。

（2）市场营销的目的是"满足需求和欲望"。

（3）市场营销的核心是"交换"。

（4）市场营销的对象是"产品和价值"。

（5）市场营销既是企业参与社会的活动过程，同时也是企业的一种经营管理过程。

为更好地理解市场营销的内涵，还需关注与市场营销相关的一些核心概念。

二、与市场营销相关的核心概念

1. 市场

卖方构成行业，买方形成市场。因此，营销学中提及的市场指的是买方，是某种产品的实际购买者和潜在购买者的集合。

在这里仍然采用菲利普·科特勒教授对市场所下的定义。市场是由那些具有特定的需要或欲望，而且愿意并能够通过交换来满足这种需要或欲望的全部顾客。

从定义中可以看出，市场包括三个要素：有某种需要的人、为满足这种需要的购买能力和购买欲望。

用公式表示为：市场=人口+购买力+购买欲望

在营销实践中，市场还有现实市场与潜在市场之分。

上述市场的三要素完全具备，则形成的就是现实市场。

如果只是具备了其中的人口、购买欲望而缺少购买力，或是具备了人口、购买力两个要素，而对产品本身只是感兴趣还未产生购买欲望，则这样的市场就是潜在市场。市场营销的一个重要任务之一就是要通过企业的努力，将潜在市场转化为现实市场。

2. 需要、欲望和需求

人类的需要、欲望和需求是市场营销活动的出发点，是既有联系又有区别的三个概念。

（1）需要。是指没有得到某些基本满足的感受状态。如饿了就想找吃的食物，渴了就想找喝的饮料。需要既包括对食物、衣服、房屋和安全的物质需要，也包括对亲密忠诚和慈爱仁义的社会需要以及对知识和自我表达的个人需要。需要是人类与生俱来的，它产生于市场营销活动之前，市场营销者可以通过各种方式去满足它们，却不能凭空创造人类的需要。

（2）欲望。是指想得到能够满足上述基本需要的具体产品的愿望。可见欲望比需要更深了一个层次。欲望受个人所处的文化背景和社会环境的影响，同时也跟个人的喜好相关。对于同样的需要，不同的文化背景、社会环境及个人喜好，也就表现出了不同的欲望。

课堂思考

一个美国人、一个日本人、一个毛里求斯人、两个分别来自北方和南方的中国人，他们同时饿了，你认为他们最可能的欲望是什么呢？

人们的基本需要是有限的，但是欲望却多种多样。营销者无法创造需要，却可以通过努力来影响人们的欲望。

（3）需求。是指对于有能力购买并且愿意购买的某个具体产品的欲望，即人们常说的有支付能力的需求，也称为现实需求。相对于现实需求而言，人们又习惯将那些虽然有明确意识的欲望，但由于种种原因还没有明确显示出来的需求称之为潜在需求。

企业要想在激烈的市场竞争中取胜，不但要专注现实需求，更应捕捉市场的潜在需求，因为一旦条件成熟，潜在需求就会转化为现实需求，为企业提供无穷的商机。如何将潜在需求变成现实需求，这是每一个营销企业每一个营销人员应该努力思考的问题。

潜在需求通常包括以下几种情况：

购买力不足的潜在需求；适销商品短缺的潜在需求；不熟悉的潜在需求；竞争倾向的潜在需求。

3. 产品

产品是指能够满足人类需要和欲望的任何东西，是用以满足人类需要和欲望的载体。产品可以是有形的实体产品，也可以是无形的产品，如人员、地点、活动、组织、观念等。如感到疲劳时，去参加一场音乐会听歌手唱歌（人员）；到风景区游玩（地点）；参加“希望工程百万行”（活动）；参加俱乐部的活动（组织）；参加研讨会，接受一种新的意识（观念）。

产品的重要性并不在于简单拥有，而在于它是一种人类欲望的满足。因此营销企业及人员不应该将对产品的理解仅局限在有形的实体产品上，那样的话就会患上可怕的“营销近视症”。只要是人们需要的，不管其形态如何，都有可能是企业重要的产品资源。

4. 价值、成本和满意

这里提及的价值是指顾客让渡价值。即顾客总价值与顾客总成本之间的差额。用公式表示为：

顾客让渡价值 = 顾客总价值 - 顾客总成本

（1）顾客总价值。是指顾客从某一特定产品或服务中获得的所有利益，它包括产品价值、服务价值、人员价值和形象价值等。

（2）顾客总成本。是指顾客为获得某一产品所支付的成本，包括货币成本、时间成本、体力成本和精神成本等。

顾客让渡价值理论，在解释顾客为什么愿意购买某品牌产品方面很有说服力，但并没有回答如何才能让顾客产生重复购买行为的问题。营销学认为，顾客是否重复购买取决于其是否满意及满意程度的高低。

（3）顾客满意。指顾客对其需求已被满足程度的感受。顾客满意与否，取决于顾客接受产品或服务后的感知与顾客在接受之前的期望相比较后的体验。

当感知接近期望时，顾客就感到满意。

当感知远远超过期望时，顾客就会感到非常满意和欣喜，甚至产生忠诚。

当感知低于期望时，顾客会感到不满意，甚至会产生抱怨或投诉。如果对顾客的抱怨或投诉采取积极的措施妥善解决，就有可能使顾客的不满意转化为满意，甚至成为忠诚的顾客。

5. 交换

交换是市场营销活动的核心。交换是指通过提供某物作为回报，从他人那里取得所需所欲之物的行为。

人们可以有多种方式取得想要的东西，如自行生产、强行索取、向人乞讨、进行交换。前三种情况，都不能称之为市场营销，只有通过交换的方式，市场营销才存在。

交换的发生要具备五个条件：

（1）至少要有交换的双方；

（2）双方都有对方想要的东西；

（3）双方都有沟通信息和传送物品的能力；

（4）双方都可以自由接受或拒绝对方的物品；

（5）双方都认为是称心如意的，交换的结果比交换前更有利，至少不会比交换前更差。

6. 市场营销组合

市场营销组合是指企业针对选定的目标市场，为满足顾客需求，而对其内部各种可控因素的组合与运用。

1960年，麦卡锡将各种因素归结为四个主要方面的组合，即产品策略（Product）、价格策略（Price）、渠道策略（Place）和促销策略（Promotion）的组合。简称为4P组合。

近年来，由于市场竞争日趋激烈、许多国家政府干预加强和贸易保护主义再度兴起，营销理论有了新的发展，菲利普·科特勒在1984年提出“大市场营销”理论（简称6P）。他提出：营销组合在上述“4P”之外还应加上两个“P”，即“权力”（Power）与“公共关系”（Public Relation ship），就是说要运用政治力量和公共关系，打破国际或国内市场的贸易壁垒，为企业营销开辟道路。

课堂阅读

百事可乐公司进入印度市场

当可口可乐公司被迫退出印度市场时，百事可乐公司就开始制定计划，意图打进这一巨大的市场。百事可乐计划与印度一家商业集团合作，谋求政府的支持，抵制印度饮料公司和反对跨国公司的立法者的抗议。百事可乐公司知道解决问题的关键在于提供一系列印度政府难以拒绝的条件。“百事”提出帮助印度出口部分农作物，其数量足以弥补进口饮料浓缩液的成本；“百事”还许诺集中相当力量在农村销售产品，促进地区经济的发展；“百事”还进一步提出向印度转让食品加工、包装和防水技术。显然“百事”的战略是提供一系列利益组合，从而赢得印度各种利益团体的支持。

可见“百事”的营销问题已超出正常有效经营的4P范围。进入印度市场时，“百事”面对的是6P营销问题，即加上政治和公众舆论，赢得政府和公众的支持，从而进入既定市场，这对公司来说是一个强有力的挑战。

三、企业营销管理的任务

1. 营销管理的实质——需求管理

市场营销管理是指作为营销者的个人或组织科学地组织所拥有的人力、物力、财力等资源，以满足市场需求的过程，包括营销计划、组织、控制等职能。市场营销管理的基础是交换，目的是满足市场需求。

很多人认为，市场营销管理的基本任务就是需求量不足时刺激消费者对产品的需求，这是一种错误的理解。

营销管理的基本任务是合理配置各种有关资源，最大限度地发挥自身优势，高效率地组织营销活动，解决商品供需之间的矛盾，使之能在适当的时间、地点、以适当的价格，向适当的顾客提供适当的产品。

也就是说，在帮助企业实现其营销目标的过程中，营销管理的任务还应该包括协调需求水平、需求时间、需求构成等内容。从该意义上讲，营销管理的实质就是对需求的管理。

2. 不同需求状态下营销管理的任务

不同的需求状态，企业营销管理的具体任务也不同。表1–1列出了八种不同的需求状态及营销管理的具体任务。

表1–1　需求管理状态表

需求状态	营销具体任务	营销管理类型
负需求（否定需求）	扭转需求	扭转性营销（改进性营销）
无需求（零需求）	刺激需求	刺激性营销
潜在需求（未开发需求）	开发需求	开发性营销（创造性营销）
下降需求（衰减需求）	恢复需求	恢复性营销（再生性营销）
不规则需求（波动需求）	协调需求	同步性营销（协调性营销）
充分需求（饱和需求）	维持需求	维持性营销
过度需求（超饱和需求）	限制需求	降低性营销（逆营销）
有害需求	抵制需求	抵制性营销（反营销）

（1）负需求。是指绝大多数人不喜欢，甚至感到厌恶的需求状况。如过时的已经被淘汰的产品。营销管理的任务就是要分析市场为什么不喜欢这种产品，针对目标顾客的需求对产品重新设计，降低价格或采取更积极的促销方案，改变顾客对这种产品不利的信念和态度，将负需求转变为正需求。

（2）无需求。是指目标市场对产品毫无兴趣或漠不关心的需求状况。如消费者陌生或不熟悉的新产品，或与消费者传统观念、习惯相抵触的产品，或被认为是无价值的废旧物资，或在特定市场上被认为是无价值的东西等。因此市场营销的任务就是要通过大力促销及各种营销措施，设法把产品能带来的利益、价值同人们的需要和兴趣结合起来，以引起消费者的关注，刺激消费需求。

（3）潜在需求。是指现有产品或服务尚不能满足的、隐而不现的需求状况。如人们对无害香烟的需求，对节能汽车的需求，老年人对低糖、低胆固醇食品的需求等。因此市场营销管理的任务就是估量潜在市场的大小和发展前景，努力开发能满足潜在需求的新产品或服务。

（4）下降需求。是指市场对某些产品或服务的需求呈下降趋势的需求状况。如酒店里多年来菜式一成不变，光顾的顾客就会越来越少。因此市场营销管理的任务是分析需求下降的原因，决定能否通过开辟新的目标市场、改变产品特色，或采取更有效的促销手段刺激需求，通过创造性的产品再营销来扭转需求下降趋势。

（5）不规则需求。是指市场对某些产品或服务的需求在不同时间、不同季节呈现出很大波动的需求状况，如旅游业、公共交通运输业的不规则需求的情况尤为明显。市场营销管理的任务是要通过灵活定价，大力促销及其他激励手段来改变需求的时间模式，使产品或服务的供求在时间上趋于同步。

（6）充分需求。是指市场对某种产品或服务的需求水平和时间与预期相一致的需求状况，即供求平衡。这是一种最理想的需求状况。但是这种状态不会一成不变，如果消费者的偏好发生了变化，或是同行业的竞争格局发生了变化，都会打破这种理想的状态。因此，市场营销管理的任务是要密切注视消费者偏好和竞争状况的变化，进行顾客满意度追踪，并且不断提高产品质量，保持合理售价，激励推销人员和经销商，增强售后服务，努力保持现有的需求水平。

（7）过度需求。是指市场对某种产品或服务的需求水平超过了企业所能供给和愿意供给水平的需求状况，即供不应求。造成过度需求的原因，有可能是暂时性缺货，也可能是价格太低，或是由于产品长期过度受欢迎所致。如收费过低的电力供应，企事业单位、家庭存在大量浪费的现象，又导致了电力部门的供电供不应求，市场营销管理的任务就是应通过提高价格，合理分销产品，减少服务和促销，劝导节约等措施，降低需求水平。

（8）有害需求。是指市场对某些有害物品或服务的需求，如消费者对烟、毒品、色情电影等的需求。企业市场营销管理的任务就是应宣传其危害性，大幅度提高价格，减少供应，劝说消费者放弃这种爱好和需求，或通过立法禁售。

任务实施的方法与步骤

1. 按教学班级分组，每组5~8人
2. 各组内部交流讨论三名推销员对市场的理解及成功或失败的原因
3. 在组内成员交流讨论的基础上，以组为单位完成一篇心得体会短文
4. 各组选派代表，对小组完成的短文进行课堂汇报
5. 其他小组进行提问
6. 教师点评，总结本项目内容

拓展知识

营销人员必备的知识及能力品质特征

一、营销人员必备的知识

（1）产品知识：产品的技术性能、规格、式样、维护与保养等。

（2）企业知识：企业的生产能力、设备状况、技术水平、销售政策和服务项目等。

（3）市场知识：市场构成、潜在顾客的情况及购买潜力、同类产品占领市场的情况、消费者对自己所推销产品的评价等。

（4）社会知识：社会风土人情、交通运输状况、民族风俗习惯、宗教信仰、礼仪规范等。

（5）用户知识：用户的采购决策权、需求的变化、购买动机和购买习惯等。

（6）其他学科知识：政治经济、工程技术、法律、美学、心理学等。

二、职业能力特征

思维敏捷、口齿清晰，具有一定的观察、判断、表达、应变及人际交往能力。

三、个人品质特征

（1）具有真诚守信的品质。

（2）树立远大的目标。

（3）拥有积极进取的精神。

（4）具备敢于创新的精神。

（5）具有服务意识。

（6）具有宽容待人的胸怀。

（7）扎实勤勉的工作作风。

（8）具有精诚合作的团队精神。

（9）善于终身学习。

（10）善于时间管理。

（11）具有良好的口才。

营销师职业资格介绍

一、什么是营销师

营销师是指在各类企业、事业组织市场营销管理活动中从事市场调查、市场预测、商品（产品）市场开发、商品市场投放策划、市场信息管理、价格管理、销售促进、公共关系等专业管理人员，从事市场调研、市场分析、营销策划、市场开拓、直接销售、客户管理等营销活动的人员。

二、认证等级

1. 营销员(国家职业资格五级)

2. 高级营销员(国家职业资格四级)

3. 助理营销师(国家职业资格三级)

4. 营销师(国家职业资格二级)

5. 高级营销师(国家职业资格一级)

三、申报条件

遵纪守法，具有良好的职业道德并具备下列条件之一者均可申报。

1. 营销员

（1）中专、职高以上或同等学力应届、历届学生；

（2）从事相关工作一年以上者。

2. 高级营销员

（1）已通过营销员资格认证并从事相关工作一年以上者；

（2）大专以上或同等学力应届、历届学生；

（3）从事相关工作两年以上者。

3. 助理营销师

（1）已通过高级营销员资格认证并从事相关工作一年以上者；

（2）本科以上或同等学力应届、历届学生；

（3）大专以上或同等学力并从事相关工作一年以上者；

（4）中专以上或同等学力并从事相关工作两年以上者。

4. 营销师

（1）已通过助理营销师级资格认证或取得中高级技术职称并从事相关工作一年以上者；

（2）研究生以上或同等学力并从事相关工作两年以上者；

（3）本科以上或同等学力并从事相关工作三年以上者；

（4）大专以上或同等学力并从事相关工作四年以上者。

5. 高级营销师

（1）已通过营销师资格认证或取得中高级技术职称并从事相关工作三年以上者；

（2）研究生以上或同等学力并从事相关工作四年以上者；

（3）本科以上或同等学力并从事相关工作五年以上者；

（4）大专以上或同等学力并从事相关工作六年以上者。

以上条件只需要符合一条即可申报对应的职业资格考试,考试通过即可获得相应的职业资格证书,在我国部分城市还可凭助理营销师以上级别职业资格证直接招调本地户口。

四、鉴定方式

为理论知识考试和专业技能考核，二级以上还需进行综合评审。

五、职业概况

当今世界经济正以势不可挡的趋势朝着全球市场一体化、企业生存数字化、商业竞争国际化的方向发展，以互联网、知识经济、高新技术为代表，以满足消费者的需求为核心的新经济迅速发展。在如此高度竞争、瞬息万变的宏观经济下，营销被摆在了举足轻重的地位上。营销是中国21世纪最热门的职业，营销人员尤其是掌握网络技术的网络营销人员更是市场经济大潮中的弄潮儿。

据统计：世界500强企业的总裁或总经理90%以上是从营销干起的。

据粗略估计，目前我国的营销队伍有6 000万，而正规接受培训、掌握网络技能、获得相关等级证书的人屈指可数。据人才市场统计，近几年营销类一直稳居第一位，应届毕业生入职后半数以上的人员所从事的都是非专业的工作，而营销成为进入管理阶层的基础训练。

随着我国市场经济的发展，对销售与市场营销人员提出了越来越高的要求，为满足社会对该职业向纵深发展的需要，劳动和社会保障部于2006年重新颁布了营销师国家职业标准，并确定了该职业推销员职业二个等级：营销员、高级营销员。在此之上，设立了助理营销师（国家职业资格三级）、营销师（国家职业资格二级）、高级营销师（国家职业资格一级），以利于广大从事推销营销人员的职业生涯发展。

项目二 树立现代市场观念

知识目标

1. 了解市场观念的发展演变过程
2. 理解现代市场观念与早期市场观念的本质区别
3. 掌握现代市场观念的主要内容

能力目标

1. 能够初步具备市场意识及营销职业情感
2. 能够区分各种市场观念的区别与联系
3. 能够运用现代市场观念分析企业的市场营销活动

引导案例

1. 汽车大王的经营观

1903年建厂，1908年开始生产T型车的美国福特汽车公司，其创始人亨利·福特被《财富》杂志评为“世纪商业巨人”，他所发明的T型车也被国际专家和车迷评为“世纪车”。福特公司以“黑色的T型车”作为公司的象征，提出“不管顾客需要什么，我的车都是黑色的”。1908年T型车的产量是1万多辆，售价850美元；1913年建立起世界上第一条汽车装配流水线，产量达到19万辆，至1916年产量增至50万辆，售价降至350美元，接下来的几年产量继续飞速增长，售价也不断降低，到1925年售价降到了240美元，1926年福特汽车在美国的市场份额达到了50%以上。1927年T型车在竞争中日益失利，于当年5月停产。1928年，福特公司的市场占有率被通用汽车公司超过，退居第二位。

2. 公文柜的市场观念

有一家办公用公文柜的生产商，过分迷恋自己的产品质量与追求精美。生产经理认为，他们生产的公文柜是全世界质量最好的，从四楼上扔下来都不会损坏。当产品拿到展销会上推销时却遇到了强大的销售阻力，这使得生产经理难以理解，他觉得产品质量好的公文柜理应获得顾客的青睐。销售经理告诉他，顾客需要的是适合他们工作环境和条件的产品，没有哪一位顾客打算把它的公文柜从四楼扔下来。

3. 汽车销售

顾客到汽车样车陈列室，销售员就对顾客进行心理分析。如：顾客对正在展销的样车发生兴趣，销售员就会告诉他已经有人想买它了，促使顾客立即做出购买决策。如果顾客认为价格太高，销售员就去请示经理能够降价，顾客等了10分钟后，推销员告诉顾客“老板本不想降价，但我已说服他同意了”。

4. 退给顾客8分钱

一位移居德国的老华侨，某日中午在德国一家连锁药店买了4盒喀尔隆牌降压药，每盒价格是5.2欧元，合计20.8欧元。晚饭后，门铃响起，是药店营业员上门来了，她用半生不熟的汉语说：“请老先生出来一下。”老人出去后，她微笑着递上一个信封。老人拆开信封，先是倒出几个硬币，然后抽出一张便条，上面写着：“尊敬的顾客：今天中午12时接到总店的通知，从今天12时15分起，每盒喀尔隆牌降压药降价2欧分。您在我店交款时，时间显示是12时15分06秒，但当时我店计算机出了20秒钟的故障，没有及时连接上药管局药品价格数据库。很抱歉，现在药店必须把您多支付的8欧分退还给您，请查收。”

5. 本田妙案

日本横滨本田汽车公司汽车大王青木勤社长，在每天外出和上下班的途中发现，汽车在飞驰过程中排出大量废气直接污染了城市环境，不但乌烟瘴气，而且还造成街道旁绿树的枯萎。青木勤社长看到自己的产品给环境带来的不利影响，心情非常沉重，决心解决这个问题，恢复大自然的本来面目。于是青木勤社长制定了“今后每卖一辆车，就要在街道两侧种一颗纪念树”的经营方针。随后本田公司又将卖车所得的利润一部分转为植树费用，以减轻越来越多的汽车尾气对环境的污染。“本田妙案”实施后，汽车一辆辆地开出厂门，街上的树木也一棵棵栽上，绿化地带也一块块铺开、消费者心中自然产生了一种强烈的需求愿望，同样是买汽车，为什么不买绿化街道的本田汽车呢?既可买到需要的产品，还可以美化生活环境，这可真是有心栽花花不开，无心插柳柳成荫。

上述五个案例，分别代表了五种不同的市场观念，同学们能否通过本项目的学习准确辨析这五种观念呢？哪种观念又应该是现代企业所奉行的呢？

任务分析

五种不同的市场观念，同时也反映出了市场观念的发展演变过程。哪种观念是错误的，哪种观念是正确的，并不能用简单的是非来判断。每一种市场观念的产生，都是其特定背景下的产物，都有其存在的合理性。市场环境在不断地发展变化，也就要求市场观念要不断更新。我们要通过对本项目的课堂学习及讨论，对五种市场观念能够准确清晰地辨析。因此本项目设置如下具体任务：

1. 解释五种市场观念的产生背景及适用场合
2. 回答五种市场观念的主要观点并能结合企业实例来说明
3. 辨析早期市场观念和现代市场观念的差别

相关知识

一、对市场观念的理解

市场观念是商品的生产者、经营者对市场的根本态度和看法，是其从事市场营销活动总的指导思想，也称为营销观念、营销哲学。其核心问题是：如何处理企业、顾客和社会三方利益之间的关系，是以自身还是以顾客为中心来开展企业的营销活动？

营销寓言故事：看猎人是如何捕熊的

熊的力气很大，给人的感觉很笨重，事实上它的动作很敏捷。它喜欢吃香蕉，而且会爬树，猎人猎取它的工具很简单，一把新鲜的香蕉和一堆木棍。猎人把香蕉挂在有熊出没的树干上，然后在香蕉的下面吊着一堆木棍，熊必须爬过这堆木棍才能拿到香蕉。熊发现树干上的香蕉就会向上爬，爬到有吊着的木棍位置时，熊会把木棍推开。这时被推开的木棍就会荡回来打熊一下，熊还会把木棍推开，然后木棍还会……，用不了几个回合熊就会被激怒，就会使很大的劲把木棍向外推，这时被打得更重，这样熊就会更发怒，会使更大的劲向外推……。相信用不了多久熊就会被搞得筋疲力尽，从树上摔下来，猎人就可以很容易把它活捉。

营销启示：企业的营销实践亦是如此。采取什么样的市场观念，对企业经营的成败起着决定性的作用。如果抱着一种错误的市场观念，那么企业只能是死路一条。

市场观念不是静止不变的，它随着经济的发展及市场供求关系的变化而变化。不论是西方国家的企业还是我国的企业，市场观念都经历了由“以生产者为中心”的早期市场观念和“以顾客为中心”的现代市场观念。早期市场观念是在总体买方市场形成之前产生并盛行，现代市场观念则是在总体买方市场形成后产生的一系列市场观念。

二、早期市场观念

1. 生产观念

生产观念是一种最古老的市场观念，产生于总体卖方市场的背景之下。20世纪20年代以前的发达国家，80年代以前的我国，由于物资短缺，市场上绝大多数商品供不应求，顾客没有多大的选择余地，商品只要生产出来，就不愁卖不出去。因此，那段历史时期的企业都普遍奉行生产观念。

生产观念认为，消费者所关注的是商品是否买得到、是否买得起，因此企业应致力于大量生产，提高生产效率，降低成本和售价，以扩展市场、增加利润。其典型口号是："我们能生产什么，就卖什么"。

生产观念的缺陷是忽视了消费者多样化的需求以及产品质量。

2. 产品观念

产品观念与生产观念几乎是同时出现的，有很多相同之处。一是市场背景相同，都是供不应求的卖方市场条件；二是经营的出发点相同，都是以生产为中心；三是都忽视了顾客多样化的需求。

尽管二者有很多相同之处，但是也仍然有着明显的区别。

产品观念认为：只要产品质量高，性能好，有特色，消费者就会购买。因此企业应致力于生产优质产品，并不断加以改进，使之日臻完美。

在市场供不应求的条件下，最容易滋生产品观念，特别是企业发明了一项新产品时。企业过分迷恋自己的产品，看不到需求的变化，必然会导致"市场营销近视症"，进而使企业经营陷入困境。

3. 推销观念

推销观念产生于商品由总体卖方市场向买方市场转变的过渡时期。20世纪20年代末至50年代前的西方发达国家，尤其在1929—1933年的资本主义经济危机期间，迫使企业重视采用广告术与推销术去推销产品。我国20世纪80~90年代，市场上越来越多的商品也开始供过于求，顾客有了较大的选择余地，企业竞争加剧，产品销路难的问题困扰着众多的工商企业。很多企业不得不转变观念，开始奉行推销观念。

推销观念认为，对于非必需品，顾客一般不会主动去购买，只有通过大力推销来刺激和诱导。因此企业应致力于产品的推销和广告以说服顾客购买。

推销观念在以下两种情况下是可行的：一是当产品供大于求，产品大量积压时；二是如保险、百科全书等一些"非渴求商品"。

以上三种观念都是以生产者为导向，以产定销，没有考虑到消费者的真正需求，因此统称为早期市场观念。

课堂思考

判断以下几种情况各属于哪种早期市场观念的体现?

（1）一招鲜，吃遍天。

（2）我开着桑塔纳进央视，出来就能换成奥迪。

（3）我不管你要什么，我就生产我能生产的。

三、现代市场观念

现代市场观念主要包括：市场营销观念和社会营销观念。

从早期的市场观念发展到现代市场观念，是营销发展史上的一次重大变革，被称为“营销革命”。企业从原来的以生产者为中心彻底转变为以顾客为中心，一切从消费者的需求出发，通过满足消费者的需求获取利润。

1. 市场营销观念

市场营销观念是20世纪50年代中期在美国得以形成并迅速发展的一种新观念。这种观念以满足顾客需求为出发点，即“顾客需要什么，就生产什么”，它把企业的经营看成是一个不断满足顾客需要的过程。

第二次世界大战以后，西方发达国家生产力迅速发展，市场上很多商品供过于求的现象进一步加剧，企业间的竞争更加激烈，加上资本主义国家普遍实行高工资、高福利、高消费政策，消费者购买力增加，消费需求多样化，买主完全处于主导地位，形成了买方市场格局。在这种背景下，许多企业意识到，传统的市场观念已经指导不了企业的营销活动，企业必须通过市场调研了解消费者的需求和欲望，进而生产能够满足消费需求的产品，企业才能得以生存和发展。于是诞生了市场营销观念。在我国，则是从20世纪90年代末，商品出现总体买方市场格局，国家实行改革开放政策，企业卷入国际竞争，迫使企业摒弃了传统的市场观念，市场营销观念迅速得到众多企业的推崇。

市场营销观念，既能较好地满足消费者需求，同时也提高了企业的环境适应能力及生存发展能力，因此这种观念被提出后，迅速被众多企业所接受。

市场观念的形成，第一次摆正了企业与顾客的位置。在这种观念的指导下，“顾客是上帝”、“爱你的顾客而非产品”、“顾客才是企业的真正主人”等成为许多企业家的座右铭。

2. 社会营销观念

社会营销观念产生于20世纪70年代中期，是对市场营销观念的修正和补充。

在市场营销观念形成初期，一些企业片面强调“凡是顾客需要的，企业都应设法予以满足”，一方面给企业、消费者和社会带来了短期的巨大利益，另一方面造成了环境污染、资源短缺、破坏了生态平衡、忽视了社会服务等许多问题。因此，以美国为代表的一些营销学者对以顾客为中心的市场营销观念，产生了怀疑，提出了社会营销观念。

社会营销观念要求企业提供产品和服务时，不仅要满足消费者的需求，而且要符合消费者的长远利益和社会的长远发展，综合运用各种营销手段，引导合理消费，实现企业利益和社会效益的统一。

课堂思考

结合身边的实例，列举几个奉行社会营销观念的企业及违背社会营销观念的企业。

任务实施的方法与步骤

1. 将班级同学分成6个学习小组
2. 结合本项目设置的具体任务，各组内部交流讨论
3. 各组选派代表，前5组分别针对引导案例资料中的一项进行课堂汇报，第6组结合第3项具体任务进行课堂汇报
4. 每组代表汇报完毕，其他小组进行提问
5. 教师点评，总结本项目内容

拓展知识

市场观念的新发展

20世纪80年代以来，随着经济形势的变化，市场营销理论得到了进一步的发展，诞生了许多新的市场观念。这些新观念对现代企业的营销管理，起到了重要的指导作用，现简单介绍以下几种。

一、大市场营销观念

1984年由菲利浦·科特勒提出的新观念，是指导企业在封闭市场上开展营销活动的指导思想。

其核心观点是：企业不应只是消极被动地顺从、适应外部环境和满足消费需求，而应借助政治权力和公共关系等手段，积极主动地影响外部环境，促使其向有利于企业的方向转化，以打开和进入目标市场。

该观念认为，由于贸易保护主义回潮，政府干预加强，企业营销中所面临的问题，已不仅仅是如何满足现有目标市场的需求，如何进入壁垒森严的特定市场将是企业今后所面临的首要问题。企业欲进入这些特定市场，首先要运用政治权力（Political Power）和公共关系（Public Relationship）。依靠政府的力量，有助于企业能顺利进入目标市场的大门。依靠公共

关系活动，有助于在公众心中树立良好形象，帮助企业改善市场环境。之后，结合传统的4Ps组合去满足该市场的需求，进一步巩固市场地位，从而使企业能比较顺利地在国外市场从事营销活动。

二、绿色营销观念

自20世纪80年代以来，世界各国经济飞速发展，高生产、高耗竭的生产方式在最大限度满足实现需求的同时，把人类与自然关系的矛盾也推向了顶峰，为人类埋下了巨大的生存危机，如资源枯竭、环境污染加剧、生态环境失衡、自然灾害频发等问题。

正是在这种背景下，世界各国的人们越来越关注人与自然共同发展的问题，环保意识日益加强，因此在世界范围内掀起了一场绿色革命，绿色营销观念也应运而生。

该观念的主要观点是把消费者需求与企业利益和环保利益三者有机地统一起来，企业在营销活动中要充分考虑资源利用与环境保护问题。为此，要求企业从产品设计、制造、销售、废弃物的处理方式等诸多方面都要考虑到资源的节约利用和环保利益，制定相应的营销组合策略，以期实现人类的共同愿望——可持续发展。

三、关系营销观念

关系营销观念产生于20世纪80年代末、90年代初的西方国家。

随着市场经济的日趋完善及全球经济一体化的迅猛发展，企业作为社会经济系统的一个子系统，在其经营活动过程中，必然要同包括顾客、供应商、分销商、竞争者、金融机构、政府机构及其他公众等在内的组织及个人发生互动。该观念认为，如何正确处理企业与这些组织或个人的关系是企业营销的核心，决定着企业经营的成败。因此，企业进行经营活动时，要做到以下几点：第一，建立、保持并加强同顾客的良好关系；第二，与关联企业合作，共同开发市场；第三，与政府及公众团体协调一致。

四、文化营销观念

文化营销指的是企业以文化为载体进行营销的行为方式。即从消费者的文化环境、文化价值取向和精神文化需求入手，营造科学的、人情的、艺术的销售环境和产品，与消费者进行交易，促使其消费的营销管理过程。

该观念以消费者为中心，强调物质需求背后的文化内涵，把文化观念融入到营销活动全程中，不仅包括商品本身蕴含的审美价值、知识价值、社会价值等文化要素，也包括企业经营中所体现出来的大家共同遵从的价值观、思维方式、行为准则等企业文化。总的来说，文化营销实际上就是一个文化价值传递的过程。

如“孔府家酒”之所以能誉满海外，备受海外华人游子的青睐，不仅在于它的酒味香醇，更在于它满足了海外华人思乡恋祖的文化需要。

五、整合营销观念（4C理论）

整合营销观念是传统营销理论的逆向思维，产生于20世纪90年代。

传统营销理论强调4P，认为企业只要围绕4P制定灵活的营销组合，产品销售就有保证。由于目前市场营销环境发生了很大变化，消费需求的个性化、多样化日益突出，市场竞争越来越激烈，为此，营销专家劳特朋提出了以消费者需求为导向的整合营销观念，即4C理论。

1. 瞄准消费者需求(Consumer wants and needs)

该观念首先强调要注意顾客的需求与欲望。顾客是企业一切经营活动的核心，企业重视顾客应高于重视产品；认为创造顾客比开发产品更重要，消费者需求和欲望的满足比产品功能更重要。

2. 消费者所愿意付出的成本(Cost)

该观念强调企业要了解消费者为满足其需求愿意付出多少钱(成本)，而不是先给产品定价，向消费者要多少钱，即将消费者的可接受价格作为定价的决定性因素。

3. 消费者的便利性(Convenience)

该观念强调企业提供给消费者的便利比营销渠道更重要。便利原则应贯穿于营销活动的全过程。因此，企业应了解不同类型消费者的购买方式、偏好，调整原有的销售渠道，为顾客提供实实在在的便利。

4. 与消费者沟通(Communication)

该观念主张把企业所有的营销和传播活动进行一元化的整合重组，包括广告、促销、公关、新闻、直销、包装、产品开发等。让消费者从不同的渠道获得对某企业或某品牌的一致信息，以增强品牌诉求的一致性和完整性，提高信息资源的利用率。该观念还主张要以消费者为核心，实现与消费者的双向沟通，迅速树立企业或品牌在消费者心目中的地位。

项目三 基础知识及技能训练

基础知识训练

一、单项选择题

1. 以下关于市场的不同说法，请指出营销学所定义的市场的内涵（　　）。

A. 当前，房地产市场受到地产新政的影响比较大

B. 我们到市场去逛逛吧

C. 随着人们的生活水平有了很大的提高，市场呈现出供需两旺的局面

D. 商品是否畅销不是由企业决定的而由市场说了算

2.（　　）是指对具有支付能力并且愿意购买某种物品的欲望。

A. 需要　　B. 欲望　　C. 需求　　D. 营销

3. 顾客让渡价值越大，顾客感到购买产品或服务所获的利益（　　）。

A. 越高　　B. 越低　　C. 不变　　D. 无法确定

4. 市场营销的核心是（　　）。

A. 生产　　B. 分配　　C. 交换　　D. 促销

5. “6P” 营销策略被称为（　　）。

A. 市场营销　　B. 社会营销　　C. 大市场营销　　D. 关系营销

6. 市场营销管理的实质是（　　）。

A. 刺激需求　B. 需求管理　C. 生产管理　D. 销售管理

7. 甘肃敦煌旅游景点管理部门在旅游黄金周，为更好保护文物限制游客人数，景点管理部门这样做是担心游客对敦煌景区的需求是（　　）。

A. 有害需求　B. 负需求　C. 过量需求　D. 不规则需求

8. 奉行生产观念在下列哪种情况下不可能成功？（　　）

A. 买方市场　B. 卖方市场　C. 生产成本太高　D. 产品为生活必需品

9. 产品观念导致企业经营者将眼光盯住自己的产品而不是（　　），因此必然导致“营销近视症”。

A. 生产成本　B. 竞争对手　C. 市场占有率　D. 顾客需求变化

10. 现代企业的营销观念应该是以（　　）为中心。

A. 顾客需求　B. 推销产品　C. 企业需要　D. 生产产品

11. 要权衡企业利益、消费者需要和社会利益的是（　　）观念。

A. 产品　B. 社会营销　C. 推销　D. 市场营销

12. 秦皇岛市的集发蔬菜基地专门生产无公害蔬菜，其持有的营销观念是（　　）。

A. 生产观念　B. 产品观念　C. 市场营销观念　D. 社会营销观念

二、多项选择题

1. 市场营销与销售具有本质的区别，表现在（　　）。

A. 市场营销是企业系统管理过程，而销售仅是营销过程中的一个环节

B. 市场营销是以满足顾客需求为中心，而销售是以出售现有产品为中心

C. 市场营销的出发点是市场需求，而销售的出发点是企业产品

D. 市场营销采用的是整体营销手段，而销售主要采用人员推销、广告手段

2. 从营销的角度看市场，市场的构成要素包括（　　）。

A. 人口　B. 购买力　C. 购买欲望　D. 购买场所

3. 顾客购买的总价值是由（　　）等几个主要部分组成的。

A. 产品价值　B. 服务价值　C. 人员价值　D. 形象价值

4. 顾客总成本是由（　　）构成的。

A. 货币成本　B. 时间成本　C. 体力成本　D. 精神成本

5. 下列属于“4Ps”营销组合的是（　　）。

A. 产品策略　B. 价格策略　C. 分销策略　D. 促销策略

6. “6P” 营销策略是在“4P”的基础上再加上（　　）。

A. 政治权力　B. 公共关系　C. 政治关系　D. 公共权力

7.潜在需求包括（　　）。

A. 购买力不足的潜在需求　B. 适销商品短缺的潜在需求

C. 不熟悉的潜在需求　D. 竞争倾向的潜在需求

8. 以下被称为传统观念的有（　　）。

A. 生产观念　　B. 推销观念　　C. 产品观念　　D. 营销观念

9. 市场营销观念就是要（　　）。

A. 一切为顾客利益着想　　B. 满足消费者的需要

C. 真正做到顾客第一　　D. 客户至上

三、判断对错

1. 市场营销就是推销，就是广告。（　　）

2. 市场营销意味着企业应该先开市场，后建工厂。（　　）

3. 营销学中的市场是指买卖双方的交易场所。（　　）

4. 市场营销学中的产品是指有形产品。（　　）

5. 针对充分需求，企业营销管理的任务是“反市场营销”。（　　）

6. 顾客让渡价值是指产品成本与产品价值之间的差额部分。（　　）

7. 顾客让渡价值与顾客满意度成正比。（　　）

8. 谁拥有最先进的产品，谁就拥有市场。（　　）

9. “顾客就是上帝”，也就意味着不管顾客需要什么，我们都应该设法满足他们。（　　）

观念应用训练

一、认真阅读以下题目，谁先做完为胜。

1. 大声对发给你这份作业题目的老师说“谢谢”。

2. 在这张纸的左上角写下专业、班级、学号和姓名。

3. 在这张纸的右上角写下今天的日期。

4. 在这张纸的中间将全班同学中男生所占的比重计算出来（笔算或心算），用百分数表示。

5. 这张纸的背面中间将全班同学男女生的性别比例计算出来（笔算或心算），用1:x的形式表示。

6. 用计算器验证并修改前面两题的答案。

7.大声喊：“我做得对”。

8. 在这张纸的最底端从左至右画上由小到大的五个等边三角形。

9. 在这五个三角形最中间的位置从右至左分别写下“我”“做”“得”“最”“快”。

10. 将五个三角形剪下来，交给班长。

11. 如果你已经仔细阅读至此，请只做最后一题。

12. 将空白题目还给老师。

以此讨论营销活动全局性思维的重要性。

二、阅读案例，回答问题

华冠商厦的信息卡

华冠商厦始建于20世纪80年代末期，当时只是一个规模很小的购物中心。而现在，它已经颇有名气了。它的特点是商品齐全，价格适宜，服务质量又好，因此很受顾客青睐。它成功的秘诀之一就是收集顾客反馈，了解顾客心理。凡是在华冠购物的顾客都会得到一张付过邮资的“信息卡”。卡上有如下内容：

第一条是“您需要什么”。在这一栏里有商厦的新产品介绍，如果你对其中哪一项商品感兴趣或是你还需要一些别的什么，可以在空白处填上你的姓名、地址及产品名称。根据你的具体要求，商厦会为你邮寄产品详细说明书或为你订购产品。

第二条是强调商厦的经营方针——“一个月之内包退包换”。这种信誉在同行业中并不多见，当然也是华冠商厦赢得顾客信赖的原因之一。

第三条是“为您创造称心的购物环境”。里面提出若干问题，如“您为什么来华冠商厦购物”、“我们哪些地方需要改进”及“您愿意与我们共同讨论您的意见和建议吗?”接下来就是填姓名和地址的一栏。

案例思考：

1. 华冠商厦在经营中奉行的是哪种市场观念？这种观念的主要观点是什么？

2. 如果我们被获准在校园里开设一家学生用品超市，我们该从华冠商厦的身上得到哪些启示？

三、阅读案例，回答问题

将梳子卖给和尚

N个人去参加一招聘，主考官出了一道实践题目：把梳子卖给和尚。众多应聘者认为这是开玩笑，最后只剩下甲、乙、丙三个人。主考官交代：以10日为限，向我报告销售情况。

十天一到。

甲卖出1把。甲游说和尚应当买把梳子，却惨遭和尚责骂，好在下山途中遇一小和尚边晒太阳边使劲挠着头皮。甲灵机一动，递上木梳，小和尚用后满心欢喜，于是买下一把。

乙卖出10把。他去了一座名山古寺，发现进香者的头发都被吹乱了。他找到住持说：“蓬头垢面是对佛的不敬。应在每座庙的香案前放把木梳，供善男信女梳理鬓发。”住持采纳了他的建议。那山有十座庙，于是买下了10把木梳。

丙卖出1 000把。他到了一个颇具盛名、香火极旺的深山宝刹，朝圣者、施主络绎不绝。丙对住持说：“凡来进香参观者，多有一颗虔诚之心，宝刹应有所回赠，以做纪念，保佑其平安吉祥，鼓励其多做善事。我有一批木梳，您的书法超群，可刻上‘积善梳’三个字，便可做赠品。”住持大喜，立即买下1 000 把木梳。

然而故事并没有结束。一挑战者——丁，找到主考官说，卖给和尚1 000把梳子算什么？我可以让和尚源源不断地买我的梳子，至少也得上千万把，以一年为限。

许多人都认为开玩笑。

成本分析

他还是找到了那个住持，问他：您这边每天大概能赠出多少把梳子呢？住持回答：差不多50把。

他继续问：您觉得这与您所获得的香火钱相比是不是也是成本呢？住持回答：是的，虽然是赠，但是也是钱啊。佛门本来就没有什么钱。

他又问：你有没有想过收费呢？住持回答：怎么收费？

他说：到您这来的人有达官贵人，也有平民百姓。总之是什么样的人都有吧。您可以在梳子上下点工夫，让您的梳子在价格上有了价值的区别？卖给不同的人。您再准备几把梳子，取名为“开光梳”，千金不卖，只赠送有缘人。然后把您的梳子再命名为“智慧梳”、“姻缘梳”、“流年梳”、“功名梳”。一方面您的收入增加了，另一方面您寺庙的档次也就体现出来了。

住持一听，觉得有点道理，于是就说：好，这事就交给你来办吧。

市场活动

丁很快就请了几个记者来宣传这家寺院。然后造了一批梳子，举行了一个盛大的“开光梳”仪式。当地的政府要人、各界明星都来了。当天就卖出了10 000把梳子。寺院的名气一下子上去了。

丁又请人给这个寺院杜撰了一些历史故事。很快，这个寺院成了当地的历史文物，来的香客越来越多，梳子的销量越来越好，人们也不在乎掏钱买把梳子。

丁又出了一个策略：有的梳子掏钱也不卖，有的梳子必须掏钱才卖。这样过了一段时间，寺院挣了不少钱，住持很佩服丁。

这个时候，丁找到住持说：你有没有发现前来的香客您都没有记录。据我观察，有的香客都来了好几次了。您是不是应该对经常来的香客提供一些纪念性的梳子呢？

住持一听，觉得也是，于是很快就让小和尚开始记录前来拜佛的香客。很快，小和尚发现，前来的人太多了，毛笔根本记不住。住持又找到丁，问他有什么办法？

丁说，我可以给你解决这个问题，但是从今以后你必须听我的。我保证你的住持能够当的比现在还风光，寺院的香客更多，住持想了一想，相信了他。

引入CRM

丁购买了一些电脑，在寺院内很隐蔽地架构了一个局域网，连接到外部的INTERNET，并安装了一套CRM系统，又设置了硬件设备，在梳子里面植入了FIRD芯片。只要香客一进入寺院，关于这个香客的详细记录就全部在CRM系统里面展现出来。

挖掘客户价值，数据库营销

丁开始用CRM分析来寺院香客的详细资料。经常有香客刚来到寺院，就被突然告之今天是他生日，香客们非常的感动，香火钱更多了。从那以后，香客们逢年过节总能收到寺院寄的小礼品。梳子已经成为人们心中的神圣的神物。只要去那家寺院的至少要为自己、家人、远方的亲人、朋友带几把梳子。一旦梳子用坏了，就自然想到了那家寺院。

分析发现竞争对手，进行反击

过了段时间，丁通过CRM发现，有些香客来得少了。打听发现不远处也有一家寺院采取了同样赠梳的方式，不少香客去了那家寺院。住持开始着急。恰逢国外一重要人物来到本地，丁通过各种渠道请来这个重要人物，把一把制作精美的开光梳送给了他。国内外N多记者记录了这一时刻，寺院的知名度再次提升。丁制作了N把类似送国外友人的开光梳，不过是微型的，出售给前来的香客。让这些人挂在脖子上，钥匙扣上做纪念。这个寺院随着国外的重要人物一下子名声大震，旁边的那家小寺院一下子就没有了香客。

销售过程远程控制

寺院扩建了一些，香客太多了。住持又招了一些小和尚。住持告诉这些和尚怎么样接待香客，什么样的香客该出售或赠送什么样的梳子。

刚好这个时候，国外请住持去讲学，住持不放心新来的小和尚，想让丁来帮他教小和尚。丁给了住持一台笔记本电脑说：每天抽时间上网就可以指点你的小和尚了。于是，住持虽然在国外，但是通过CRM系统依然能知道寺院的运营情况，及时地指点小和尚。

客户分类专人管理

当地的香客80%都到这家寺院来了。住持发现，虽然对香客进行信息分类管理，但是由于接待香客的和尚素质不一样，经常出现售错梳子，住持找到了丁。

丁根据CRM里的跟进记录以及每个和尚接待香客的数量、次数、被香客投诉的次数，将和尚进行了分类，不同的和尚接待不同的香客。香客发现这些和尚们更能了解他们的心思了，满意度大大提高了。

绩效考核

住持一直有个心病，就是寺院中有很多的和尚偷懒，但又赶不走，又向丁求救。丁对所有的和尚说：每个人必须要把自己所做的记录在CRM里，否则就请离开寺院。和尚们很听话地照做了。丁通过统计分析很快就发现了偷懒的和尚。住持把那些和尚赶下山去了，寺院运营紧凑。

销售预测

寺院运营真的很不错。丁每个月都能通过CRM的漏斗来预测下一阶段能卖出多少梳子。寺院蒸蒸日上。一年过去了，丁不知道卖出了多少把梳子。他已经成了寺院的股东之一，他所挣的钱已经很多很多了。

案例思考：

1. “需求是可以被创造出来的”这句话有无道理？请结合此案例，进行分析。

2. 结合此案例回答，企业的营销管理活动都要进行哪些方面的工作？

情景模拟训练

一、一分钟自我介绍

1. 内容

（1）问候。

（2）我是谁（包括姓名、来自哪里、个人兴趣特长、介绍家乡特产或旅游风景名胜等）。

（3）对市场营销课程的认识和期望等。

2. 要求

（1）每位同学精心写一份一分钟自我介绍词，利用课余时间反复演练，达到内容熟练、神情自然。

（2）教师安排时间、地点，学生轮流登台进行一分钟自我介绍，全班同学及教师参加。

（3）按指定顺序，一个接一个进行。同学在自我介绍时，要保持好的课堂纪律。

（4）安排专人负责计时，从演练人上台问好后开始计时，50秒时举牌提醒一次。时间到示意停止，不足一分钟者则占足一分钟。

3. 具体步骤

（1）上台问候，站稳后向所有人问好，然后再介绍。注意展现热情，面带微笑。

（2）正式进行自我介绍，注意音量、站姿、介绍顺序、肢体动作等。

（3）介绍完毕，向全体致谢，所有同学掌声回应，在得到老师示意后才能回到座位。

4. 评分

由班委组成评委，对每个同学进行评分，最后取评委平均分。

（1）上讲台自我介绍时，神态、举止大方自然（55分）：其中声音大小10分、热情展现7分、面带微笑10分、站姿8分、肢体语言5分、语言表达10分，服装得体5分。

（2）自我介绍词内容新颖、独特、顺序自然（35分）。

（3）时间掌控（10分）：少于45秒此项不得分，超出一分钟者，酌情扣分。

评分表

声音10	热情7	微笑10	站姿8	肢语5	语言10	服装5	内容35	时间10	合计

二、关于“晨光酸牛奶中有苍蝇”的顾客投诉处理

某日，在某购物广场，顾客服务中心接到一起顾客投诉，顾客说从商场购买的“晨光”酸牛奶中喝出了苍蝇。投诉的内容大致是：李小姐从商场购买了晨光酸牛奶后，去餐馆吃饭，饭后拿出酸牛奶让孩子喝，自己在一边跟朋友聊天，突然孩子大叫：“妈妈，这里有苍蝇。”李小姐寻声望去，看见小孩喝的酸牛奶盒里（当时酸奶盒已被孩子用手撕开）有只苍蝇。李小姐当时火冒三丈，带着小孩来商场投诉。正在这时，有位值班经理看见便走过来说：“你既然说有问题，那就带小孩去医院，有问题我们负责！”顾客听到后，更是火上加油，大声喊：“你负责？好，现在我让你去吃10只苍蝇，我带你去医院检查，我来负责好不好？”边说边在商场里大喊大叫，并口口声声说要去“消协”投诉，引起了许多顾客围观。

该购物广场顾客服务中心负责人听到后马上前来处理。

问题：假如你是这位经理，你将如何处理这一问题？

模块二 关注营销环境

项目一 营销环境的内涵及分析方法

知识目标

1. 了解市场营销环境的概念及特征
2. 理解营销环境分析对企业的重要性
3. 掌握SWOT分析法的思路和做法

能力目标

1. 能够辨析具体企业或业务的市场机会与环境威胁
2. 能够结合具体企业或业务提出如何利用市场机会及环境威胁的对策

引导案例

卷烟企业所面临的营销环境

某卷烟公司了解到的信息如下：

1. 有些国家的政府颁布了法令，规定所有香烟广告和包装上都要印上“吸烟有害健康”的严厉警告。

2. 有些国家的政府颁布了限制吸烟法案，禁止在公共场所吸烟。

3. 许多国家吸烟人数下降。

4. 该卷烟公司有研究试验室很快就能发明用莴苣叶制造无害烟叶的方法。

5. 发展中国家的吸烟人数迅速增加。

任务分析

企业的营销行为处在一定环境中，为此企业要时时关注环境的变化，把握其变化趋势，识别环境变化给企业所带来的市场机会和环境威胁，并提出应对措施。因此本项目设置如下具体任务：

1. 结合案例资料，指出卷烟公司目前面临的市场机会有什么？环境威胁有什么？

2. 分析卷烟公司面临的营销环境以及该类企业应采取的策略。

相关知识

一、营销环境的概念及构成

市场营销环境是指影响企业市场营销活动及其目标实现的各种因素和力量，如图2–1所示。

其中与企业市场营销联系较为密切、直接影响其营销能力的各种参与者，称为微观环境。包括：供应商、营销中介、顾客、竞争者、社会公众以及企业内部参与营销决策的各部门。

而作用于微观环境，与企业市场营销联系较为间接的各种外部因素称为宏观环境。包括：人口、经济、政治法律、科技、文化、自然等各种全局性的因素。

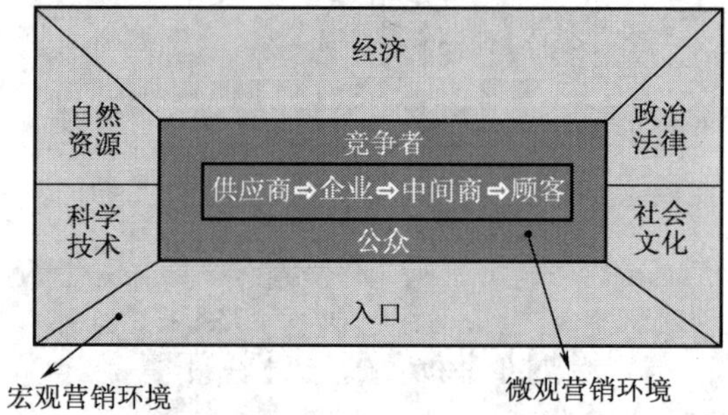

图2–1　市场营销环境的构成

二、营销环境的特点

1. 客观性

企业总是在特定的社会经济和其他外界环境条件下生存和发展。企业只要从事营销活动，就必然要面对这样或那样的环境要素，受各种环境要素的影响和制约。

2. 差异性

不同的企业受不同环境的影响；同样一种环境因素的变化对不同企业的影响

也不相同；同一企业在不同的市场区域，也面临着存在广泛差异的宏观环境。

3. 多变性

又称为动态性。营销环境是处在一个不断变化的过程之中的，故是一个动态的概念。每种环境要素都会随着社会经济的发展而变，如产业政策的调整、法律的修订、消费能力的变化等。

4. 相关性

营销环境中的各个因素不是孤立的，而是互相影响、互相制约的。如商品价格的变化，与原材料的成本有着直接关系，同时市场的供求关系、新技术的不断应用、所处的市场区域、国家相关的政策法规等都影响着价格。

5. 不可控性

影响市场营销环境的因素是多方面的、复杂的，并表现出不可控性。如一个国家的政治法律制度、人口增长以及一些社会文化习俗等，企业不可能随意改变。

营销寓言故事：对老虎发命令

有一个人在荆州做官时，山上的老虎常出来吃人和家畜。老百姓要求县官除去饿虎。这个人只下了一道驱逐老虎的命令，叫人刻在很高的岩石上，凑巧那只老虎因故离开了荆州，他就得意地认为他的命令生效了。

不久，他被调另一个地方做官。这个地方的老百姓非常的刚强，很不容易管理。他认为刻在荆州岩石上的命令既然能够制服凶恶的老虎便以为也能够镇住能识文断字的老百姓，便托人去荆州描摹那个石刻。结果，这个地方不但没有治理好，这个官反而因为治理不当而丢了官。

营销启示：

许多企业都有营销成功的历史，它们依靠这些方法取得丰厚的利润，但是当一个新的市场出现在面前的时候，环境变了，消费者的心理变了，企业原有的“成功”方法却在这时使企业一败涂地。因此企业应当在市场发生变化的时候，及时调整自己的营销策略来适应市场，毕竟市场永远是对的。

三、营销环境分析的现实意义

营销环境对企业的生存和发展至关重要。企业营销环境的众多因素及其变化，有可能给企业带来市场营销机会，也有可能给企业带来环境威胁。

市场机会，是指对企业市场营销活动富有吸引力的领域。在该领域里，企业将拥有竞争优势。

环境威胁，是指环境中不利的发展趋势对企业所形成的挑战，这种不利趋势将威胁企业的市场地位。

通过分析营销环境，既要看到营销环境变化带来的威胁，更要善于发掘它给企业带来的机遇。其主要的现实意义就在于能够及时地发现并利用市场机会，回避环境威胁，以提高企业对于环境的适应性。

四、营销环境分析的方法

SWOT分析法是目前市场环境分析最常用的方法和工具。SWOT分别代表4个英文字母的缩写：优势（strength）、劣势（weakness）、机会（opportunity）和威胁（threat）。利用这种方法企业可以发现存在的问题，找出解决的方法，如表2-1所示。

表2-1　SWOT分析表

优势与劣势	潜在优势	潜在劣势
	良好的战略 强大的产品线 较宽的市场覆盖面 良好的营销技巧 品牌知名度高 信息处理能力强 ……	不良战略 过时、过窄的产品线 不良的营销计划 没有信誉 研发能力下降 部门之间争斗 ……
机会与威胁	潜在机会	潜在威胁
	核心业务拓展 开发新的细分市场 扩大产品系列 打破进入壁垒 寻找快速增长的市场 ……	公司核心业务受到攻击 国内外市场竞争加剧 为进入设置壁垒 被兼并的可能 新产品或替代品的出现 ……

经过SWOT分析营销环境，可能会出现4种结果，如图2-2所示。企业可根据威胁与机会水平不等的各种营销业务，分别采取不同的对策。

威胁 / 机会	低	高
高	理想业务	冒险业务
低	成熟业务	困难业务

图2-2　环境威胁—机会矩阵图

1. 理想业务

机会水平高、威胁水平低。必须抓住机遇，充分发挥企业优势，迅速行动。

2. 冒险业务

机会水平高、威胁水平高。环境对企业的营销有极强的吸引力，但又面临极大的威胁，企业应全面分析自身的优势与劣势，通过采取一些适当的措施减轻或降低威胁水平，使之向理想业务转化。

3. 成熟业务

机会水平低、威胁水平低。低机会限制企业发展，因此该类型并不意味着企业的营销环境处于良好状态。企业在维持正常运转的同时，应当居安思危，努力发展对企业有利的环境因素，提高营销机会水平，为开展理想业务和冒险业务准备必要的条件。

4. 困难业务

机会水平低、威胁水平高。意味着该类业务已经出现危机。企业要么努力改变环境，要么立即转移，使企业走出困境。

五、企业面对机会或威胁时的对策

1. 面对市场机会的对策

（1）及时利用。当市场机会与企业的营销目标一致，企业又具备利用该机会的资源，同时在竞争中占有优势时，企业可果断抓住时机，充分利用市场机会，以求得更大的发展。

（2）适时利用。有些相对稳定的市场机会，在短期内不会发生明显变化，企业暂时也不完全具备条件，此时，企业可积极准备，待各方面条件成熟后再利用这一市场机会。

（3）果断放弃。如果市场机会很具有吸引力，但企业缺乏加以利用的必要条件，此时企业应主动放弃，另辟蹊径。

2. 应付环境威胁的对策

（1）对抗策略。即通过各种措施，限制或扭转不利因素对企业的威胁。例如20世纪80年代初，瑞士手表企业推出斯沃琪对抗日本卡西欧、西铁城、精工等品牌的石英表、电子表。再如我国贵州茅台酒厂发现市场上存在大量盗用和仿冒茅台酒商标的情况，致使该厂的利益和形象受损，茅台酒厂毅然拿起法律武器，捍卫自己的合法权益。

（2）减轻策略。即通过调整自身的营销组合来适应环境变化，以减轻环境威胁的程度。如许多企业目前都面临着原材料价格不断上涨的压力，致使生产成本不断增加，因此企业大多采取了加强内部管理、提高劳动生产率、减少流通环节或适当调高产品价格等手段，以消化原材料价格上涨给企业带来的威胁。

（3）转移策略。即转移到其他赢利更多的行业或市场。有三种转移策略可供企业选择：

产品转移：将受到威胁的产品转移到其他市场。如美国的几家大的卷烟制造商纷纷将产品转移到发展中国家，就是因为美国的相关法规限制了卷烟在美国的销售。

市场转移：将企业的营销活动转移到新的细分市场。如强生公司的婴儿洗发水在面临美国二战后婴儿出生率下降的不利局面时成功地卖给了老年人。

行业转移：将企业的资源转移到更有利的行业中。如美国的一些烟草企业也在积极开发其他产业，如酒类、软饮料和冷冻食品等，从而保证了企业的兴旺发达。

任务实施的方法与步骤

1. 将全班学生按5~8人分组
2. 各组内部讨论卷烟企业所面临的营销环境
3. 各组总结本组的讨论结果，形成小组成果
4. 各组选派代表，对小组成果进行课堂汇报
5. 各组之间进行交流
6. 教师点评，总结本项目内容

拓展知识

未来管理趋势大预言

1. 上班的地方不叫办公室
2. 沟通不需要面对面
3. 每周工作40小时将成为过去
4. 企业生命周期缩短
5. 资讯是无价之宝
6. 天天举行新产品发布会
7. 未来企业的工作人口多数不是全职人员，要求不止是固定薪水，也要分享经营成果
8. 智慧财产所有人与资本家同等地位、知识经济时代

项目二 宏观环境分析

知识目标

1. 了解宏观环境的构成因素
2. 理解宏观环境中各因素对企业营销活动的影响

能力目标

1. 具备认知宏观环境要素与营销活动的动态适应关系的能力

2. 能分析各种宏观环境因素对企业营销活动的影响

引导案例

立邦漆广告在中国引起的争议

2004年9月的《国际广告》杂志刊登了一则名叫"龙篇"的立邦漆广告作品，画面上有一个中国古典式的亭子，亭子的两根立柱各盘着一条龙，左边的立柱色彩黯淡，龙紧紧攀附在柱子上；右边的立柱色彩光鲜，龙却跌落到地上。

画面旁附有对作品的介绍，大致内容是：右立柱因为涂抹了立邦漆，把盘龙都滑了下来。评价称："创意非常棒，戏剧化地表现了产品的特点……结合周围环境进行贴切的广告创意，这个例子非常完美。"

然而，就是这样一则广告，在中国网络各个论坛引起了轩然大波。有的网民说："这个广告乍一看还觉得挺有意思，可仔细一想就觉得别扭了。龙是中国的象征，怎么能遭到这样的戏弄！这个创意应该赶快改掉。"更多的网民则认为，"发布广告者别有用心"，而且"恶劣程度比'霸道广告'有过之而无不及"。

传播领域专家评论说："龙是中国的图腾，在一定意义上是中华民族的象征。每个国家对传统文化的理解不同，在我国的文化中，龙的内涵非常丰富。广告一旦忽略了与文化的联系，就会使受众感到不舒服甚至产生厌恶。"

任务分析

企业所处的环境中，有些社会力量会给企业的营销活动造成市场机会和环境威胁。这些社会力量组成的环境是企业所面临的宏观环境。分析宏观环境可以更好地认识环境，通过企业营销努力来适应环境及变化，达到企业营销目标。结合案例及相关知识，本项目设置如下具体任务：

1. 案例中体现了哪一类宏观环境因素对企业的影响？企业应如何处理好营销活动与这类环境因素的关系？

2. 列举几项宏观环境因素，如全球气温变暖、人均收入增加、房地产调控政策出台、日本大地震引发全球性核恐慌等，给社会带来的影响及给企业带来的威胁和机会。

相关知识

宏观环境通过对企业营销活动造成市场机会和环境威胁，来影响和制约企业的生产经营活动，它是企业的不可控因素。

一、政治法律环境

企业营销总是在一定的政治与法律环境下运行的。政治环境引导着企业营销活动的方向，法律环境则为企业规定了经营活动的行为准则。

1. 政治环境

政治环境指企业营销活动所处的外部政治形势，包括国家政局的稳定状况以及政府所制定的方针政策等。如政府换届、战争、自然灾害对政局的影响，国家的人口政策、能源政策、物价政策、金融政策等，这些都会对企业的营销活动带来影响。

2. 法律环境

法律环境主要指国家所颁布的与经济相关的法律、法令、法规等。经济立法的根本目的就是维持经济秩序，保障企业和消费者的合法权益，保护公平竞争。每一项新法律法规的颁布或原有法律法规的修改，都会影响企业的营销活动。

和企业经营密切相关的经济法律法规主要有：《公司法》、《中外合资经营企业法》、《合同法》、《专利法》、《商标法》、《广告法》、《价格法》、《反对不正当竞争法》、《产品质量法》、《消费者权益保护法》、《大气污染防治法》等。

二、人口环境

人口是市场的第一要素，因而人口状况自然成为企业营销人员最为关注的首要环境因素。人口环境对市场的影响具有整体性和长远性的特点，对企业营销的影响主要体现在以下方面。

1. 人口数量

人口数量是决定市场规模和潜量的一个基本要素。一个国家的人口越多，而收入水平不变，那么对食物、衣着、日用品等生活必需品的需求量也就越大。但是，人口增长带来需求扩大的同时，也会带来资源短缺、污染加剧、环境恶化。

2. 人口增长率

人口增长率是预测市场规模增长的依据之一。如果一个国家的人口总数不少，而增长率很低，那么从长远看那个市场的潜力很小。如果一个国家的人口增长很快，它对食品、衣着和住房等消费品的需求量也会迅速增长，这样的市场无疑是一个潜在的大市场。

3. 人口结构

人口结构主要包括人口的年龄结构、性别结构、家庭结构和民族结构等。

（1）年龄结构。不同年龄段的人有不同的生理特点、兴趣爱好、生活习惯和价值观念。目前，人口年龄结构总体上有两个明显的趋势：

一是人口出现老龄化趋势。人口老龄化的趋势对整个社会的经济结构、科技进步、文化生活和社会保障体系等各个领域都有着重大的影响。适应这一市场需求的变化，企业将在老年人食品、服装、保健品和健身器材、娱乐休闲用品和场所、社会服务机构和设施等方面发现新的市场机会。

二是发达国家人口出生率下降。

美国的吉宝（GERBER）公司多年来的广告口号是："婴儿是我们的事业，我们的唯一事业"，但现在因为社会人口的老龄化及出生率的下降，却放弃了这个口号，转而向老年人推销人寿保险，改用的广告口号是："吉宝现在像对待婴儿一样对待50岁以上的人"。

（2）性别结构。性别结构会使市场消费的需求内容、购买习惯、购买行为有显著差异。许多商品和劳务都有男性市场和女性市场之分，如日常生活用品、化妆品、服装等一般属于女性市场中的重要商品；大件商品、技术性能高的商品一般属于男性市场中的重要商品。

（3）家庭结构。家庭是社会的细胞，也是商品采购和消费的基本单位，因而有些商品特别是以家庭为单位进行消费的商品的购买行为受家庭状况的影响比较大，如住房、家用电器等。再者处于不同家庭生命周期的家庭，购买行为也有很大的差异。

（4）民族结构。民族不同，其生活习性、文化传统也不相同。因此，企业营销者要注意民族市场的营销，重视开发适合各民族特性、受其欢迎的商品。

4. 人口地理分布

人口地理分布指人口在不同地区的密集程度。人口的这种地理分布表现在市场上，就是各地人口的密度不同，其市场大小不同、消费习惯不同，则市场需求特性不同。

现在我国正处于城市化进程之中，一个典型的现象就是：农村人口在减少，城市人口在增加。这种农村人口流向城市的趋势正在加剧，且由于农村人口减少，城市人口增加，分销结构发生了很大的变化。

三、经济环境

经济环境指企业营销活动所面临的外部经济条件。一个国家经济状况及其发展变化趋势直接或间接地对企业市场营销活动产生影响。

1. 经济发展阶段

一个国家或地区所处的经济发展阶段不同，呈现不同的市场需求和消费方式，从而直接或间接地影响到市场营销。例如经济发展水平较高的地区，消费者更注重产品的款式、性能及特色；而经济发展水平较低的地区，则偏重于产品的功能及实用性。因此，对不同经济发展阶段的地区，企业应采取不同的市场营销策略。

2. 经济形势

经济繁荣时，需求旺盛，企业投资增加，产品供应充足；经济萧条时，需求低迷，企业投资压缩，产量削减。这对企业的营销活动都会直接或间接造成很大影响。

3. 地区与行业的发展状况

地区与行业的发展是否平衡，结构是否合理都将影响到社会再生产的顺利进行和社会经济的稳定增长。地区与行业的发展状况及其调整与优化有可能给一部分企业的发展带来市场机会，也有可能造成威胁。

4. 购买力水平

购买力是构成市场和影响市场规模的重要因素。购买力大小由消费者收入、支出和储蓄等因素决定。

（1）消费者收入。消费者收入直接影响市场容量和消费者支出，从而决定购买力水平。研究收入常用如下指标：

人均国内生产总值：从总体上影响和决定了消费结构与消费水平。

个人收入：指居民从各种来源所得到的收入。居民收入总额可用于衡量地区消费市场的容量；人均收入的多少反映了购买力水平的高低。

个人可支配收入：是指扣除缴纳的各种税款和其他经常性支出后，用于个人消费和储蓄的那部分收入。这部分收入主要用于购买生活必需品和其他方面的固定开支。

个人可任意支配收入：是个人可支配收入中减去用于维持个人与家庭生存不可缺少的费用后剩余的部分，是消费需求变化中最活跃的因素，也是企业开展营销活动时所要考虑的主要对象。

（2）消费者支出模式和消费结构。随着消费者收入的变化，消费者支出模式和消费结构就会发生相应变化。国际上常常用恩格尔系数来衡量一个国家和地区人民生活水平的状况。

恩格尔系数（%）= 食品支出总额 /家庭或个人消费支出总额 × 100%

恩格尔定律表明：随着家庭和个人收入增加，收入中用于食品方面的支出比例将逐渐减小。一个国家或地区的居民生活越贫困，恩格尔系数就越大；生活越富裕，恩格尔系数就越小。

（3）居民储蓄和信贷。储蓄和信贷水平会影响一定时期的需求总量，改变市场需求构成。较高的储蓄率会推迟现实的消费支出，加大潜在的购买力，而信贷使消费者可用贷款先期取得商品的使用权。消费信贷的规模与期限在一定程度上影响着某一时期内现实购买力的大小。

四、社会文化环境

社会文化是指社会成员共有的、共同的对客观物质世界的看法、态度及观念等，它反映社会成员精神财富的总和。社会文化主要通过影响消费欲望而对企业的营销活动产生影响。分析社会文化环境主要应分析以下几个方面。

1. 教育水平

一个国家或地区的教育水平往往与经济水平相一致。不同的文化素养，往往表现出不同的审美观，对商品的选择原则和方式也不同，给企业的营销也带来不同的影响。如文化素质高的地区，消费者要求商品包装典雅华贵，对附加功能也有一定要求；企业在受教育程度高的国家地区做调研，可在当地雇用调研人员或委托当地的调研公司或机构，而在受教育程度低的国家地区，就要有充分的人员准备和适当的方法；在文盲率很高的地区，产品说明书的设计不仅要有文字说明，还要配以简明图形，并要派人进行现场演示。

2. 语言文字

语言文字是营销中人们相互沟通的主要工具。通信联系、洽谈合同、广告宣传等都离不开语言文字。不同国家、不同民族往往都有自己独特的语言文字，即使同一国家，也可能有多种不同的语言文字，甚至相同的语言，在不同的国家或地区表达的意思也不一定相同。因此要搞好营销必须注意语言文字的适用性及翻译问题。如美国的一家公司销售的“Pet”牌牛奶，在法语区滞销，原因是Pet在法语中是“放屁”的意思。确定品牌名称或公司名称时，有一条经验可以借鉴，即在各国均能发音，但在各国语言中均无具体含义，如Kodak、Sony，既符合公司的全球推广战略，也方便了世界消费者记忆，让他们在世界各地都能轻易辨认出该品牌。

3. 价值观念

价值观念是人们对社会生活中各种事物的态度和看法，主要体现在人们对时间的态度、对变革的态度、对风险的态度和对物质财富的态度等方面。文化背景不同，人们的价值观念往往相差很大，进而会影响消费者对商品的需求和购买行为。

课堂阅读

不同国家的时间观念

如果你被邀请到一个美国人或加拿大人的家里做客喝鸡尾酒，如果通知你的时间是七点整，那么你就应该明白，你应该在七点一刻到达，当然不能在此之前，也不能迟到太多。然而，如果这是在德国、瑞典或瑞士，邀请你在七点钟到达，就意味着你应该恰好那个时候到。

在拉丁美洲，如果你被邀请七点钟到某人的家里喝鸡尾酒的话，你就不应该在七点时到，因为如果你七点到的话，很可能邀请你做客的主人正在冲澡呢。事实上，即使你八点到，也不会令人感到惊讶。更何况，这可能还会被认为略微早了些。对此最好的解释正如一位拉丁美洲的生意人所说的：“你们为什么要生活在精确计量的时间里呢？”

同样，在泰国或印度尼西亚等国家里，准时就不一定是一种美德。在世界上任何一个大的主要城市如东京、香港、新加坡、伦敦或纽约，要是因为天气和交通原因迟到是可以原谅的。

世界各地有关准时的指南：

对“准时”极为看重的国家：所有的北欧国家（斯堪的纳维亚诸国、德国、瑞士、比利时等）。

对“准时”采取赞赏和期待态度的国家：加拿大、澳大利亚、英国、法国和美国。

对“准时”态度比较缓和的国家：欧洲南部（西班牙、意大利、希腊等国家）还有绝大多数地中海国家。

对“准时”持宽松态度的国家：绝大多数拉丁美洲国家和许多亚洲国家——在那里你尽管可以把手表抛在一边！

4. 审美观念

通常表现在对艺术、音乐、戏剧、舞蹈及颜色、形状等的鉴赏能力上。

企业在设计产品、包装或广告时，要注意各地美学观念的差异。如，在联邦德国，方形比圆形更受欢迎；带六角形的包装不宜向中东地区出口。中国人喜爱荷花，而日本人认为荷花意味着祭奠。中国人以中秋赏菊为乐事，而欧洲人却常在葬礼上摆放菊花。摩洛哥人一般不穿白衣，认为白色象征贫困。绿色在美国表示安详，而在一些亚洲国家却表示疾病。所以，确定产品包装及广告色彩时，要注意所用的颜色在目标国是否代表不吉利的含义。

5. 宗教信仰

宗教是影响人们消费行为的重要因素之一，不同的宗教各有其特殊的传统。企业必须了解各种宗教的禁忌，生产与销售符合宗教习惯的产品，以适应不同的宗教信仰的人们的特殊需求。一些国家或地区的宗教组织在教徒的购买决策中起着重要作用，一种新产品的出现，宗教组织可能会认为该产品对宗教构成威胁或与宗教信仰相冲突，明令限制或禁止教徒购买和使用。相反，有的新产品进入宗教地区，宗教组织可能会认为对宗教有利，会号召教徒购买和使用，起到宣传推广作用。

6. 风俗习惯

入境而问禁，入国而问俗，入门而问讳。历代相沿，积久而成的风尚、礼节、习俗等，也与企业的市场营销有关。了解各地区的风俗习惯，是企业开展营销活动的重要前提。如我国回族忌食猪肉，西方许多国家虽吃猪肉，但不吃内脏。日本人忌荷花图案，忌数字“4”，也忌绿色。一些国家也由于其特殊的风俗习惯，也成了这些国家的代名词，如西班牙的斗牛、日本的花园、波兰的乡村教堂、德国的交响乐、韩国的泡菜、巴西的桑巴舞等。

课堂阅读

法国男人爱穿花袜子

法国男人的绅士与浪漫天下闻名，他们对时尚大多具有良好的品位，衣着永远时髦光鲜，所以在巴黎街头，养眼的不仅有气质迷人的美女，还有形形色色的俊男，但是有一件事总令人想不通，那就是法国男人的袜子。

在法国人有如时装秀般丰富多彩的着装中，男士脚上露出的花袜子总能不自觉地跳进人们的视野。按照标准的穿衣规则，男人穿皮鞋应该配深色的袜子，即使有花纹也应该是暗暗的"不露声色"。可法国男人却我行我素，袜子不仅色彩丰富，上面的卡通图案也是花样翻新。男士们往往不分年龄、无所顾忌地将花袜子穿在脚上"招摇过市"。

在请教了一位社会学学者后，我才了解到，法国男人的这种穿戴风格由来已久。在十六七世纪欧洲的上流社会中，男子的鞋做得非常合脚，鞋带会做成玫瑰花结或蝴蝶花结的样子，被称为"鞋玫瑰"。17世纪的英国，男式低筒靴鞋面的扣襻上也饰有大朵的玫瑰花。原来那时的男士已经爱美到如此地步。看拿破仑时代的电影，他们也很喜欢穿长筒袜，那些袜子也常是带花样的。在傅雷翻译的巴尔扎克的《幻灭》中有这样一段话："矮小的夏布瓦梭头发扑着粉，穿着似绿非绿的外套，栗色背心，黑扎脚裤，花袜子，一双皮鞋踏在地上咯吱咯吱地响……"看来花袜子在法国历史悠久，只是到了现代才发展出卡通图案，也算把老祖宗的传统发扬光大了。法国男人的花袜子常常令人忍俊不禁。比如在地铁里看见一个人袜子上调皮的米老鼠图案，抬起头却发现袜子的主人是一个胡子大把的猛男，再比如和法国老板谈判，当他跷起二郎腿时，袜子上的"汤姆"猫却露了馅。

一次，在法国帅哥尼古拉家做客，问起此事，他得意洋洋地从箱子里拿出有小兔和梅花鹿图案的袜子说："为什么我们不能穿，这说明我们有童心！"

资料来源：孙铁珺. 人民文摘，2007年第11期

五、自然地理环境

自然地理环境是指影响消费者需求特征与购买行为的气候、资源、生态等因素。自然地理环境的变化会给企业造成环境威胁和市场机会。目前在自然环境方面的主要动向表现在以下几个方面。

1. 自然条件变化

自然条件如气候条件、自然灾害的变化和发生可能会影响到企业的经营，也可能给企业带来许多商机。有统计资料显示气候与销量的关系：夏天15摄氏度，

饮料开始旺销；超过30摄氏度，冰淇淋需求减少，清凉饮料需求上升；盛夏，超过30摄氏度，每增加一天，空调增加销售4万台；一个好天气，洗衣粉增销3 000吨。

2. 自然资源逐渐枯竭

自然资源可分为三类：一是有限的不可再生资源，如石油、矿产等；二是有限的可再生资源，如森林、粮食等；三是其他自然资源，如水、空气等。由于现代工业对自然资源的过度开发和使用，导致矿产、森林、能源、耕地等资源日益枯竭。有限资源的无遏制地利用与人类对自然资源需求的无限扩大的趋势加剧了人类与自然资源的矛盾。因此，企业必须寻找替代品，降低原材料消耗，避免威胁加剧。

3. 环境污染加剧

在很多国家，随着城市化进程的加快以及工业化的快速发展，不仅极大地消耗地球资源，而且使人类的生存空间遭到空前严重的污染，如土壤沙化、温室效应、物种灭绝、臭氧层破坏等，正在使人类付出惨重的代价。人与自然和谐共存已成全球共识。这种情况对造成污染的企业就是一种威胁，在社会舆论和政府干预下，不得不采取措施控制污染，而这种情况却给控制污染环境的企业带来了新的市场机会。

六、科学技术环境

当前科学技术的发展深刻地改变着企业的生产与人们的生活。科技是影响企业营销活动诸多因素中，作用最直接、变化最快的因素。科技因素的影响主要表现在以下几个方面。

1. 技术是一种“创造性的毁灭力量”

每一种新技术的应用，会给某些企业创造新的市场机会，同时也会给另一些企业造成威胁。如数码相机的出现，对胶卷业造成了重大威胁。

2. 新技术有利于企业改善经营管理

科技的发展不仅对企业经营管理提出了新的要求，也为企业改善经营管理提供了物质条件。

3. 新技术影响消费习惯，创造出新的营销方式

新技术的发展与应用，影响着消费者的消费习惯，并随之出现了“电子商务”、“电视购物”、“无人售货机”、“网络购物”等新的营销方式。

4. 产品寿命周期缩短

新技术不断出现，这使许多行业的多数产品寿命周期有明显缩短的趋势。企业的营销因此要做出长远发展的对策。

任务实施的方法与步骤

1. 随机指定学生发言，说明环境与企业营销的关系，教师点评
2. 随机指定若干学生依次发言，快速说出某项环境因素带来的威胁和机会

3. 老师选定某项环境威胁或机会

4. 学生说出针对这一威胁或机会的对策

5. 教师点评，总结本项目内容

拓展知识

衡量国民生活水平的主要经济指标

1. 人均GDP

人均国内生产总值是指在一个国家或地区，所有常驻单位在一定时期内（如一年）按人口平均所生产的全部货物和服务的价值，它是衡量一个国家人民生活水平的一个标准。

人均国内生产总值=总产出（即GDP总额，社会产品和服务的产出总额）÷总人口

我国GDP总量居世界前列，但人均GDP在2007年排名世界第108位。2008年，我国人均GDP为3 266.8美元，达到3 000美元，但还只相当于“中下等收入国家”的上限。

2. 恩格尔系数

恩格尔是德国统计学家，他在1875年研究劳工家庭支出构成时指出：当家庭收入增加时，用于购买食物支出的比例将会下降，而用于服装、交通、保健、文娱、教育的开支及储蓄的比例将上升。这一定律被称为恩格尔定律，反映这一定律的系数被称为恩格尔系数。恩格尔系数是衡量家庭、地区以及国家富裕程度的重要参数。根据联合国粮农组织提出的标准，恩格尔系数在59%以上为贫困，50%~59%为温饱，40%~50%为小康，30%~40%为富裕，低于30%为最富裕。

3. 基尼系数

基尼系数是指在全部居民收入中，用于进行不平均分配的那部分收入占总收入的百分比，是国际上用来综合考察居民内部收入分配差异状况的一个重要分析指标。基尼系数为0，表示收入分配完全平等；如果系数为1，则收入分配绝对不平等。收入分配越是趋向平等，基尼系数越小；反之就越大。联合国有关组织规定，基尼系数若低于0.2表示收入绝对平均；0.2~0.3表示比较平均；0.3~0.4表示相对合理；0.4~0.5表示收入差距较大；0.6以上表示收入差距悬殊。通常把0.4作为收入分配差距的“警戒线”。

资料来源：徐春燕，孟泽云. 新编市场营销. 北京：电子工业出版社，2009：47

项目三 微观环境分析

知识目标

1. 了解微观环境的构成因素

2. 理解微观环境中各因素对企业营销活动的影响

能力目标

1. 具备认知微观环境要素与营销活动的动态适应关系的能力
2. 能分析各种微观环境因素对企业营销活动的影响

引导案例

万奇的失误

万奇在国内行业中排名第五。2010年万奇希望抓住机会，一举进入行业前三。在2010年的年度计划中，采购部只要小批量采购的元器件能够保证到位，上半年研发部推出7个新品应该没什么问题，这样公司冲进前三自然也不在话下。但是，问题很快浮现了出来。研发部的员工满肚子意见，他们反映采购部买的元器件技术参数不符合要求，质量不过关，技术支持也跟不上。原来，为了达到董事长降低库存量的要求，采购部2010年的采购计划是下小订单。不过2010年元器件的供求市场发生了变化，对万奇下的小订单，国外供应商根本不予理睬。由于采购部没有及时跟进，所以延误了元器件的购买，以致最后不得不转向国内供应商。直到4月份，研发部只推出了1种新品，销售部上半年连1/5的销售任务都没有完成。

任务分析

营销环境中直接制约和影响企业营销活动的因素构成了企业的微观营销环境。企业分析微观环境的目的是更好地协调与相关利益单位的关系，以促进企业营销目标的实现。企业就是通过与利益相关单位的相互协作、竞争、服务和监督开展市场营销活动的。结合相关知识的学习，本项目设置如下具体任务：

1. 构成企业微观环境的都包括哪些单位或个人
2. 分析案例中万奇公司未实现其目标的原因

相关知识

和宏观环境因素比较，微观环境因素对企业的影响更为直接，因此也称为直接环境因素，并且微观环境中的一些因素在企业的努力下还可以不同程度地加以控制。

一、企业内部

企业开展营销活动，必须设立营销部门，而营销部门能否顺利实现企业的营销目标，离不开与其他各职能部门及高层管理部门的配合及支持。

首先，营销部门与财务、采购、制造、研发等部门之间既存在多方面的合作，也存在争夺资源方面的矛盾，部门之间存在利益冲突，甚至会引发矛盾，这就需要在高层管理部门的统一领导下，树立全员市场营销理念，部门间通过有效沟通与协作，先做好内部营销。

其次，营销部门在制定决策时，要考虑最高管理层的意图，以最高管理层制定的企业任务、目标等为依据，制定市场营销计划，并报最高管理层批准后执行。

此外，企业文化是近年来日益受到重视的企业内部环境因素。企业的价值标准、经营理念、行为准则、典礼仪式、企业形象等，对于提高员工的凝聚力、向心力，起着非常重要的作用。

企业文化、营销部门、其他职能部门、高层管理部门共同构成了企业的内部营销环境。

二、供应商

供应商是指向企业及其竞争者提供生产产品和服务所需资源的企业或个人，所提供的资源主要包括原材料、设备、能源、劳务及其他用品等。例如，波音公司是世界上最大的飞机制造公司，却只生产座舱和翼尖，其余零部件均由来自不同国家与地区的供应商提供。

供应商对企业营销的影响主要表现在：

（1）供货的稳定性与及时性。供应量不足可能影响企业按期完成交货任务。

（2）供货的价格变动。供应商所提供的资源价格直接影响产品的成本、售价和利润。

（3）供货的质量水平。供应货物的质量直接影响到企业产品的质量。

因此，企业在选择供应商时，应特别注意两点：第一，企业必须充分考虑供应商的资信状况，要与主要供应商建立长期稳定的合作关系，保证企业生产资源供应的稳定性。第二，企业必须使自己的供应商多样化。

三、营销中介

营销中介是协助企业推广、销售和分配产品的企业和个人。主要包括：

（1）中间商。是指协助企业寻找顾客或直接与顾客进行交易的商业企业。企业与中间商是一种合作关系，企业要开拓市场，要解决生产集中和销售分散的矛盾，必须要通过中间商的协助才能快速打开局面，包括商人中间商和代理中间商。

（2）物流配送机构。是指协助厂商储存产品或把产品从产地运送到目的地的企业。它们协助制造企业完成产品空间的转移，在待售时，还协助保管和储存。物流的安全性和方便性直接影响企业营销的质量。

（3）营销服务机构。是指协助厂商推出并促销其产品到恰当的市场的机构。主要有营销调研公司、广告公司、传播媒介公司和营销咨询公司等，企业只有依靠这些专业的机构，才能更好地解决所面临的一系列复杂的营销问题。

（4）金融中介机构。是指协助企业融资、结算或分担货物购、销、储、运风险的机构，主要包括银行、信托公司、保险公司等。企业与金融机构有着不可分割的联系，金融机构对企业市场营销所起的作用是支持和服务。企业间的财务往来要通过银行账户进行结算；企业财产和货物要通过保险公司进行保险等，而银行加息或是保险公司的保险金额上升，都会使企业的营销活动受到影响；信贷来源受限也会使企业处于困境。因此，企业必须与财务中间机构建立密切关系，保证资金需要的渠道畅通。

四、竞争者

市场经济是竞争的经济，企业在进行营销活动的过程中，不可避免地会遇到竞争对手的挑战。竞争对手不仅来自行业内，而且行业外的一些企业也可能参与竞争。一个企业会面临的竞争者包括：

（1）品牌竞争者。即能满足顾客某种愿望的同类产品的各种品牌的企业。各种不同的品牌面向同一类顾客群体，并且价格相似，档次相似。如被长虹公司视为主要竞争者的是价格、档次相似、生产同样彩电产品的康佳、TCL。

（2）产品形式竞争者。即能满足顾客某种愿望的各种产品型号的企业。各个生产厂家推出的不同型号产品，可能在价格上、档次上都会有明显差异。如某全自动洗衣机厂商可能认为自己在与所有的洗衣机厂商竞争，包括全自动洗衣机、滚筒洗衣机、双桶洗衣机等。

（3）类别竞争者（平行竞争者）。即能满足顾客同一需要的不同类别产品的企业。如某品牌自行车制造商可能认为自己不仅与其他的自行车厂商在展开竞争，同时还与面包车、小轿车、摩托车等厂商展开竞争，原因就在于它们在满足需求方面是相似的。

（4）欲望竞争者。即能提供用以满足顾客目前各种愿望的产品的企业，也就是把所有争取同一顾客钱的人都看作竞争者。例如，长虹公司可以认为自己在与所有的主要耐用消费品公司竞争。

五、顾客

顾客是企业服务的对象，是企业经营活动的出发点和归宿，企业的一切营销活动都是以满足顾客的需要为中心的。因此顾客是企业最重要的环境因素。实践证明：谁赢得顾客，谁就能在市场上立于不败之地。

课堂阅读

海尔销往四川地区的洗衣机故障率很高，公司通过市场调查发现，原因并不在洗衣机本身，而是当地人用洗衣机洗地瓜所致。于是公司根据这种情况，改进原洗衣机的功能，使其不仅能洗衣，也可洗地瓜。“小地瓜”洗衣机由此诞生。

企业的顾客类型一般分为以下几种类型：

（1）消费者市场。指为满足个人或家庭需要而购买商品或服务的市场，包括个人和家庭。

（2）生产者市场。指为赚取利润或其他目的而购买商品和服务来生产其他产品和劳务的市场，包括生产企业、建筑企业等。

（3）中间商市场。指为赚取进销差价而购进商品用于转手的单位和个人，包括批发商和零售商。

（4）政府市场。指为提供公共服务或将商品与服务转给需要的人而购买商品和服务的政府和非营利机构。

（5）国际市场。指国外的买主。包括外国的消费者、生产商、中间商及政府机构等。

课堂阅读

冰箱坐轿子

2005年，海尔冰箱“坐轿子”过悬崖登蜀道，是发生在四川省三台县南瓜山上的新鲜事。四川省三台县境内有一座海拔1 800米的南瓜山，该县的古井镇心妙乡四村八组就位于海拔1 500米的位置，是南瓜山上最高处的一个村。由于山高路险，悬崖耸立，山上的村民一直与冰箱、冰柜等大型家电无缘。

村民李秀林想买一台冰箱，可没有商家愿意冒这个险上山。这事被三台县海尔售后服务部经理许美智知道了，他告诉李秀林：我们海尔给送货！

许美智找人为这台冰箱制作了一台特殊的“轿子”，还特意为抬“轿子”的人准备了草鞋。海尔冰箱坐着“轿子”一步步登上了南瓜山！同时也走进了山里人的心里，此后心妙乡马上有8家用户购买了冰箱，购买其他家电的用户达到10家。

六、社会公众

公众是指对企业实现营销目标有实际或潜在影响的群体和个人。公众可能有助于增强一个企业实现自己目标的能力，也可能妨碍这种能力。因此得到各类公众的理解和支持，是企业搞好营销的重要条件之一。企业的公众主要有以下类型：

（1）金融公众：对企业的融资能力有重要影响的金融机构，主要包括银行、投资公司、证券交易所、保险公司等。

（2）媒介公众：报纸、杂志、广播、电视和互联网等大众传播媒体。

（3）政府公众：负责管理企业经营活动的有关政府主管部门。

（4）社团公众：消费者权益保护组织和环境保护组织等群众团体。

（5）社区公众：与企业同处某一区域的其他组织和个人。

（6）一般公众：与企业无直接利害关系，但其言论对企业市场营销有潜在影响的公众。

（7）内部公众：组织机构内部成员，包括高层管理人员和一般职工。当企业雇员对自己的企业感到满意的时候，他们的态度也就会感染企业以外的公众。

课堂阅读

芝华士12年，勾兑了多少谎言

2006年1月20日，《国际金融报》在异常醒目的头版位置刊登了一篇题为《芝华士12年："勾兑"了多少谎言》的报道，文中援引一位不愿意透露姓名的消息人士所了解的在华销售的国际知名酒类产品——芝华士12的真实成本也就是25元，"CHIVAS瓶里装的实际上只有一小部分是12年酒，其余都是用2年、4年等不同年份的酒勾兑出来的，大陆根本没有真正意义上的12年酒"。一连串的极具挑战性的发问将远离普通消费者群体的洋酒奢侈品——芝华士拉下神坛。一时间，芝华士成本谎言通过网络、报纸、电视、电台等传媒迅速传播扩散至全国。事情曝光后，新浪财经调查显示，77.6%的网友表示不愿再购买芝华士。

任务实施的方法与步骤

1. 将全班学生分成若干组
2. 各组内部讨论万奇公司未实现目标的原因
3. 随机指定一个学习小组，由其派代表发言
4. 其他小组与之进行交流
5. 教师点评，总结本项目内容

拓展知识

留住老顾客的重要性

美国营销学家雷奇汉的研究，顾客流失率下降5%，企业利润可增加25%~85%；失去一位老顾客的损失，需要争取至少10位新顾客才能弥补；而保留住老顾客的成本与赢得新顾客的成本比例约为1:6。更重要的是老顾客比新顾客更有条件和可能参与企业新业务的拓展，是培育企业市场声誉和品牌信誉的重要途径。如果企业不能建立起良好的口碑，那么争取新顾客也将是十分困难的事情。

项目四 基础知识及技能训练

基础知识训练

一、单项选择题

1.（　　）不属于企业营销的微观环境因素。

A. 政府公众　B. 社区公众　C. 媒介公众　D. 社会文化

2. 机会水平、威胁水平都高的业务是（　　）。

A. 理想业务　B. 冒险业务　C. 成熟业务　D. 困难业务

3. 海湾战争的爆发对（　　）产品的营销影响最大。

A. 武器　B. 石油　C. 钢材　D. 汽车

4. 人口老龄化对（　　）企业来说是一种机会。

A. 通信　B. 娱乐　C. 保健品　D. 休闲服装

5. 恩格尔定律表明，随着消费者收入的提高，恩格尔系数将（　　）。

A. 越来越小　B. 保持不变　C. 越来越大　D. 趋近于零

6. 影响消费者需求变化的最活跃的因素是（　　）。

A. 个人可支配收入　B. 可任意支配收入　C. 个人收入　D. 人均国内生产总值

7. 联想集团2007—2008财年净利润达4.48亿美元，而2008—2009财年公司净亏损2.26亿美元，导致其利润下滑的最主要环境因素是（　　）。

A. 政治环境　B. 经济环境　C. 法律环境　D. 社会环境

8. "在家购物"的不断发展，主要是由于（　　）。

A. 新技术革命的发展　B. 政治和法律环境的改善

C. 经济发展水平的提高　D. 人口环境的变化

9. 开往北京的列车有普快、新空调列车、特快、直达快车，这些列车之间的竞争关系是（　　）。

A. 欲望竞争　B. 类别竞争　C. 产品形式竞争　D. 品牌竞争

10. 代理商属于市场营销环境的（　　）因素。

A. 供应商　B. 竞争者　C. 营销中介企业　D. 社会公众

二、多项选择题

1. 分析营销环境的根本目的是（　　）。

A. 扩大销售　B. 对抗竞争　C. 寻求市场机会　D. 避免环境威胁

2. 企业营销环境分析时STOW分析依次是指（　　）。

A. 机会　B. 优势　C. 威胁　D. 劣势

3. 企业面对环境威胁时，可以考虑采取的对策有（　　）。

A. 对抗策略　B. 减轻策略　C. 转移策略　D. 利用策略

4. 面对客观的市场机会，企业应制定适当的对策，具体有（　　）。

A. 及时利用　B. 适时利用　C. 果断放弃　D. 转移

5. 宏观营销环境是影响企业营销活动的社会性力量和因素，包括（　　）。

A. 人口和经济　B. 社会文化　C. 政治法律　D. 自然和科技

6. 目前许多发达国家的人口环境方面的主要动向有（　　）。

A. 数量迅速增长　B. 出生率下降　C. 老龄化　D. 家庭规模缩小

7. 技术因素对市场营销的影响主要表现在（　　）。

A. 新行业的出现　B. 产品生命周期缩短

C. 消费者的购买方式发生改变　D. 对人们的价值观念和伦理观念产生影响

8. 企业面对的社会公众主要有（　　）。

A. 金融公众　B. 媒介公众　C. 政府公众　D. 社区公众

三、判断对错

1. 企业可以按自身的要求和意愿随意改变市场营销环境。（　　）

2. 受金融危机的影响，企业面对市场疲软、经济不景气的环境威胁，只能等待国家政策支持和经济形势好转。（　　）

3. 随着经济发展，人们的文化生活日益丰富，这对书刊、报纸等文化产品的行业来说是一种市场机会。（　　）

4. 抓住并利用了市场机会就一定能赚钱。（　　）

5. 恩格尔系数越高，人们的生活水平越高；反之，恩格尔系数越小，人们的生活水平越低。（　　）

6. 消费者有了“个人收入”就意味着他想怎么花钱就怎么花钱。（　　）

7. 关注自然环境就是要求企业注意生产过程中的“三废”治理问题。（　　）

8. 品牌竞争者是指生产同种产品，但不同规格和式样、型号的竞争者。（　　）

观念应用训练

一、阅读案例，回答问题

儿童营养市场的开发

1987年，A先生依托南方某城市一校办企业，成立了经销部，主要业务是代销其他企业的汽水、棒冰及文具、纸张等。1988年，国内一家口服液生产厂商与该经销部合作，由经销部为其加工口服液，由此A先生发现当时国内存在一个巨大的营养食品需求市场。

当时，中国改革开放已进行了十年，越来越多的中国人开始关注营养、保健和身体健康，市场对营养食品的需求迅速扩大，传统的中医保健食品市场焕发出巨大的生机。在市场上，青年人、中年人和老年人的营养保健食品比比皆是，保健食品市场呈现出一片繁荣兴旺的景象。

而此时也正是中国自1979年开始实施的独生子女生育政策的第十个年头，独生子女家庭出现的普遍性问题，即家长对独生子女过度宠爱，使其养成偏食、挑食的不良习惯，而家长对这个问题又束手无策。

面对这一群独生子女儿童市场，A先生抓住了市场机会，于1989年成立了×××营养食品厂，开发生产出以中医食疗“药食同源”理论为指导思想，解决小孩子不愿吃饭问题的×××营养口服液，靠一则以宣传产品功能为宗旨的电视广告在全国一炮打响，走红全国，并以食品店、超市作为其主要分销渠道。1990年，×××营养食品厂产值突破一亿元，成为全国儿童营养食品的知名品牌。

根据上述资料，回答以下问题：

1. 对该企业的宏观环境进行分析，指出两个宏观环境因素。

2. 对该企业的微观环境进行分析，列出两个微观环境因素。

二、阅读案例，回答问题

丰田汽车的营销环境分析

日本丰田汽车公司 20 多年前开拓美国市场时，首次推向美国市场的车牌“丰田宝贝”仅售出 928 辆，出师不利，增加了丰田汽车日后进入美国市场的难度。丰田汽车公司面临的营销环境变化及其动向是：

1. 美国几家汽车公司名声显赫，实力雄厚，在技术、资金方面有着别人无法比拟的优势。

2. 美国汽车公司的经营思想是：汽车应该是豪华的。它们忙于比豪华，因而其汽车体积大，耗油多。

3. 竞争对手除了美国几家大型汽车公司外，还有已经先期进入美国市场的德国大众汽车公司，该公司已在美国东海岸和中部地区站稳了脚跟。该公司成功的原因主要有：以小型汽车为主，汽车性能好，定价低；有一个良好的服务系统，维修服务很方便，成功地打消了美国消费者对外国车“买得起，用不起，坏了找不到零配件”的顾虑。

4. 丰田汽车公司忽视了美国人的一些喜好，许多地方还是按照日本人的习惯而设计的。

5. 日美之间不断增长的贸易摩擦，使美国消费者对日本产品有一种本能的不信任的排斥和敌意。

6. 美国人的消费观念正在转变，他们将汽车作为地位、身份象征的传统观念逐渐减弱，开始转向实用化。他们喜欢腿部空间大、容易行驶且平稳的美国车，但又希望大幅度减少用于汽车的耗费，如价格低、耗油少、耐用、维修方便等。

7. 消费者已意识到交通拥挤状况的日益恶化和环境污染问题，乘公共汽车的人和骑自行车的人逐渐增多。

8. 在美国，核心家庭大量出现，家庭规模正在变小。

根据案例分析：

1. 分析“丰田宝贝”所面临的环境威胁和市场机会都有什么？并分析其威胁或机会水平的高低。

2. 借助环境威胁—机会矩阵图来分析“丰田宝贝”业务的类型。

情景模拟训练

1. 有一个小山村，几乎与世隔绝，生活十分贫穷。全村人想出各种办法，希望能摆脱当前的局面，但最终都无果而终。一天，村中长者召集全村人，对大家说：“如今都二十一世纪了，我们却还过着类似原始人的生活。我想每个人都很痛心吧。但我转念一想，我们何不利用现有的落后，出卖落后呢。因为城市人现代化生活过得长了，一定会感到非常乏味，我们可借此机会干脆过原始人的生活，这定会吸引许多城里人。这样就可以赚钱摘掉贫穷的帽子了。”全村人对长者的计谋一致表示同意。

如果你是这位长者，你会怎样做使山村过上富裕的生活？

2.《经济日报》曾报道了一桩销售者状告消费者的官司：退休女工卫某在某市友谊商场买了一台彩电，半月后音像全无，便找商场去换，商场因其已办理保修手续不肯换。卫某找了四天仍未换成，便打出“友谊商场为什么不退劣质彩电”的牌子，在商场挂了两天半。商场以卫某侵害名誉权提起诉讼，要求卫某赔礼道歉并赔偿损失一万元。审判结果是卫某败诉，诉讼以卫某写道歉书，商场退彩电款了结。这是一桩少见的官司。

假如你是该商场营销顾问，你认为这场官司该不该打，为什么？

思维拓展训练

在不利的特定环境下，人也好，企业也好，都要想办法去适应环境，甚至应该想到去改变环境。下面两个小问题，测试以下同学们适应环境、改变环境的思维能力。

1. 有两个房间，一间屋里有三盏灯，另一间有控制这三盏灯的三个开关。这两间房是分割开的，从一间里不能看到另一间的情况。你如何能判断出三盏灯分别由哪个开关控制的？（要求：两间屋只能各进去一次）。

2. 很多驴友可能都碰到过外出烧烤时木炭不够用的尴尬，但还有很多香肠怎么办呢？你能不能利用手头仅有的三张纸巾烤熟一根香肠呢？

实训项目

校园超市营销环境调研

一、实训目的

1. 了解营销环境的特点及营销环境与营销活动的相互作用，明确环境对企业的影响。
2. 了解微观营销环境包含的因素以及对企业营销活动的直接影响。
3. 了解宏观营销环境包含的因素以及对企业营销活动的间接影响。
4. 锻炼学生SWOT分析能力，会分辨市场机会和营销威胁，并能制定相应的营销策略。
5. 培养和提高学生认识市场营销环境、分析营销环境的能力，并运用所学知识研究企业实际问题的能力。

二、实训内容

1. 具体任务。帮助校园超市对周围的环境进行认识。
2. 具体要求。①注意营销环境的特点和对营销活动的影响。
②对营销环境进行SWOT分析，研究营销机会和威胁的水平。
③据校园超市面临的机会和威胁进行超市的业务分析，提出对策。
④形成实训报告，突出SWOT分析，并给出相应的环境应对对策。

三、实训步骤

1. 班级成员按5~8人分组，采用组长负责制，组员团结协作。
2. 各组讨论得出执行方案，请老师指导通过之后执行。
3. 小组成员分工明确，广泛收集资料和数据，并有明确记载。
4. 各组指定专人进行资料汇总，形成核心思想，记录明确。
5. 各组讨论。写出讨论过程、讨论要点，形成讨论稿，完成实训报告。
6. 随机抽出各小组成员讲解实训报告并评定成绩。
7. 指导教师最后进行综合评定和总结。

四、考核标准（满分100）

选出学生代表为评委，公平、公正地评分，各组最终成绩取评委评分的平均值。
1. 实训报告（翔实性，价值性）50分。
2. 小组代表的表述（台风、语言）30分。
3. 附加分（团队协作，报告形式）20分。

模块三 分析顾客购买行为

项目一 消费者购买行为分析

知识目标

1. 了解消费者市场的购买对象、购买动机及消费者在购买决策中的角色
2. 了解影响消费者购买行为的主要因素
3. 掌握消费者市场的特征、消费者购买行为类型及消费者的购买决策过程

能力目标

1. 具备获得消费者或企业行为信息的能力
2. 具备解释消费者、企业行为的能力
3. 针对消费者市场的特点、购买行为类型及决策过程，能够有的放矢地制定相应营销策略的能力

引导案例

“康师傅”的成功

目前市场上有相当多的方便面品牌，其中，“康师傅”由于口味较佳，较之大陆品牌明显占了上风。其实“康师傅”取得成功的原因看似简单，其实付出的努力却是有目共睹的。

顶新集团的创业者之一——魏家四兄弟的老大魏应行一次火车上的经历，让魏应行发现了一个新的创业契机，也就是进军方便面市场。

在进军方便面市场之前，魏应行等人对大陆方便面市场进行了详细的市场调研。发现国内的方便面市场呈两极化趋势：国内厂家生产的方便面仅几毛钱一袋，但是质量较差；进口面条虽质量好，但是却要五六元一碗，一般消费者都接受不了。他们还对不同层次的消费者做了调查，他们总结出：如果生产价格在一两元钱、味美价廉的

方便面，一定有很大的市场潜力。

顶新集团经过研究决定给产品起名叫“康师傅”。原因是“康师傅”方便面有个“康”字，容易引起人们对“健康”、“安康”、“小康”等的心理联想。“师傅”是大陆最普遍的尊称，也是专业上有好手艺的代名词，“康师傅”叫起来既上口，又亲切，再配上笑容可掬、憨厚可爱的“胖厨师”形象，是一个很有号召力的品牌。

确定了品牌名称，接下来就是开发适合大陆消费者口味的面，这也是最为关键的一步。顶新集团对“康师傅”的定位是既要比大陆生产的方便面好吃，同时还要保留大陆风味，考虑到大陆人的口味偏重，而且比较偏爱牛肉口味，集团决定以“红烧牛肉面”作为进入市场的主打产品。在制作工艺和口味配方上，采用了“最笨”、“最原始”的办法——试吃。他们摆设摊点，请试吃者品尝，一旦有人提出不满意的地方就加以改进。经过上万次的口味测试和调查，才将“大陆风味”的方便面制作工艺和配方最终确定下来。

上帝是苛刻的，也是公平的。当新口味的康师傅方便面正式上市销售时，消费者的反应几乎是异口同声：“味道好极了！”一时间，康师傅方便面成了大城市居民的首选方便食品。

“康师傅”方便面在大城市的火爆销售并没有让顶新集团满足，在开发新产品的同时，顶新集团还从各细节处着手，尽心竭力地做到让消费者满意。他们最典型的一个创新便是首创在碗面上加塑料叉，以方便消费者、尤其是出门在外的消费者的使用。此项看似不起眼的创举迅速成为潮流，使得所有生产方便碗面的厂家纷纷效仿，碗面配小叉成了一项不成文的标准。顶新集团正是靠着对市场精准的把握、想消费者之未想而最终实现了成为中国面王的梦想。

分析“康师傅”方便面取得成功的原因。

任务分析

市场营销的目的是满足消费者的需求，这既是企业营销的出发点，又是企业营销的归宿。消费者市场是最终市场，是起决定作用的市场，其他市场如产业市场等，都要以消费者市场的需求和偏好为转移。因此任何一家营销企业，都必须重视对消费者市场的研究。消费者市场对市场营销决策影响深远，作为普通消费者的我们，是否对消费者市场有所认识呢?如果站在企业的立场上，又该如何认识消费者市场并能更好地为消费者市场提供服务呢?

结合案例，本项目设置如下具体任务：

1. “康师傅”是如何获取消费者行为或企业行为的信息的?
2. “康师傅”是如何了解产品相关知识，确保为消费者提供满意的产品的?
3. 解释消费者及企业的行为。
4. 企业该如何针对消费者市场的特点确定独特的营销策略?

相关知识

一、消费者市场的特征

1. 消费者市场广阔，购买者多而分散，且少量多次购买，并呈周期性的特点

消费者市场涉及每一个人及每一个家庭，人类要生存和发展，就离不开消费。因此消费者市场是一个人数众多、幅员广阔的市场。同时由于受到消费人数、需要量、购买力、储藏地点、商品保质期等诸多因素的影响，往往购买批量小、批次多，购买频繁。因此绝大部分商品都是通过中间商销售产品，以方便消费者购买。

很多消费品，消费者在购买时，呈现一定的周期性。有些商品，如食品、副食品、牛奶、蔬菜等生活必需商品，消费者需常年购买、均衡消费；有些商品，如时令服装、节日消费品等，消费者需要季节购买或节日购买；而有些商品，如家用电器等，消费者需要等商品的使用价值基本消费完毕才重新购买。

2. 消费者市场需求复杂，购买具有多样性、发展性的特点

消费者购买因受性别、年龄、职业、收入、教育背景、价值观念、民族、宗教信仰等影响，其需求有很大的差异性，对商品的要求也各不相同，而且随着社会经济的发展，生活质量的提高，消费者的消费习惯、消费观念、消费心理不断发生变化，消费需求也在不断向前推进，呈现出发展性的特点。如小轿车，过去在普通老百姓的眼里是奢侈的消费品，现如今早已走进寻常百姓家。

3. 消费者市场的购买大多属于非专家购买，需求弹性大，可诱导性强

绝大多数消费者购买缺乏相应的专业知识、价格知识和市场知识，尤其是对某些技术性较强、操作比较复杂的商品，更显得知识缺乏。因而对消费品的购买表现出较强的情感性和可诱导性，购物时，消费者很容易受广告、包装、品牌、降价、营销人员推销等促销因素的影响，从而产生冲动性购买。加之替代品较多，因而商品的价格需求弹性较大。

4. 消费者市场的购买具有时代特征

消费者购买常常受到时代精神、社会风俗习俗的导向，从而使人们对消费购买产生一些新的需要。如APEC会议以后，唐装成为时代的风尚，随之流行起来；又如社会对知识的重视，对人才的需求量增加，从而使人们对书籍、文化用品的需要明显增加。这些显示出消费购买的时代特征。

课堂阅读

从“啤酒天气指数”看消费的周期性

日本一家酿酒厂收集了三十年间(1951—1980)的有关资料，证明啤酒销量与天气变化之间存在一定的关系，由此提出了“啤酒天气指数”的概念。他们首先汇集了三十年中全国十五个地区的每日最高气温，然后计算出各地区每隔十天的平均最高气温和每月的平均最高气温，再把它们同各地区当月的啤酒销售情况相联系，便绘出了当年的“啤酒气温曲线”。把三十年“啤酒气温曲线”的平均值作为参考基数，那些具体某年的平均“啤酒气温曲线”同基数之比被称为“啤酒天气指数”。这样就可以一目了然地定量观察出天气变化同啤酒销售量之间的关系。比如1974年和1976年的“指数”低于参考基数，啤酒销售量则出现明显下降趋势。1978年日本出现酷暑，“指数”高于“基数”，当年啤酒销售量上升10%。进一步的研究表明，在市场趋于饱和的情况下，气温就成了决定啤酒销售量升降的主要因素。因此，这家啤酒厂十分注意观察研究天气情况，合理安排生产，收到了良好的效果。如今，在日本已经有人把这种研究推而广之，提出了“天气市场”的概念。他们认为：在经济繁荣和市场成熟时期，天气的波动会有效地影响生意的成交，因而天气成为商业决策方面的一个重要因素。

二、消费者市场的购买对象

消费者的购买对象即满足个人和家庭生活需要的产品（包括服务）。

1. 依据人们购买、消费的习惯分类，可分为便利品、选购品、特殊品和非渴求品

便利品：指顾客经常购买或即刻购买，并几乎不作购买比较和购买努力的商品，如香烟、肥皂、报纸、食盐等。为顾客提供购买该类产品的便利性很重要。

选购品：指消费者在选购过程中，对产品的适用性、质量、价格和式样等基本方面要作有针对性比较的产品，比如服装、家具、家用电器等。对于选购品，为了方便消费者进行选购，企业必须备有丰富的花色品种，以满足不同消费者的爱好，同时应将销售网点设在商业网点较多的商业区。

特殊品：指具有独有特征和（或）品牌标记的产品，有相当多的消费者愿意对这些产品作特殊的购买努力，如高级服装、轿车、专业摄影器材等。对特殊品的营销，企业不必太多考虑销售地点是否方便，但是要让可能的顾客知道购买地点。

非渴求品：指消费者未曾听说过或即便知道但不感兴趣或不想购买的商品，如保险、百科全书等。经营非渴求品的企业，常用人员推销的形式来销售商品。

2. 依据产品的耐用程度分类，可分为耐用品、非耐用品

耐用品：一般是指使用年限较长、价值较高的有形产品，如冰箱、电视机、高档家具等。耐用品一般需要较多地采用人员推销，提供较多的售前售后服务和担保条件。

非耐用品：一般是指有一种或几种消费用途的低值易耗品，如解渴饮料、食盐、肥皂等。这类产品消费快，购买频率高，企业的营销战略应该是使消费者能在许多地点方便地购买到这类产品；价格中包含的盈利要低；加强广告宣传以吸引消费者试用并形成偏好。

三、消费者市场的购买动机

当人们的某种需求尚未得到满足而又受到一定条件刺激时，就会产生某种动机，从而诱发特定的行为。

消费者具体购买动机有：

1. 求实动机

以追求商品或服务的使用价值为主导倾向。特别重视商品质量、功效，要求一分钱一分货，对其象征意义、造型与款式等不是特别强调，是消费者中最为常见、最为普遍的购买动机。

2. 求新动机

以追求商品、服务的时尚、新颖、刺激、奇特为主导倾向。其核心是“时髦”、“奇特”，具有此购买动机的消费者喜欢追赶时髦，对新奇商品感兴趣追求与众不同，即注重商品外观、装潢、流行式样。收入水平比较高的人群以及青年群体中，比较常见。

3. 求美动机

以追求商品欣赏价值和艺术价值为主要倾向。其核心是“装饰”、“美化”，具有此购买动机消费者在挑选商品时注重商品造型、色彩包装等，购买商品的目的主要是为了艺术欣赏和精神享受，不太在乎商品价格。讲究修饰打扮又有一定经济实力的青年妇女和文艺界人士中，此种动机较为常见。

4. 求名动机

以追求名牌、高档商品，借以显示或提高自己的身份、地位而形成的购买动机。其核心是“显摆”和“夸耀”。具有此购买动机消费者在挑选商品时不太注重商品使用价值，而特别重视商品的影响和象征意义，喜欢购买名牌商品和高档商品以显示其生活水平，社会地位等。在一些高收入人群、大中学生中，求名动机较明显。

5. 求廉动机

以追求商品、服务的价格低廉为主导倾向。其核心是“价廉”和“物美”。具有此购买动机消费者特别关注商品价格高低，对低价、折价、降价商品感兴趣，不太注重商品款式、花色、包装等。

6. 求便动机

以追求商品购买和使用过程中的省时、便利为主导倾向。消费者对时间、效率特别重视，对商品本身则不甚挑剔。他们特别关心能否快速方便地买到商品，讨厌过长的候购时间和过低的销售效率，对购买的商品要求携带方便，便于使用和维修。一般而言，成就感比较高，时间机会成本比较大，时间观念比较强的人，更倾向于持有求便的购买动机。

7. 模仿或从众动机

在购买商品时模仿他人的购买行为而形成的购买动机。有出于仰慕、钦羡和获得认同而产生的模仿；有由于惧怕风险、保守而产生的模仿；有缺乏主见，随大流或随波逐流而产生的模仿。普通消费者的模仿对象多是社会名流或其所崇拜、仰慕的偶像。

8. 求信动机

以追求某一商品或某一商店信誉和表示信任而经常购买某种商品或光顾某一商店为主导倾向。其核心是“好感”、“信任”，具有此购买动机消费者在购买商品时从经验和印象出发，对某种商店、营业员有特殊好感就购买不断。

9. 好癖动机

以满足个人特殊兴趣、爱好为主导倾向。其核心是“偏好”“嗜好”。其购买定型化，如集邮人总是习惯地持续购买与之有关的商品，再如有些人收集古玩、古董、古书、古画等。

课堂阅读

“不许偷看”

一家泰国酒吧的主人在门口放了一只大酒桶，很长时间也没有引起人们多大的关注。后来有一天，酒桶的外面蒙上一块布，上面写了几个字：“不许偷看”。说来很奇怪，过往的行人见此纷纷驻足，非要打开布看个究竟。只见里面是香气扑鼻的陈酒，酒水下面还有一行字：“本店美酒与众不同，请享用”。顾客们先是会心一笑，然后就寻着酒香走进酒吧了。

启示：人的动机是很微妙的，利用消费者的购买动机可以收到意想不到的效果。你还能举出一些其他的例子吗？

四、消费者购买行为分析的内容（5W1H）

（1）WHO——何人购买。要考虑谁是该产品的消费者？谁参与购买过程？谁实施购买行为？

（2）WHAT——购买什么。要研究顾客购买什么，以决定生产什么。

（3）WHY——购买理由。要研究顾客是为了维持正常物质生活的内在需要，还是由营销刺激、社会潮流等外在因素引起购买。如果要馈赠亲朋好友，包装上则要讲究一些。

（4）WHEN——何时购买。要研究消费者购买决策过程中的时间规律性，以适当调整营销对策。比如季节性商品，节假日商品，往往在节假日到来之前是最旺销的时候。

（5）WHERE——何处购买。要研究消费者居住地点及其交通情况、商业网点分布、商店信誉、商店服务质量等，从而决定选择何种营销渠道分销商品。

（6）HOW——如何购买。要根据消费者的要求来组织营销活动。消费者是愿意一次性付款还是分期付款，是要求送货还是自己提货，这些都是应该考虑的。

五、消费者购买行为类型

消费者购买商品时，由于受商品价格、品牌差异等因素的影响，故投入购买的复杂程度不同。按照消费者在购买过程中的介入程度和品牌间的差异程度，将消费者的购买行为分成四种类型，如表3–1所示。

表3–1　消费者购买行为类型

介入程度 / 品牌差异	高度介入	低度介入
品牌差异大	复杂的购买行为	寻求多样化的购买行为
品牌差异小	减少不协调的购买行为	习惯性的购买行为

1. 复杂的购买行为

商品价格昂贵，不常购买，不同品牌商品之间又存在明显差别。由于对商品不了解，购买风险高，消费者会高度参与、全身投入购买。

企业应通过广告宣传、人员推销、提供产品目录或其他产品资料等促销活动及利用相关群体的影响来增加企业广告的可信度与说服力，影响消费者最后的品牌决定。

2. 减少不协调的购买行为

商品价格较昂贵，不常购买，但品牌之间没有太大区别，因此，只要价格合理，购买方便，很快便会作出品牌选择。但购买后，又会因听到赞誉其他品牌的议论或宣传而感到不如意。为此，消费者就会去收集更多信息，试图证实自己购买决策的正确性，来达到心理上的平衡。

因此，企业要通过合理的定价、方便的分销网点和积极的人员推销来影响消费者对本品牌的选择，促成其购买。利用广告宣传和新闻报道，通过专家学者、各界明星对商品或品牌的正面评价，使消费者相信自己作了正确的购买决策，以帮助他们保持心理平衡。

3. 寻求多样化的购买行为

消费者购买参与程度低，但各品牌之间差异大。这时，消费者经常变换品牌，只是为了寻求变化，并非对产品不满意。

市场领导者应采用占有有利的货架位置、保证货源及经常作提示性广告等手段，促使消费者成为习惯购买者；市场挑战者则可采取低价、折扣、免费赠送样品及重复产品特点的广告宣传等，吸引和鼓励消费者改变原来的购买习惯。

4. 习惯性的购买行为

价格低廉、经常购买，品牌间差别不大，消费者不愿或不需要花费时间与精力进行选择与比较，往往就近购买。对品牌的选择主要出于熟悉或者习惯。

企业可利用价格优惠或现场促销等方式，吸引顾客试用。广告促销应突出重点，便于记忆；短期内多次重复，培养消费者的习惯行为；媒体以电视、报纸为主；通过价格折让和付款条件优惠等方法，争取在尽可能多的货架上摆上本企业产品，并通过商店现场的营业推广活动吸引消费者购买。

六、影响消费者购买行为的主要因素

消费者购买行为的影响因素主要包括文化、社会、个人和心理等因素。

1. 文化因素及其影响

在各类因素中，文化因素的影响最为深远，往往是潜移默化地影响到每个人的心理过程。包括：

（1）文化群体和亚文化群体。世界上有许多种文化群体，每一群体内部又包含若干亚文化群体，主要有四种类型：民族、宗教、种族、地理亚文化群。

民族亚文化群：各个民族在生活习惯、风俗等方面都有其独特之处，尤其要注意的是他们还有不同的禁忌。民族亚文化对消费者行为的影响是巨大的、深远的。

宗教亚文化群：不同的宗教群体具有不同的文化倾向、习俗、戒律和禁忌，存在着不同的信仰性消费习俗和禁忌性消费习俗。

种族亚文化群：由于各色人种有发色、肤色、眼色的不同，有体形、眼、鼻、唇的结构上的差异，这都会影响消费行为。

地理亚文化群：处于不同地理位置的不同国家，甚至一国内部处于不同地理位置的各个省份都有不同的文化习俗。

（2）社会阶层。划分社会阶层，主要是根据职业、收入、教育和价值观念等因素划分出来的具有同质性和持久性的社会群体。

不同社会阶层人们的经济状况、价值观倾向和兴趣有所不同，他们对一些商品、品牌、商标、闲暇活动、大众传播媒介等都有各自的偏好。同一阶层的成员有相似的价值观、兴趣和行为，在消费行为上相互影响并趋于一致。

我国目前的社会阶层，就结构形态而言，是一个中低层过大，中上层有所发育但还没壮大，最上层和底层都比较小的“洋葱头”型结构。具体包括：国家与社会管理者阶层、经理人员阶层、私营企业主阶层、专业技术人员阶层、办事人员阶层、个体工商户阶层、商业服务人员阶层、产业工人阶层、农业劳动者阶层、城乡无业、失业、半失业人员阶层。

课堂阅读

时尚标签里的中等收入阶层

房子。月薪1万元左右，当然应该有一套属于自己的住房。与此同时，还会比较讲究住宅的舒适度、房间的个性化布置及品位。他们总是热衷于购买房产，用于自住或投资。

车子。有一辆进口车或至少一辆奥迪、帕萨特档次的国产轿车。在这里，车已不仅是代步的工具，更是一种喜好或习惯，出行不开车就难受。

股票。股票是他们投资最大的方向之一。中产一族通常不太关心时政，偶尔关心也只是注意时政对所持股票的影响。

笔记本。闲时听歌看碟，忙时收发信件或调用文件，笔记本电脑随时都会派上用场。

名牌。不但是名牌，而且最好是那种普通人听上去生僻的休闲品牌。并不十分追求潮流，但非常讲究质地。看上去很普通，但价格很贵，且衣着注重细节，一般很少穿西装，通常西装领带俱全拎着公文包的人只会出现在地铁里。

健身。会员制健身中心经常有他们的身影，他们懂得身体是革命的本钱。一般很少用烟酒，也较少去喧闹的酒吧。

旅游。由于日常工作相对紧张，有闲的机会很少，他们更愿意给自己一个逃离的机会，在异地异国，山山水水之间，更能领略生活的含义。在某种意义上，这是生活质量的标志。

咖啡。即使觉得茶比咖啡更好喝，在邀请朋友的时候也总会脱口而出“星巴克”。一方面受西方文化影响，另一方面，咖啡馆的环境和出入的人群相对让他感觉更好，潜意识中愿把自己归入同类。家中往往有现磨咖啡壶以及朋友从国外带回来的咖啡豆。

西餐。淡淡的背景音乐、西式风情、服务生的细致优雅，使他们对西餐厅情有独钟。就餐环境第一位，“我去哪里哪里吃了饭”通常是比“我吃了什么”更重要。

文化。即使实在是个“粗人”，家里也会有非常像模像样的书房、办公桌上也会有几本“经理人”杂志，这年头谁不想跟“文化”沾点边?

2. 社会因素

影响消费者购买行为的社会因素包括：相关群体、家庭、社会地位。

（1）相关群体。相关群体就是能够影响一个人的态度、行为与价值观念的群体。影响消费者购买行为的相关群体的类型有：

参与性群体：即消费者置身其中的群体，包括主要群体与次要群体。关系比较密切的相关群体称为主要群体，如家庭成员、亲朋好友、同学、同事等。关系比较一般的群体称为次要群体，如各种有关的社会团体、职业性协会等。

非参与性群体。即消费者不在其内的群体，包括向往性群体与回避性群体。希望加入的群体称为向往性群体，如歌星、影星、体育明星等。其价值观及行为于己背道而驰的群体称为回避性群体。

相关群体对消费者的影响主要体现在以下三个方面：

示范性：相关群体为消费者展示出新的行为模式和生活方式。

仿效性：由于消费者有效仿其相关群体的愿望，因而消费者对某些事物的看法和对某些产品的态度也会受到相关群体的影响。

一致性：相关群体促使人们的行为趋于某种“一致化”，从而影响消费者对某些产品和品牌的选择。

课堂思考

美国一位“脱口秀”女主持人拥有几百万粉丝，一次，她在节目中随口说了一句：“我已经不再吃牛肉汉堡了”，竟使得美国牛肉市场顿时下跌15%。你能用营销的相关理论来解释一下吗?

相关群体对消费者购买不同商品的影响有所区别，它对购买使用时不易为他人所觉察的洗衣粉、食盐、水果等商品影响较小，对购买使用时十分显眼的服装、鞋帽、装饰品及某些耐用品影响较大。

（2）家庭。家庭是影响消费者购买行为最重要或者说最基本的相关群体。家庭成员对购买行为的影响，可因家庭类型与产品种类的不同而存在差异。

典型的家庭决策类型有：

丈夫支配型：如人身保险、汽车等；

妻子支配型：如洗衣机、厨具等；

各自做主型：如女性自用的化妆品、男士吸的香烟等；

共同协商型：如度假、住宅等。

企业应有针对性地开展促销活动，如针对丈夫的促销，或者针对妻子的促销，从而提高促销活动的效果。

课堂阅读

关于购车的家庭决策

美国学者曾对家庭购买新轿车的情况进行研究，发现对于买与不买的问题，主要由夫妻双方共同决定，但就不同的决策内容而言，角色扮演会有所变化。对“何时买车”的决策，68%的家庭是由男主人决定，只有3%的家庭是由女主人决定，29%的家庭是他们共同决定的。对“买什么颜色的车”的问题，夫妻一方单独决定的各占25%，50%的家庭共同决定。

（3）社会地位。即在一个社会的等级或阶层序列中的位置。通常被具体化为职业地位、教育地位、经济地位、权力地位等。目前我国个人的社会地位已由原来父辈传承的世袭制发展为以自我成就为主要特征的自致制。

3. 个人因素

影响消费者购买行为的个人因素主要包括：年龄与家庭生命周期、职业、经济状况、生活方式、个性和自我形象。

（1）年龄与家庭生命周期。不同年龄消费者的欲望、兴趣和爱好有所不同，他们的购买或消费商品的种类和式样也有一定的区别。家庭生命周期是指消费者从年轻时离开父母家庭独立生活，到年老后并入子女家庭或独居进而死亡的家庭生活全过程。包括以下几个阶段：

单身期：离开父母独居的青年。穿戴时髦，从事娱乐活动。

新婚期：新婚的年轻夫妻，无子女。需要购买家具、电器等耐用消费品。

"满巢"1期：子女在6岁以下，即学龄前儿童。需要购买婴儿食品、玩具等商品。

"满巢"2期：子女大于6岁，已入学。需要购买儿童及文教用品。

"满巢"3期：结婚已很久，子女已长大，但仍需抚养。孩子衣、食和教育支出较多，需要更新耐用消费品。

"空巢"1期：结婚已久，子女已成人分居，夫妻仍有工作能力。需要购买非生活必需品、礼品和保健用品，支出一定的旅游费用。

"空巢"2期：已退休的老年夫妻，子女已离家分居。需要购买特殊食品和保健用品。

鳏寡就业期：独居老人，尚有工作能力。

鳏寡退休期：独居老人，已退休养老。

（2）职业。不同的职业决定着人们的不同需求和兴趣。营销人员应该能分析出哪种职业的人们对自己企业的产品或劳务有兴趣。有些企业甚至会专门生产或经营适合某一种职业的产品或劳务，然后通过广告宣传，造成舆论，促使人们购买。

（3）经济状况。收入水平高的消费者，易作出购买决定，往往是新产品的最先购买者。收入水平低的消费者，购买耐用品多持谨慎态度，注意价格，讲求实惠。因此营销者必须研究个人可支配收入的变化情况以及人们对消费开支和储蓄的态度等。如对经济前景预测不佳，则有必要重新设计产品、制定价格，或采取其他的应变措施。

（4）生活方式。指人们的生活格局和格调，集中表现在他们的思想见解、兴趣爱好和活动方式上。营销人员应尽量了解其产品与消费者生活方式的关系，努力加强产品对消费者生活方式的影响，使消费者的生活更加文明、健康和舒适。

课堂阅读

两个人的周末

杰克和汉克同在纽约一家效率很高的广告公司的会计部门工作，在特别繁忙的一周工作之后，他们都盼望着好好享受一下周末的时光。

杰克的打算是：在格林尼治郊区新买的寓所中美美地睡上一觉，然后与安娜——他近来约会的一位富有创造力的编导，共进一顿奢华的、含高胆固醇的香槟午餐，接着，他们将去林肯中心看拉·特拉维塔的演出，晚上去那家闻名已久的寿司店吃晚餐。

汉克的计划是：当杰克把时间浪费在歌剧上时，他正打算用他的录音机欣赏兰迪·特拉维斯的新磁带，他早上将开车到新泽西乡村兜风，四点钟回家，届时他可以舒服地置身于电视机前，观看《巨人挫败牛仔》。

他们做同样的工作，拿同样的工资，但他们在工作以外的嗜好怎么这般不同呢？

（5）个性和自我形象。外向型性格的消费者往往是新产品的首批购买者；内向型性格的消费者一般喜欢购买大众化的产品。另外，许多消费者在采购商品特别是服装时，都要同自我形象相对照，考虑该商品是否能保持或美化自我形象，只有当商品同自我形象相一致时才会采取购买行动。企业必须了解目标市场可能存在的个性特征和消费者的自我形象，所设计的品牌形象应当符合消费者的个性及自我形象。

4. 心理因素

影响消费者购买的心理因素有动机、感觉、学习和态度。

（1）动机。指推动个人进行各种活动的驱动力。动机是人产生各种行为的直接原因，购买行为同样也由动机引起，而动机又是由需要引起的。

不同的人有不同的需要，需要呈现出典型的层次性。由低到高分别是：

生理需要：这是最基本的需要，包括衣、食、住、行等方面的需要。

安全需要：指为了保证人身安全而对保险、保健、饮食、卫生等方面的需要。

社会需要：如希望加入某一组织的归属感，对友谊、对爱情的需要等。

尊重的需要：包括自尊心、名誉、地位、受人尊重的需要。

自我实现的需要：即希望能发挥自己的才能，实现自己的抱负。

一般而言，人们只有在低层次的需要满足以后才会追求较高层次的需要。因此企业必须了解目标市场的顾客目前尚未满足的需要是什么，然后针对性地展开市场营销活动，促使其产生购买动机，进而采取购买行为。

课堂阅读

《十不足》（明·朱载育）

终日奔忙只为饥，才得有食又思衣。置下绫罗身上穿，抬头又嫌房屋低。
盖下高楼并大厦，床前却少美貌妻。娇妻美妾都娶下，又虑出门没马骑。
将钱买下高头马，马前马后少跟随。家人招下数十个，有钱没势被人欺。
一铨铨到知县位，又说官小势位卑。一攀攀到阁老位，每日思想要登基。
一日南面坐天下，又想神仙来下棋。洞宾与他把棋下，又问哪是上天梯。
上天梯子未坐下，阎王发牌鬼来催。若非此人大限到，上到天上还嫌低。

（2）感觉。消费者产生购买动机后，随时可付诸行动。但由于每个人对情境的感觉不同，因而可能导致不同的行为。例如，两个人都需要同一种商品，同时进入一家商店，受到同一销售人员的接待，但结果可能完全不同，原因就在于他们的感觉不同。

对营销人员来讲，广告宣传的表达方式一定要新颖、生动、刺激强烈，只有这样才易引起顾客的注意，形成对消费者有利的感觉，留下深刻的印象，从而促成购买。

（3）学习。消费者的购买行为，是通过不断学习和经验积累而成的。消费者在不断地购买和使用商品的实践中，逐步获取知识，积累经验，并根据经验调整自己的购买行为。可以说，学习是通过驱策力（某种需要）、刺激物（满足产需要的产品或服务）、提示物（一种更具体的刺激物）、反应（需要得到满足的感觉）和强化（加深印象）等一系列过程相互影响、相互作用而成的。

（4）态度。通过学习实践，人们获得了自己的态度和信念。态度和信念一旦形成，反过来又会影响人们的购买行为。态度是个人对事物所持有的喜欢与否的评价、情感上的感受和行动倾向。

消费者的态度主要有以下来源：与商品的直接接触；受他人直接或间接的影响；家庭教育与本人经历。态度包括三个相互联系的部分：信念、情感和倾向。

态度一旦形成，不会轻易改变，具有一定的稳定性。因此企业应设法适应消费者持有的态度，而不要勉强去改变消费者的态度。当然某些对企业特别不利的态度，企业也可以通过各种广告宣传手段，改变人们的信念和态度。

七、消费者的购买决策过程

消费者的购买决策过程早在决定购买以前就已经开始了，而且延伸到实施购买以后。因此，营销人员应该通过调查研究，了解消费者在各阶段的具体思想和行为，以便采取适当措施来影响消费者的购买行为，使之有利于扩大本企业产品的销路。

1. 唤起需求

人们的消费需求可能由内部刺激引起，如食、饮、衣等；也可能由外界刺激引起，如看了介绍某种新产品的商业广告，产生了很大兴趣，从而引起了需求。

对于营销人员来说，这个阶段的主要任务是了解消费者属于什么需求类型以及需求产生的原因，引导消费者去寻找并接受本企业的产品信息。

2. 收集信息

如果消费者的需求欲望很强烈，但对产品又不熟悉，他就会积极去收集有关产品的信息；如果消费者虽有购买欲望但不是那么强烈，他可能就不会主动去收集有关产品的信息，但却可能比平常更加注意有关产品的广告宣传、亲朋好友购买或使用的品牌以及对不同品牌产品的议论与看法等。消费者所需信息可能有四方面来源：

个人来源（影响最大）：家庭、亲友、邻居、同事等。

社会来源：大众传播媒介、消费者组织等。

商业来源（渠道最宽广）：广告、推销员、分销商、包装品、展销会等。

经验来源：操纵、实验和使用产品的经验。

企业应注意消费者的产品信息来源，从而采取相应的策略与措施来影响消费者对本企业产品信息的获得，扩大本企业产品信息的传播。

3. 比较评判（评估信息）

这是决策过程中决定性一环。消费者从各种途径获取了所需信息，对各种可能选择的商品及品牌要进行比较评价，从而确定自己所喜欢的商品或品牌。弄清楚各品牌的利弊，权衡优劣后方能作出购买决定。据此，企业应采取以下对策，以提高自己产品被选中的几率：

（1）改进产品性能，使之接近消费者的理想评估标准。

（2）利用广告宣传，改变消费者对本企业品牌的不佳信念。

（3）设法改变消费者评估标准顺序，使本企业产品占优势的性能与特点得到重视。

4. 决定购买

消费者对商品信息进行比较和评选以后，已形成购买意图，然而从购买意图到购买决定之间，还要受三个因素的影响：

（1）其他人的态度。

（2）意外的情况。

（3）预期风险大小。

因此，企业在这个阶段的营销重点，一是加强广告宣传活动，增强消费者购买本企业产品的信心；二是加强销售地点的促销活动，吸引消费者购买本企业的产品。

5. 购后感受

消费者购买某种商品并使用该商品一段时间以后，必然会产生某种程度的满意或不满意的感觉。如果感到满意或较满意，他们就会再去购买这种商品，并且会向他人称赞这种商品；反之，如果消费者的购后感受是不满意或很不满意，则他们不但以后不会再去买这个品牌的商品，而且还会对其他人说这个品牌商品的坏话，使原来想买这个品牌商品的人也不再购买。可见，消费者的购后感受和行为，与企业产品的销路关系极大。为了强化消费者购后满意的正效应，减少购后不满意的消极影响，企业在营销活动中应注意采取以下措施：

（1）对产品的广告宣传应实事求是，恰如其分。不要作过分的吹嘘或过多的承诺，因为消费者一旦发现与实际不符，极易产生强烈的反感。

（2）与顾客保持联系，肯定其购买决策的正确性，刊登购后满意的宣传报道，加强消费者的满意感觉。

（3）介绍产品正确的使用方法，避免因使用不当引起不满；向消费者征求改进意见，提供质量保证与维修服务，尽量减少购后的不满意。

任务实施的方法与步骤

1. 以5~8人的学习小组为单位，分别讨论相关问题
2. 结合项目具体任务，随机指定四个小组，由其派代表回答其中的一个问题
3. 其他小组可结合发言人的阐述进行提问
4. 老师点评，总结本项目内容

拓展知识

顾客追踪调查和衡量的方法

1. 投诉和建议制度

一个以顾客为中心的组织应为其顾客投诉和提建议提供方便。许多饭店和旅馆都备有不同表格，请客人诉说他们的喜忧。医院可以在走廊上设建议箱，向病人提供评议卡，出钱雇一位病人去收集病员的意见。如宝洁公司、通用电器公司、惠尔浦公司等，都开设了800免费电话热线，为顾客提要求、谈建议、发牢骚敞开了大门。

2. 顾客满意度调查

研究表明，顾客在每4次购买中会有1次不满意，而只有5%以下的不满意的顾客会抱怨。大多数顾客会少买或转向其他供应商，而不是抱怨。结果，公司就失去了顾客。所以，公司不能以抱怨水平来衡量顾客满意度。敏感的公司通过定期调查，直接测定顾客满意状况。它们在现有的顾客中随机抽取样本，向其发送问卷或打电话询问，以了解顾客对公司业绩各方面的印象。它们还可以向买主征求其对竞争者业绩的看法。

顾客满意可以运用几种方法衡量。

（1）通过询问直接衡量，如："请按下面的量度说出你对××服务的满意程度：很不满意、不满意、无所谓、满意、很满意"。

（2）要求应答者评价他们期望一个什么样的产品属性以及他们实际得到的是什么。

（3）要求应答者列出他们在产品上发现的任何问题和他们能建议的任何改进措施。

（4）要求应答者按产品各要素的重要性不同进行排列，并对组织在每个要素上的表现作出评价。

3. 佯装购物者

花钱雇一些人，装扮成顾客，报告他们在购买公司及其竞争产品的过程中所发现的优点和缺点。这些佯装购物者甚至可以故意提出一些问题，以测试公司的销售人员能否适当处理。所以，一个佯装购物者可以对餐馆的食品表示不满，以试验餐馆如何处理这些抱怨。经理们也应经常走出他们的办公室，进入不熟悉的公司以及竞争者的实际销售环境，以亲身体验作为一名顾客所受到的待遇。或者打电话给自己的公司，提出各种不同的问题和抱怨，看他们的雇员如何处理这样的电话。

4. 分析流失的顾客

对于那些已停止购买或已转向另一个供应商的顾客，公司应该与他们接触以了解发生这种情况的原因。如国际商用机器公司流失一个顾客时，他们会尽一切努力去了解他们在什么地方做错了———是价格定得太高、服务不周到，还是产品不可靠等。

项目二 产业市场购买行为分析

知识目标

1. 了解产业市场的购买特点
2. 理解产业市场购买行为的类型
3. 掌握产业市场的购买决策过程

能力目标

1. 具备解释生产企业购买行为的能力
2. 针对产业市场的各种购买行为类型，能为营销企业提供建议
3. 针对产业市场的各个购买阶段，能为企业的营销决策提供建议

引导案例

戴尔怎样采购

戴尔采购工作最主要的任务是寻找合适的供应商，并保证产品的产量、品质及价格方面在满足订单时，有利于戴尔公司。

戴尔的采购部门有很多职位设计是做采购计划、预测采购需求，联络潜在的符合戴尔需要的供应商。因此，采购部门安排了较多的人。戴尔采购部门的主要工作是管理和整合零配件供应商，而不是把自己变成零配件的专家。所以，戴尔通过完整的结构设置，来实现高效率的采购，完成用低库存来满足供应的连续性。

“戴尔公司可以给你提供精确的订货信息、正确的订货信息及稳定的订单”，“条件是，你必须改变观念，要按戴尔的需求送货；要按订货量决定你的库存量;要用批量小，但频率高的方式送货;要能够做到随要随送，这样你和戴尔才有合作的基础。”事实上，在部件供应方面，戴尔利用自己的强势地位，通过互联网与全球各地优秀供应商保持着紧密的联系。这种“虚拟整合”的关系使供应商们可以从网上获取戴尔对零部件的需求信息，戴尔也能实时了解合作伙伴的供货和报价信息，并对生产进行调整，从而最大限度地实现供需平衡。给戴尔做配套，或者作为戴尔零部件的供应商，都要接受戴尔的严格考核。

戴尔的考核要点如下：

其一，供应商计分卡。在卡片明确订出标准，如瑕疵率、市场表现、生产线表现、运送表现以及做生意的容易度，戴尔要的是结果和表现，据此进行打分。

其二，综合评估。戴尔经常会评估供应商的成本、运输、科技含量、库存周转速度、对戴尔的全球支持度以及网络的利用状况等。

其三，适应性指标。戴尔要求供应商应支持自己所有的重要目标，主要是策略和战略方面的。戴尔通过确定量化指标，让供应商了解自己的期望;戴尔给供应商提供定期的进度报告，让供应商了解自己的表现。

其四，品质管理指标。戴尔对供应商有品质方面的综合考核，要求供应商应“屡创品质、效率、物流、优质的新高。”

其五，每三天出一个计划。戴尔的库存之所以比较少，主要在于其执行了强有力的规划措施，每三天出一个计划，这就保证了戴尔对市场反应的速度和准确度。

在物料库存方面，戴尔比较理想的情况是维持4天的库存水平，这是业界最低的库存记录。戴尔是如何实现库存管理运作效率的呢?

第一，拥有直接模式的信用优势，合作的供应商相信戴尔的实力；

第二，具有强大的订单凝聚能力，大订单可以驱使供应商按照戴尔的要求去主动保障供应；

第三，供应商在戴尔工厂附近租赁或者自建仓库，能够确保及时送货。

任务分析

企业的营销对象，不仅包括作为最终市场的消费者，同时也包括各类组织机构，即组织市场。组织市场又可分为：产业市场、中间商市场、政府市场和非营利性组织机构。各类组织市场在采购中呈现出很多共性特征，因此本项目以产业市场为例来介绍组织市场的相关知识。结合案例，本项目设置如下具体问题：

分析“戴尔”取得成功的原因

1. 戴尔的采购从哪些方面反映了产业购买者的共同行为特征？

2. 作为产业购买者，戴尔的购买行为有哪些时代特点？

3. 假设你所在的公司是一家生产液晶显示器的大型号企业，现在打算将戴尔由潜在客户变为现实客户，请你为自己的公司提出一套能够实现这一目标的方案。

相关知识

一、产业市场的特征

产业市场与消费者市场相比，存在以下几个主要特点。

1. 购买者的数量较少，购买批量大

产业市场上的购买者多为企业单位，其数目自然比消费者个人或家庭的数量少很多，并且由于是为了生产而采购，要保证合理的库存，因此，对于原材料、零配件的采购，通常批量很大。

2. 地理分布相对集中

有很多行业在地理区域上的分布相当集中，如石油、钢铁、橡胶等。因此，企业可以充分考虑产业生产力的布局与自然资源、交通地理等因素，集中区域做好原料、配件等的营销，既有利于发展规模优势，又能够降低成本费用。

3. 需求是一种派生需求

生产者对设备、原材料、零配件等的需求，归根结底是从消费者对消费品的需求中派生出来的。如皮鞋制造商之所以购买皮革，是因为消费者要到鞋店去买鞋的缘故。因此，产业市场的购买者也必须要密切注视消费品市场的发展趋势，并以此调整自己的生产计划、采购计划。

4. 需求缺乏弹性

生产企业对很多产业用品和劳务的需求受价格变动的影响不大，短期需求尤其如此。如一些国家进口我国生产的自行车，自行车厂商不会因为自行车轮胎价格的涨跌而减少或增加其购入轮胎的数量，轮胎制造商也不会因为橡胶价格涨落而轻易改变购入橡胶的数量。

5. 需求波动大

由于产业市场需求派生性的特点，最终消费品有可能会产生多层次的派生需求，也就决定了产业市场对产品的需求有扩大效应。消费者需求的少量增加能导致产业购买者需求的大大增加。有时消费者需求只增减10%，就能使下期产业购买者需求出现200%的增减。产业市场需求的波动性，给生产产业用品的企业增加了很大的经营风险，因此生产产业用品的企业往往实行多角化经营，尽可能增加产品品种，扩大企业经营范围，以降低风险。

6. 专业人员购买

产业市场的购买，因其对质量、规格、性能等方面的要求很严格，通常要有拥有丰富的产品知识、市场信息与购买经验的专职人员来采购。对于一些重要的大型设备，还要组成包括技术专家、高层管理人员在内的采购委员会来领导采购工作。

7. 多为直接购买

产业市场的购买者通常绕过中间商，向生产企业直接进货。特别是那些技术复杂、价格高昂的产品，或需要按特定规格制造的产品，这些产品大多数需要繁复的售前售后服务，往往不是中间商所能胜任的。

8. 互购、租赁和长期交往

互购即购买者和供应者互相购买对方的产品，互相给予优惠。例如，我国向美国波音公司购买飞机，即可要求对方订购我们的某些飞机配件。产业市场购买者对于那些偶尔应用、价格又高的设备常常希望用租赁方式代替购买。此外，消费者买东西一般并不指定供应商店，而产业市场与供应商品的厂商达成交易后，只要供方信用可靠、服务满意，一般都愿意继续订货，成为长期业务关系户，因此工业用品销售中的厂商信誉比一般消费品的品牌信誉更为重要。

二、产业市场购买行为的主要类型

1. 直接重购

这是最简单的采购类型，即企业的采购部门根据以往的采购经验，按照过去的订货目录和基本要求继续向原供应商购买产品。供应商、购买对象、购买方式等都不变。在这种情况下，原有的供应商应努力使产品和服务保持一定的水平，并尽量简化买卖手续，节省购买者的时间，争取稳定的供应关系。新的供应商竞争机会较少。

2. 修正重购

即为了更好地完成采购任务而修订采购方案，改变产品的规格、型号、价格等条件，或者寻求更合适的供应商。在这种情况下，采购活动比较复杂，参与采购决策的人数也较多，原来的供应者为了不失去这个客户必须尽力改进工作，而新的供应者则有较多的竞争机会。

3. 新购

这是最复杂的采购，即第一次采购某种产品或劳务。新购的金额和风险越大，参与决策的人越多，所需了解的信息也就越多。这种情况对供应者而言是最好的竞争机会，应当积极与购买者联系，主动提供产品和市场信息，尽量帮助他们解决问题，争取建立供货关系。

三、影响产业市场购买决策的主要因素

1. 环境因素

包括市场需求状况、国家经济发展前景、技术发展变化、政治与法律的发展趋势、竞争状况等。如一个国家经济发展前景好，市场需求旺盛，生产企业就会增加投资，加大采购量；经济前景欠佳时，企业经验风险较大，必然要减缩投资，减少采购量。

2. 组织因素

是指用户的营销目标、采购政策、工作程序、组织结构和管理体制等。例如，有的地方规定只许采购本地区的原材料；有的只许买本国货，不许买进口货，或相反；有的购买金额超过一定限度就需要上级主管部门审批等，又如发达国家兴起“准时生产系统(Just in Time Production System)”，即适量及时供货、“零库存”，对产业用户改进采购工作影响极大。

3. 人际因素

产业用户的采购决策往往受到非正式组织的各种人际关系的影响，采购中心的各个成员在身份、地位、威信和感染力、说服力等方面各有特点，供应者如能够掌握这些特点并施加影响，将有助于获得订单。

4. 个人因素

产业购买者行为是组织行为，但最终还是要由若干个人作出决策并付诸实施。参与采购决策的成员，难免受个人因素的影响，而这种影响又因个人年龄、职位、受教育程度、个性和对风险态度的不同而有所不同。因此，供应者应了解客户采购决策人员的个人特点，并处理好个人之间的关系，这将有利于营销业务的开展。

四、产业市场的购买决策过程

产业市场购买一般是先试购(新购)，然后再决定是否长期大批量在同一家供应商采购。经过试购以后，采购单位会提出品种、规格、价格、交货方式、付款条件等方面的修改意见，即修正重购。再经过一段时间，双方已没有什么异议，采购单位就会将向已确定的供应商采购看做是例行公事，即直接重购。不同的购买类型决定了购买决策过程的繁简，直接重购购买过程最少，新购最为复杂，要经过八个阶段。下面以新购为例介绍产业市场的购买决策过程。

1. 认识需要

产业市场的采购从认识到需要开始，需要往往由内部刺激和外部刺激引起。

常见的内部刺激有：

（1）决定推出新产品，需要生产该产品的原材料和设备；

（2）设备出现故障，需要更新或采购配件以修复设备；

（3）已购材料不尽如人意，需要寻找新的供应商或采购新的材料；

（4）采购负责人认为还有可能找到更质优价廉的供应商，需要进一步寻找。

就企业外部而言，采购者可能受到销售者的营销刺激，如展销会、竞争者的新产品发布会、新广告、供应商的推销介绍等，也可能使其产生购买的欲望。

2. 确定需要

即通过价值分析确定所需产品的品种、性能、特征、数量和服务。一般而言，标准化产品易于确定，而非标准化产品须由采购人员、使用者、技术人员乃至高层管理者共同协商确定。供应商应向买方详细介绍产品特征，协助买方确定需要。

3. 说明需要

确定需要以后，还要进一步对所需产品的功能、质量、规格、数量等进行详细技术说明，以此作为采购人员具体采购时取舍的标准。供应商也应积极参与采购企业的价值分析以展示其产品在使用价值上的优良性及成本的相对低廉性的优势，获取有利的营销机会。

4. 寻找供应商

可以通过查找工商企业名录或其他商业资料、向专业公司咨询、向其他同行及有关客户了解询问等途径，寻找查询可能的供货厂商。供货厂商也应通过广告宣传等手段提高自己的知名度，争取被采购人员列入备选供货厂商名单。

5. 征求建议

即以电话、传真和信函等方式邀请合格的供应商提供详尽的产品目录资料和报价。对重大设备和工程报价，采购单位也可能采用招标的方式征寻报价。对供应商而言，如果能接到征求报价的信息，其中选率就已有三成的希望了，因此一定要善于提出独具特色的建议书，引起采购方的信任，争取成交。

6. 选择供应商

在汇集了多家建议书之后，采购单位就要根据各供应商提供的产品质量、价格、信誉、及时交付能力、技术服务等方面进行比较，选择最有吸引力的供应商。有经验的采购经理通常选择两三家企业同时供货，这样既可以保证供应，又能促进供应商之间的竞争。

7. 正式订购

即正式签订合同。采购经理开具订货单给选定的供应商，详细列明技术说明、需要数量、交货期限、退货条件、担保内容、违约责任等。

8. 绩效评估

采购经理及时向使用者了解其对所购产品的评价，并考察各个供应商履行合同的情况，并根据考察结果，决定今后是否继续采购该供应商的产品。

任务实施的方法与步骤

1. 以5~8人的学习小组为单位，分别讨论相关问题

2. 结合项目具体任务，随机指定三个小组，由其派代表回答其中的一个问题

3. 其他小组可结合发言人的阐述进行提问

4. 老师点评，总结本项目内容

拓展知识

招标采购

公开招标采购是指招标人（政府采购中心或其委托的中介机构）在媒体上公开刊登通告，吸引所有有兴趣的供应人参加投标，并按本细则的程序选定中标人的一种采购方式。公开招标采购方式是目前各国政府采购中普遍使用的方式,有着竞争性强、透明度高、程序规范、采购规模大等优点。但采购时间长、手续复杂，因此还需要有其他采购方式进行补充。其程序如下：

1. 招标邀请及资格审核及发放或领取招标文件

确定采购机构和采购需求，编制招标文件，确定标底，发布采购公告或发出投标邀请，进行投标资格预审，通知投标商参加投标并向其出售标书，组织召开标前会议等，这些工作主要由采购机构组织进行。

2. 投标

投标是指投标人接到招标通知后，根据招标通知的要求填写招标文件，并将其送交采购机构的行为。在这一阶段，投标商所进行的工作主要有：申请投标资格，购买标书，考察现场，办理投标保函，算标，编制和投送标书等。

3. 开标

开标是采购机构在预先规定的时间和地点将投标人的投标文件正式启封揭晓的行为。开标由采购机构组织进行，但需邀请投标商代表参加。在这一阶段，采购官员要按照有关要求，逐一揭开每份标书的封套，开标结束后，还应由开标组织者编写一份开标会纪要。

4. 评标

评标是采购机构根据招标文件的要求，对所有的标书进行审查和评比的行为。评标是采购方的单独行为，由采购机构组织进行。在这一阶段，采购员要进行的工作主要有：审查标书是否符合招标文件的要求和有关规定，组织人员对所有的标书按照一定方法进行比较和评审，就初评阶段被选出的几份标书中存在的某种问题要求投标人加以澄清，最终评定并写出评标报告等。

5. 决标

决标即授予合同，是采购机构决定中标人的行为。决标是采购机构的单独行为，但需由

使用机构或其他人一起进行裁决。在这一阶段，采购机构所要进行的工作有：决定中标人，通知中标人其投标已经被接受，向中标人发现授标意向书，通知所有未中标的投标，并向他们退还投标保函等。

6. 授予合同

授予合同习惯上也称签订合同，因为实际上它是由招标人将合同授予中标人并由双方签署的行为。在这一阶段，通常双方对标书中的内容进行确认，并依据标书签订正式合同。为保证合同履行，签订合同后，中标的供应商或承包商还应向采购人或业主提交一定形式的担保书或担保金。

项目三 基础知识及技能训练

基础知识训练

一、单项选择题

1. 王刚正在购买一套两室两厅的单元房，其购买行为应该属于（　　）。

A. 习惯性购买行为　　B. 多样化购买行为

C. 复杂购买行为　　D. 化解不协调的购买行为

2. 朝鲜族人喜欢吃狗肉、辣椒、爱穿色彩鲜艳的衣服；蒙古族人则喜欢吃羊肉、喝烈性酒，习惯穿蒙袍。这是受到（　　）因素的影响。

A. 宗教亚文化　　C. 民族亚文化　　B. 种族亚文化　　D. 地理亚文化

3. 体育明星姚明是众多崇拜者的（　　）。

A. 所属群体　　B. 非所属群体　　C. 厌恶群体　　D. 向往群体

4. 在社会交往中，人人都希望得到尊重和权威，希望得到荣誉。这种需要被称为（　　）需要。

A. 生存　　B. 社交　　C. 自尊　　D. 自我实现

5. 消费者购买行为过程的起点和终点是（　　）。

A. 一手钱一手货，交换结束，购买行为就结束

B. 从顾客向售货员询问到交易完双方道别

C. 从走进商店到交易完走出商店

D. 从需求产生到对所买商品的最终评价

6. 顾客通过家庭成员、朋友、邻居、熟人等获得产品信息，则其获取产品信息来源的途径属于（　　）。

A. 经验来源　　B. 大众来源　　C. 商业来源　　D. 个人来源

7. 属于产业市场特征的是（　　）。

A. 购买者较少，购买数量大　　B.购买者较多，购买数量少

C. 购销双方关系不密切　　D. 购买者地理分布很分散

二、多项选择题

1. 消费者市场的一般特征是（　　）。

A. 购买动机简单　　B. 购买动机复杂　　C. 需求的可诱导性强　　D. 需求不易诱导

2. 根据消费者购物习惯，消费品可分为（　　）。

A. 便利品　　B. 选购品　　C. 特殊品　　D. 非渴求品

3. 收入低水平的人们购买商品时所考虑的是（　　）。

A. 款式　　B. 实惠　　C. 经济　　D. 名牌

4. 影响消费者行为的因素有（　　）。

A. 文化因素　　B. 社会因素　　C. 个人因素　　D. 心理因素

5. 属于主要相关群体的群体有（　　）。

A. 同事　　B. 名流　　C. 朋友　　D. 宗教组织

6. 产业市场的一般特征是（　　）。

A. 购买者多　　B. 购买者少　　C. 需求属于初始需求　　D. 需求属于派生需求

7. 产业市场购买行为类型包括（　　）。

A. 新购　　B. 修正重购　　C. 直接重购　　D. 习惯购买

8. 影响产业市场购买决策的因素包括（　　）。

A. 环境因素　　B. 组织因素　　C. 人际因素　　D. 个人因素

9. 确定生产者用户的需要是指通过价值分析，确定所需产品的（　　）。

A. 品种　　B. 性能　　C. 数量　　D. 服务

三、判断对错

1. 消费者市场需求的可诱导性较强。（　　）

2. 经营选购品，分销网点应当分散。（　　）

3. 消费者的购买行为由消费者的经济因素决定。（　）

4. 影响消费者决策的心理因素主要包括职业、生活方式、性格、动机等。（　　）

5. 相关群体对消费者的影响因购买产品的不同而不同：对价值小和使用时不易被他人察觉的商品影响小；反之，影响大。（　　）

6. 决定消费者是否重复购买的最重要阶段是购后感受阶段。（　　）

7. 在顾客购买决策阶段，能够让顾客果断决策的一个有效方法是让顾客“把商品带走，把对商品的责任留下来”。（　　）

8. 组织市场的购买者往往经过中间商进行采购。（　　）

9. 产业市场需求是从消费者市场需求派生出来的需求。（　　）

10. 消费者市场的购买行为比产业市场的购买行为更易受价格因素的影响。（　　）

观念应用训练

一、阅读资料，回答问题

3月8日是国际劳动妇女节，在我国简称为“三八”妇女节。当代许多年轻女性，包括女大学生、女白领等，认为“妇女”并非成年女子的通称，而是指年龄较大的已婚女性，而且与笨重，甚至有些呆板、土气或者泼辣的家庭妇女形象联系在一起。因此，追求完美、时尚、独立的她们对“妇女节”都有潜在的抵制心理。另外，“三八”在港台影视剧中是个贬义词。于是，心领神会的商家在节日宣传促销中大做“女人节”、“美丽三月的女人话题”文章，让消费者买得舒心，商家赚得开心。

结合此资料，谈谈企业在营销活动中重视消费者心理因素分析的重要性。

二、阅读案例，回答问题

宜家，让购买成为一种休闲旅行

宜家成立于1943年，其总部位于瑞典Almhult，是一家跨国家居用品大型连锁零售企业。宜家是怎样将自己的产品成功地推向市场，并被消费者广泛认可和接受的呢?

宜家提出，让购买成为一种休闲旅行。其服务理念是：“使购买家具更为快乐”，到宜家就像是“出外休闲的一次旅行”。

（1）舒适的宜家。建在城市郊区，商场内有一些附属设施，如咖啡店、快餐店和儿童的活动空间。如果你累了，你可以在优雅舒适的宜家餐厅，点一份正宗的欧式甜点，或者一杯咖啡，甚至只是小憩一会儿，没有人会打扰你。

（2）煽情的宜家。在卖场气氛营造上，没有一个不觉得清新，宜家要传递的正是“再现大自然，充满阳光和清新气息，朴实无华”的清新家居理念。宜家还擅长于“色彩”促销，在重大节日将至的时候，宜家更似沉浸在色彩的海洋之中。春节和情人节期间，宜家所推出的“红色恋情”、“橙色友情”和“蓝色亲情”的梦幻组合，使整个卖场充满了人情味。

（3）质量过硬的宜家。宜家鼓励顾客在卖场“拉开抽屉，打开柜门，在地毯上走走”，或者试一试床和沙发是否坚固。这种“体验式营销”，包括消费者免费使用产品，无条件退换，对产品进行破坏性实验等。

（4）精致、人性化宜家。宜家的产品做得非常的人性化和精致，宜家的产品充分考虑到使用的方便性和舒适性。

（5）独具风格的宜家。商品的交叉展示及样板间也是宜家独创的风格。顾客在宜家不仅可以买到称心如意的家居用品，而且可以获得色彩搭配等许多生活常识和装饰灵感。

（6）拒绝主动服务、给顾客营造轻松氛围的宜家。宜家认为，没有人比顾客自己更愿意帮助自己，因此，宜家将营销的信息全面公开和透明，引导顾客扮演非传统角色，购货采用顾客自选的方式进行，鼓励顾客参与购物的全过程，完全打破了消费者的顾虑，并节省了消费者的时间。

结合案例，思考以下问题：

1. 认识需要是消费者购买行为过程的首要阶段，宜家的营销模式在这一阶段起到了什么作用？

2. 顾客购买家具的行为属于哪种购买行为类型？理由是什么？

3. 消费者的购后感受，直接决定了顾客是否会重复购买，宜家在巩固消费者的购后感受方面做了哪些努力？

情景模拟训练

1. 仔细想想你最近所购买的商品。描述从你开始思考购买，到实际购买的全过程。什么是你的最初动机？你从哪里找到可做出决策的信息？你考虑了多少种不同的选择？影响你最终决策的主要因素是什么？你是否满意自己的决策？与其他同学讨论你的购买过程，找到其中的异同。

2. 某服装商场营业员小李曾遇到一位女性，她进到商店，一句话不说。看不出她喜欢什么，也看不出她不喜欢什么。老板过去问她相中了哪件衣服，她仍然不吭一声，并且还用一种轻蔑的眼神撇向老板。小李通过细心观察，发现这名顾客在一件漂亮的衣服面前，停留了较长时间，并且爱不释手。她一定是看中了这件衣服，但如何让她购买呢？她一定在想：如果我公然承认喜欢这件衣服，营业员肯定会趁机抬价；如果我说这件衣服不好，一是营业员可能根本不理会我，二是很可能被别的顾客先行买走。小李想到这里，向这名顾客走了过去……

假如你是小李，你将如何打消顾客的顾虑，促成这笔生意成交呢？

思维拓展训练

一、贬“味”扬“鸡”

一顾客打算去买味精，走进一家超市，被一促销小姐堵住去路：“先生是不是要买味精？千万别买啊！要买就买鸡精吧。”顾客不解：“为何？”小姐做关切状：“调味精比鸡精用量少一半，最重要的是味精吃多了会影响听力。”此顾客对此闻所未闻，反问：“你有事实根据吗？”小姐顿时语塞，怏怏离去。

你认为售货员这样做对吗？

这位顾客属于哪种购买类型的？

假如你是售货员，你如何接待这种类型的顾客？

二、“一个”还是“两个”

有两家卖粥的小店，左边的这家和右边的那家每天的客流量相差不多，都是川流不息，人进人出的。然而晚上结算时，左边这家总比右边那家多出百十元来。天天如此。

于是，我走进了右边那家小店。

服务小姐微笑着把我迎进去，给我盛好一碗粥。问：“加不加鸡蛋？”我说加。于是她给我加了一个鸡蛋。

每进来一个顾客，服务员都要问一句：“加不加鸡蛋？”。有说加的，有说不加的，大概各占一半。

我又走进左边那家小店。

服务小姐同样微笑着把我迎进去，盛好一碗粥。问：“加一个鸡蛋还是加两个鸡蛋？”我笑了，说：“加一个。”

再进来一个顾客，服务员又问一句：“加一个鸡蛋还是加两个鸡蛋？”爱吃鸡蛋的就要求加两个，不爱吃的就要求加一个。也有要求不加的，但很少。

一天下来，左边这家小店就要比右边那家多卖出很多个鸡蛋。

资料来源：徐峰光. 一个鸡蛋还是两个鸡蛋. 市场报第8版

日常生活中有很多这样似乎很简单的营销智慧，你想再举出一些例子吗？

实训项目

观察消费者购买行为实践

一、实训目的

1. 了解消费者的购物心理、购买动机和购买行为类型。
2. 了解各影响因素是如何影响消费者购买行为的。
3. 了解消费者的购买决策过程。
4. 培养和提高学生进行市场调研、分析市场的能力。

二、实训内容及步骤

1. 班级成员按5~8人分组，采用组长负责制，组员团结协作。
2. 各组在电脑、手机、运动鞋、洗发水等产品中挑选出一类，作为观察消费者购买行为的购买对象。
3. 选择三家以上不同经营业态或不同档次的零售店铺，观察记录其零售环境，了解并记录购物者的年龄、性别、收入、职业等以及与该类商品有关的行为。
4. 起草观察分析报告，描述各个店铺的情景差异及消费者间的差异，并说明他们与产品购买之间的关系。
5. 课堂汇报并评定成绩。

三、实训具体要求

1. 观察前做精心准备。
2. 熟练运用所学知识进行观察分析。
3. 热情高、干劲大、观察分析卓有成效。
4. 认真完成观察分析报告。

四、考核标准（满分100）

选出学生代表为评委，公平、公正地评分，各组最终成绩取评委评分的平均值。

1. 实训报告（翔实性，价值性）50分。

2. 小组代表的表述（台风、语言）30分。

3. 附加分（团队协作，报告形式）20分。

模块四 制定与选择营销战略

项目一 市场营销战略的制定

知识目标

1. 了解市场营销战略的特点
2. 理解市场营销战略的类型
3. 掌握市场营销战略的制定过程

能力目标

1. 能够辨析具体企业的营销战略类型
2. 能够结合具体企业分析制定初步的市场营销战略

引导案例

莫里斯公司的发展战略

20世纪50年代，当医学研究的发现变的对烟草公司越来越不利时，广告的限制也对它们起到一定程度的影响。同时，政府部门也开始制定各种法规来限制烟草公司的经营。于是，绝大多数的烟草公司都开始寻求进行多种经营，进入新的经营领域。

菲利普·莫里斯公司是世界上最大的烟草公司之一，其生产的“万宝路”香烟风靡世界，它强大的财力足可使它轻松地购买其他企业。1959年，该公司用1.3亿美元购买了米勒公司。它对米勒公司进行了改造，淘汰了老式的啤酒产品，而改为主要生产低度的高级啤酒和低浓度的啤酒，并加强广告的宣传。结果米勒公司获得巨大的成功，在美国的销量仅次于百威，接着公司又以米勒啤酒为基础，生产出迎合各种顾客需要的莱特啤酒，这样公司的销量和利润都大幅上升。1978年，莫里斯公司又收购了

7-up公司，并把原来的含咖啡因的7-up饮料改为无咖啡因的饮料，随后又推出了一种无咖啡因的可乐饮料，并在广告上大量宣传这两种饮料，使其销量迅速上升。最近，该公司又收购了国际上知名的烟草公司——乐福门公司，从而使莫里斯公司成为全方位经营的跨国公司，使它不但能保持生产线和市场，而且把万宝路牌香烟进一步推向了国际市场。

任务分析

任何一家企业，不论其规模大小，实力高低，发展是它们永恒的追求。

发展战略是企业营销战略的一种类型，也是最有吸引力的一种类型。也许今天企业并没有实施发展战略，而采用的是稳定、收割，甚至是撤退，不要以为这是它的不思进取，或是畏缩不前，也许它正是在为明天的发展而积蓄力量，蓄势待发。

结合案例，本项目设置如下具体任务：

1. 莫里斯公司收购米勒，是其实施发展战略中的哪一种做法的体现？
2. 你认为莫里斯在收购米勒的决策中，最可能的原因是什么？
3. 指出莫里斯收购米勒的这种做法，能给莫里斯公司带来哪些好处？

相关知识

一、市场营销战略的概念

市场营销战略是企业在分析外部环境和内部条件的基础上，为了谋求长足的发展而对其在某一较长时段内的营销活动制定的全局性行动总方案。

市场营销战略首先是企业实现目标的一种手段，制定营销战略必须始终围绕企业成长与发展目标来进行。其次，它是一种竞争手段，是企业在市场竞争中克敌制胜的重要武器，因而市场营销战略应有针对性，应在充分研究竞争对手特点的基础上来制定。再次，营销战略的制定是一个动态过程，需要在辨识、选择市场机会的过程中不断地调整、修正。

二、市场营销战略的特点

1. 全局性

营销战略规定的是企业的营销总体活动，追求的是营销的总体效果，着眼点是营销总体的发展，体现企业全局的发展需要和根本利益，关系到企业兴衰命运，所以带有全局性的特点。

2. 长期性

营销战略从当前企业现状和市场环境出发，着眼于未来，指导和影响未来较长时期内（一般五年以上）企业的生产经营活动。因此，制定营销战略时必须有远见，能预测市场的长期发展变化态势，才能在竞争中立于不败之地。

3. 纲领性

营销战略所规定的战略目标、战略重点、战略措施等都是指导企业营销活动的纲领，对企业的营销活动具有权威的指导作用。在战略时期内的各项营销活动都要围绕着营销战略来展开。

4. 竞争性

制定营销战略的目的就是要在激烈竞争中壮大自己的实力，使本企业在与竞争对手争夺市场和资源的斗争中占有相对优势，从而使企业在激烈的市场竞争中生存、发展并壮大。

5. 相对的稳定性

营销战略必须在一定时期内具有稳定性，才能在企业营销实践中具有指导意义，如果朝令夕改，就会使企业的营销活动发生混乱，给企业带来不必要的损失。

6. 应变性

营销战略一旦制定下来，并不意味着一成不变，还必须根据企业外部环境与内部条件的变化，适时加以调整。

三、市场营销战略的类型

1. 稳定战略

稳定战略又称为防御战略，或守地盘战略。指企业通过详细分析市场环境、内部条件，认为只能保持原有的增长水平或者只能有较少的增长时，采取相应的措施防御竞争对手，不主动出击的营销战略。

稳定战略的风险相对较小，多数企业愿意采用此策略，特别对那些处于发展行业中的企业和目前经营业绩好、环境变化不大的企业尤其适用。在稳定增长市场上保持企业的市场份额，或缓慢地提高，对许多企业是适宜的。

稳定战略包括两种基本类型：积极防御战略和消极防御战略。前者是以积极的态度积蓄力量，等待机会寻找发展，壮大实力；后者则消极悲观，只求维持现状。

2. 发展战略

发展战略指企业在现有的市场基础上，开发新的目标市场或新的产品，以实现企业的发展壮大。具体有四种发展战略类型，如表4–1所示。

表4–1　　发展战略类型

市场 / 产品	现有产品	新产品
现有市场	市场渗透战略	产品开发战略
新市场	市场开发战略	多角化战略

3. 收割战略

收割战略指企业在产品处于衰退期时，只保留生产少数产品或零部件供应市场的战略，以此适应老用户的需要或用户维修的需要。

4. 撤退战略

撤退战略即企业不景气时采取退出市场的战略。通常有三种情况的撤退：

（1）临时性撤退。当产品销路不佳，企业即暂停生产，待查明原因，对产品进行改进或改变营销策略组合后，再行生产投放市场。

（2）转移性撤退。在原有的市场区域销售受阻时，将产品推向新的市场区域，如在城市不畅销的产品，可以考虑转移到农村市场，也可以放弃原来的经营方向，转向生产经营其他产品。

（3）彻底性撤退。企业针对处于衰退期的老产品，或刚刚上市就夭亡的新产品，果断退出市场。

四、市场营销战略的制定过程

1. 分析营销机会

即分析企业的内部条件和外部环境（SWOT分析）。

企业内部条件：一是所处行业方面的状况，包括所处的行业是一个兴盛的行业还是一个衰退的行业，兴盛或衰退的原因是什么?企业在本行业中的地位等。二是营销能力方面的条件，包括厂房、设备、资金、技术、人员素质、组织机构和管理水平等因素及其工作状况。例如企业产品的竞争能力、市场占有率、市场潜力、产品的信誉、销售增长率、获利能力、产品供应、财务状况和经营风险等。

企业的外部环境：包括微观环境和宏观环境。一是要预测环境的变化方向，二是要对环境变化给企业带来的机会和威胁进行预测，以便在营销战略中能趋利避害。

2. 规划营销任务

我们的企业是干什么的？顾客是哪些人？顾客最需要的是什么？未来要经营的业务是什么？应当向哪些方向发展？制定任务书时，应注意的几点：

第一，必须规定企业的经营范围，包括产品范围、顾客范围、市场的地理范围等应是切实可行的，亦即按照企业实际的资源能力来规定和阐述自己的经营范围，做到宽窄相宜，扬长避短。

第二，企业任务范围的规定要坚持“市场导向”，即以顾客的需要来规定和阐述自己的任务，避免用“产品”或“技术”来表述。

第三，任务书必须有激励性，能鼓舞人心、鼓励干劲，应使全体员工从任务报告中感受到本企业的任务对社会的贡献和发展的前途，从中体会到他们工作的重要性。

3. 确定营销目标

企业任务确定后，就应当转化成企业的营销目标。常用的营销目标有：

（1）利润和投资收益率。企业的主要目标是增加利润。投资收益率是一定时期内企业所实现的纯利润与其全部投资的比率。这是衡量和比较企业获利能力大小的核心指标。

（2）市场占有率。反映企业竞争能力。市场占有率高低也关系到企业的知名度，影响着企业的形象。有绝对市场占有率和相对市场占有率之分。

绝对市场占有率：在一定时空条件下，本企业产品销售量（或销售额）在同一市场上的同类产品销售总量（总额）中所占的比重。

相对市场占有率：本企业某产品销售总额与最大竞争对手同种产品销售总额之比。

（3）销售增长率。产品销售增加额与基期产品销售额的比率，反映产品在市场上的成长能力。

（4）产品创新、塑造企业及产品良好形象等，反映企业创新能力和在市场上知名度、美誉度的大小。对于提高竞争能力、拓展市场、延长产品生命周期、扩大销售将会长远的发挥作用。

4. 制定业务组合战略

常用波士顿咨询集团法（简称BCG法），通过建立“市场增长率—市场占有率矩阵”对企业的所有业务单位（或产品）进行评估。通过分析，可将所有业务单位（或产品）分为四类：明星类、金牛类、问题类、瘦狗类，如图4–1所示。

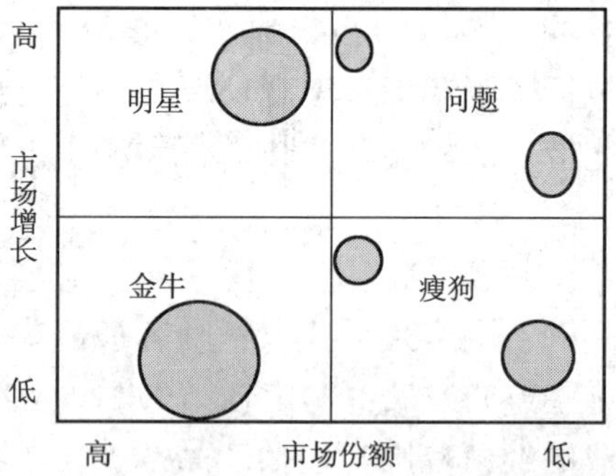

图4–1　市场增长率——市场占有率矩阵图

在对各业务单位进行分析之后，企业应着手制定业务组合计划，确定对各个业务单位的投资战略。可供选择的策略有：

（1）发展策略。即增加产品大类的市场占有率和销售增长率的策略。这样做需要的投资较多，只适用于问题集中，有希望转为明星类的产品及明星类的产品。

（2）维持策略。即保持产品大类的市场占有率的策略。适用于有大量现金收入的金牛类。

（3）收割策略。即追求产品大类的短期现金收入的策略，其做法类似竭泽而渔，适用于环境不佳的金牛类，也可以用于问题类和狗类。

（4）放弃策略。即清理出售某些产品大类的策略。适用于那些无发展前途或妨碍企业增加盈利的问题类和狗类。

5. 制定业务增长战略

（1）密集性增长战略。指企业现有市场的潜力尚未达到极限时，企业仍在原有的经营范围内求发展的增长战略。有三种实现途径：

市场渗透。即企业采取种种积极的措施在现有的市场上扩大现有产品的销售。企业可以从以下几方面努力：一是鼓励顾客多买；二是争取竞争对手的顾客；三是争取尚未购买的潜在顾客。风险小，易监控，但需花费大量促销费用，且发展有限，是一种较保守的增长方式。

市场开发。即通过增加市场开发费用和促销费用，以现有市场为基础不断向外扩张，开辟新的市场，以达到扩大业务目的的营销战略。方法：一是在原有销售地区内增加新的目标市场；二是增加新的销售渠道；三是增加新的销售地区。风险不太大，但要做大量的市场调研工作，分销、促销费用大。

产品开发。即通过增加产品开发费用，对现有产品进行改进，使现有产品以新的姿态投放到现有市场上，扩大销售的方法。改进包括增加新的特色、新的档次、换代品等。

（2）一体化增长战略。指企业把自己的营销活动延伸到供、产、销不同环节而使自身得到发展的增长战略。通常在现有业务基础上，通过收购、兼并、联合、参股、控股等方式实现一体化，以扩大现有业务。有三种实现途径：

后向一体化。即企业通过购买、合并或兼并本企业的原材料供应企业，实行产供联合。变过去向供应企业购买原材料为自己生产原材料；有的商店，逐步发展起自己的工厂，生产出的产品在自己商店出售；有些大的零售商店由过去从批发企业进货，转为自己直接从生产企业进货。

前向一体化。即按供、产、销的正向顺序实行一体化增长的策略。原材料供应者通过自办、联合、联营或兼并等形式，与加工制造企业相结合，实行供、产前向一体化；批发企业增设或兼并零售商店；生产企业通过自办、联合、联营或兼并等形式，与商业企业相结合，实行产、销前向一体化。

水平一体化。又称横向一体化，即通过收购或兼并竞争者的同类型企业实现业务增长。

（3）多元化（多角化）增长战略。即在寻找与公司目前业务范围无关的富有吸引力的新业务。采用这种战略的原因：一是本企业所从事的行业缺乏足够的发展余地；二是在所从事的行业外，又发现更有利的营销机会。有三种实现途径：

同心多元化。即利用现有物质技术力量、特长、经验等，以现有产品为中心向外扩展业务范围。有利于发挥企业原有的技术优势，不需要更多投资，因而风险小，成功率高。

水平多元化。即针对现有市场的其他需要，采用新的物质技术力量开发与现有产品无关但在消费上有关联的其他产品或服务，以扩大业务经营范围，寻求新的增长。

复合多元化。即发展与现有技术、现有产品、现有市场无联系的多样化经营活动，以寻求新的发展策略。

任务实施的方法与步骤

1. 全班按学习小组讨论
2. 随机选定某组，由其派代表陈述观点
3. 其他小组成员提问，与之进行交流
4. 教师点评，总结本项目内容

项目二 竞争战略分析

知识目标

1. 理解企业制定竞争战略的重要性
2. 了解影响企业竞争能力的因素
3. 掌握市场竞争基本战略的类型及特点
4. 掌握处于不同竞争地位企业的竞争策略

能力目标

1. 具备竞争分析意识
2. 具备分析行业竞争环境的能力
3. 培养制定及调整竞争策略的能力

引导案例

孙子兵法中的营销智慧

《孙子兵法》中，有几句话广为人知。

1.知彼知己，百战不殆。

2.兵贵神速，出其不意。

3.善战者，求之于势。是故百战百胜，非善之善也；不战而屈人之兵，善之善者也。

4.故上兵伐谋，其次伐交，其次伐兵，其下攻城。

任务分析

在市场经济中，任何企业都无法回避竞争，优胜劣汰是市场竞争的不二法则。企业要想取得成功，仅分析消费者是远远不够的，还必须要研究竞争对手，知己知彼，才可能取得竞争优势，在市场竞争中获胜。结合引导案例，本项目设置以下具体任务：

1.上述四句话中，各蕴涵了什么样的营销智慧？

2.企业在营销实践中，如何分析自己的竞争实力和地位？

3.可供企业选择的竞争战略有哪些？请举例说明。

相关知识

一、影响企业竞争能力的因素

美国战略专家迈克·波特从竞争的角度，指出市场中存在五种竞争力量，它们直接影响着一个市场的内在吸引力，直接决定了一个企业的竞争地位。这五种竞争力量如图4-2所示。

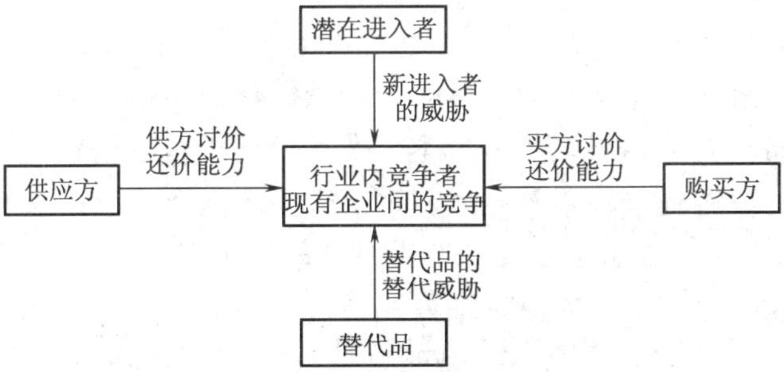

图4-2　五种竞争力量示意图

1. 行业内现有企业的竞争威胁

这是企业面对的最直接、最明显的竞争对手。这种竞争力量根据自己的一整套规划，运用各种手段（价格、质量、造型、服务、担保、广告、销售网络、创新等）力图在市场上占据有利地位和争夺更多的消费者，对企业造成了极大的威胁。

2. 潜在新进入者的威胁

潜在新进入者大都拥有新的生产能力和某些必需的资源，期待能建立有利的市场地位。新进入者的加入，会带来生产能力的扩大及市场占有率的要求，因此必然引起与现有企业的激烈竞争。

3. 替代品的威胁

替代品是指那些与该行业产品具有相同或相似功能的产品。替代品的出现，会对整个行业的市场造成冲击。替代品的价格如果比较低，它投入市场就会使本行业产品的价格上限只能处在较低的水平，这就限制了本行业的收益。因此企业应在正确认识替代品的基础上，加大技术研发力度，积极开发新产品。

4. 供应商讨价还价能力的加强

供应商对企业的威胁主要体现在两方面，一是要求提高供应价格，二是要求降低相应产品或服务的质量。因此企业应努力与供应商建立良好关系，并积极开拓多种供应渠道。

5. 购买者讨价还价能力的加强

购买者可能要求降低购买价格，要求高质量的产品和更多的优质服务。为了尽量减少购买者讨价还价造成的压力，企业应选择和建立相对稳定、忠诚的目标顾客群体。

二、企业的基本竞争战略选择

在上述五种竞争力量的抗衡中，企业要在市场竞争中站稳脚跟，必须根据自身的市场地位和实力状况，制定基本竞争战略。市场竞争的基本战略类型有：总成本领先战略、差异化战略和集中化战略。

1. 总成本领先战略

也称低成本战略，是指企业在某行业领域中使成本低于竞争对手而取得领先地位的一种战略。企业尽可能降低成本，做到相同质量价格较低，相同价格质量较高。因此企业在实施总成本领先战略时，应注意以下几点：

（1）提高成本管理水平。要求企业在采购成本、生产成本、资金占用、人力成本和营销成本等方面都能精打细算，厉行节约。

（2）具有规模经营优势。实现规模经营，能有效降低产品成本。一般来说，单位产品成本与生产经营规模的扩大呈下降趋势。

（3）提高市场占有率。市场容量大，销售增长率高，成本也会随之降低。

（4）提高技术水平。对产品采用先进技术，进行技术改造，大大提高生产效率，以技术领先来降低成本，达到低价竞争的优势。

2. 差异化战略

也称特色经营战略，是指企业提供区别于竞争对手、在行业内具有独特性产品的一种战略。企业靠产品特色以赢得竞争优势。

实施差异化战略，可通过多种途径：设计名牌形象、独到的营销创意与策略、采用独特的技术、提供与众不同的服务等。

3. 集中化战略

也称目标聚焦战略，是指企业将经营重点集中在某一个或几个较小的细分市场，实行专业化经营，走小而精、小而专的道路。实施集中化战略，关键在于企业拥有的产品或技术是某一特定目标市场必备的需求，企业在这一特定细分市场上有能力占领极大市场占有率，成为小市场中的小巨人，但一旦市场发生变化，对企业的威胁也很大。

三、不同市场竞争地位的企业的竞争战略

市场占有率是反映企业竞争地位最有力的指标。按市场占有率的高低，企业分为四种类型：市场领导者、市场挑战者、市场跟随者和市场补缺者。

1. 市场领导者的竞争战略选择

市场领导者是指其产品在行业同类产品的市场上市场占有率最高的企业。这类企业更关心的是自己市场地位的稳固性和能否有效保持已有的市场份额，通常可供选择的总体战略有三种：

（1）扩大整个市场的总需求。市场总需求增加，由于其最高的市场占有率，因此，市场领导者将是最大的受益者。可以通过三条途径来实现：

第一，发现新的使用者。即通过有效的策略将企业产品的潜在顾客有效地转化为现实顾客。常用策略：

市场渗透：说服现有市场中不使用该产品的潜在顾客。如化妆品制造商说服不使用化妆品的女士。

市场开发：开辟新的细分市场，如说服男士使用化妆品。

地理扩张：即将产品销到其他的地理区域。

第二，开辟产品的新用途。即通过开辟产品的新用途扩大市场需求量。美国杜邦公司发明尼龙后，就不断开辟尼龙产品的新用途，从最初制作降落伞的尼龙绳，到妇女丝袜，到汽车轮胎、地毯等，使其产品用途不断增加。

第三，刺激顾客增加使用量。最常用的做法有：促使消费者在更多的场合使用该产品；增加使用产品的频率；增加每次的使用量。如牙膏制造商宣传不仅要早晚刷牙，每次饭后也要刷牙的主张。

（2）保护现有的市场占有率。市场领导者还要防范挑战者的攻击，守住自己的市场地位，即采取防御策略。可供选择的防御策略有以下六种：

阵地防御。即在现有的市场周围建立防线，以各种有效的战略战术阻止竞争对手侵入自己的市场阵地。这是一种静态的、被动的防御，是最基本的防御形式。

侧翼防御。即建立一些作为防御的辅助性基地。特别要注意保护自己较弱的

侧翼，防止竞争对手乘虚而入。如20世纪70年代，美国的几大汽车公司就是没有注意到侧翼，遭到了日本小型汽车的进攻，从而失去了大片阵地。

先发防御。即在竞争对手尚未动作之前，主动攻击，挫败竞争对手，在竞争中掌握主动地位。具体做法是当某一竞争者的市场占有率达到对本企业可能形成威胁的某一危险高度时，就主动出击，或是对市场上所有竞争者全面攻击。如日本精工集团，把2 000多种款式的手表分销到世界各地，对全球的手表制造商形成全方位的威胁。

反攻防御。即面对竞争对手的降价、促销或改进产品等形式的进攻时，主动反攻入侵者的主要市场阵地。可实行正面回击战略，也可以向进攻者实行“侧翼包抄”或“钳形攻势”，以切断进攻者的后路。

运动防御。即将自己的势力范围扩展到新的领域中去，而这些新扩展的领域可能成为未来防御和进攻的中心。市场扩展可通过两种方式实现：①市场扩大化，即将目前的产品转到有关该产品的基本需求上，如石油公司变身为能源公司；②市场多角化，即将业务向其他无关的市场扩展，实行多角化经营。

收缩防御。即逐步放弃某些对企业不重要的、疲软的市场，把力量集中用于主要的、能获取较高收益的市场。

（3）提高市场占有率。这是一种用进攻方法达到目的的战略。有研究表明，一些行业中，市场占有率高于40%的企业，其平均投资收益率是市场占有率不足10%的企业的3倍。因此，在市场需求总规模还能有效扩大的情况下，市场领导者应随市场情况变化调整自己的营销组合，努力在现有市场规模下扩大自己的市场份额。实现的主要途径有：产品不断创新；提高产品质量；发展多品牌；大量广告；有效销促等。

2. 市场挑战者的竞争战略选择

市场挑战者在行业中的市场地位较市场领导者低，但也具有相当的竞争实力。因此，市场挑战者通常采取进攻手段向市场领导者或其他竞争对手发起挑战。市场挑战者要明确以下问题：

（1）确定挑战对象。有三种选择：

攻击市场领导者。这是一种要冒极大风险的战略。一旦成功，挑战者的市场地位将会发生根本性的改变，因此颇具吸引力。只有市场领导者在某些方面存在弱点或明显失误，而挑战企业恰好又具备这一优势时，才可以考虑采用，并且应十分谨慎，周密策划以提高成功的可能性。

攻击与自身实力相当的企业。即抓住有利时机，选择那些势均力敌的企业发动进攻，最好选择其中经营不善发生亏损的企业作为挑战对象，把竞争对手的顾客吸引过来，夺取它们的市场份额，壮大自己的市场。这种战略风险小，若几番出师大捷或胜多败少的话，可以对市场领先者造成威胁，甚至有可能改变企业的市场地位。

攻击小企业。当某些小企业出现经营困难时，可以通过兼并、收购等方式，夺取这些企业的市场份额，以壮大自身的实力和扩大市场占有率。这种选择挑战成本低，成功率高。虽回报小，但积少成多也能取得可观的效果。

（2）选择进攻策略。有五种进攻策略可供选择：

正面进攻。集中优势资源攻击竞争对手的主要市场阵地，即进攻竞争对手的强项。要想挑战成功，要求挑战者必须有超过竞争对手的资源和实力，在提供的产品(或劳务)、广告、价格等主要方面也要大大超过竞争对手，否则必定失败。

侧翼进攻。集中优势资源攻击竞争对手的弱点，可采取地理性侧翼进攻或细分性侧翼进攻策略。地理性侧翼进攻，即在同一地理范围内，建立比竞争对手更强有力的分销网点，拦截竞争对手的顾客；也可以在同一地理区域，寻找未被竞争对手完全覆盖的市场来组织营销。细分性侧翼进攻是寻找还未被市场领导者覆盖的商品和服务的细分市场并迅速填空补缺。

包围进攻。开展全方位、大规模的进攻。要求市场挑战者必须拥有优于竞争对手的资源，能向市场提供比竞争对手更多的质量更优、价格更低廉的产品，并能速战速决。如日本的索尼公司在向原由美国几大公司控制的世界电视机市场进攻时，就是采取了围堵进攻策略，提供的产品品种比任何一个美国公司提供的产品品种都齐，使当时这些老牌大公司节节败退。

迂回进攻。完全避开竞争对手现有的市场阵地，在对方没有防备的地方或是不可能防备的地方发动进攻。具体做法：产品多角化经营，即经营非关联性产品；市场多角化经营，即把现有产品打入新市场；发展新技术产品，取代技术落后的产品。

游击进攻。以小型的、间断性的进攻干扰对方，使竞争对手的士气衰落，不断削弱其力量，适合实力较弱、短期内没有足够财力的企业。向较大竞争对手市场的某些角落发动游击式的促销或价格攻势，逐渐削弱对手的实力，但企业不可能靠游击进攻彻底战胜竞争对手。

课堂思考

在巴西占市场份额第二的剃刀片制造商，向占市场第一位的美国吉利公司发动进攻时，用了这样的广告：

“它的价格是最低的吗?” “不!”

“它的包装是最好的吗?” “不!”

“它是最耐用的吗?” “不!”

“它给经销商最优惠的折扣吗?” “不!”

你能说出这家公司是用的哪种进攻战略吗?

3. 市场跟随者的竞争战略选择

市场跟随者主要特征是安于次要地位，不热衷于挑战，希望在“和平共处”的状态下求得尽可能多的收益。在大多数情况下，企业更愿意采用市场跟随者战略。跟随战略有以下几种：

（1）紧密跟随。在各个细分市场和营销组合方面模仿市场领导者，典型特征是“仿效”和“低调”。紧密跟随者有时好像是挑战者，但是它并不侵犯市场领导者的地位。如在产品功能上，可以和市场领导者一致；但在品牌声望上，和市场领先者保持一定差距。

（2）距离跟随。在主要方面如目标市场、产品创新与开发、价格水平和分销渠道等跟随市场领导者，但又与领导者保持若干差异，以形成明显距离。领导者很乐意这种跟随者存在，以免让自己陷入独占市场的指责。

（3）选择跟随。战略突出“追随和创新并举”。在某些方面紧跟市场领导者，在另一些方面又自行其是，即择优跟随。这样可以有效避免与市场领导者的直接冲突。这类跟随者中有些可能发展成为日后的挑战者。

4. 市场补缺者竞争战略

市场补缺者指那些专门为那些规模较小的或是大企业不感兴趣的细分市场提供产品或服务的企业。一般来说，市场补缺者可根据自己的擅长及优势，采取拾遗补缺的专业化营销战略，具体有：

（1）按最终使用者专业化。专门为某类最终使用者提供服务或配套产品。如一些较小的计算机软件公司专门提供防病毒软件，成为“防病毒专家”。

（2）按垂直层面专业化。专门在营销渠道的某个环节上提供产品或服务。如专业性的设备搬运公司、清洗公司等。

（3）按顾客规模专业化。如小型装修公司，专门承接家庭用户的住房装修业务，这些是大型装修公司所不愿意为之的。

（4）按特定顾客专业化。只对某一个或几个主要客户服务。

（5）按地理区域专业化。专门为某一地区或地点服务。

（6）按产品或产品线专业化。专门生产一种产品或是一条产品线。

（7）按质量与价格专业化。只生产某一质量和价格档次的产品。

（8）按服务项目专业化。专门为市场提供一项或有限的几项服务，如搬家公司、胎教中心。

（9）按需定制专业化。如家庭对住房装修、家具的需要，越来越倾向于定制，就为许多小企业提供了虽分散但数量极大的营销机会。

任务实施的方法与步骤

1. 全班按学习小组讨论

2. 随机选定三个小组，派代表分别回答三项任务中的一项

3. 其他小组成员提问，与之进行交流

4. 教师点评，总结本项目内容

拓展知识

挑战者如何取得胜利——对抗主流品牌营销

五谷道场之前，方便面市场中的竞争者们共同的软肋是“油炸”。

五谷道场抓住了主流品类的这一共同特征，采取了反其道行之的做法，提出了“非油炸更健康”的品牌主张，取得了市场地位。

七喜汽水的“不含咖啡因的非可乐”战略，也是攻击到了可口可乐与百事可乐战略上的软肋，才使七喜汽水一举成为美国的第三大饮料。

百事可乐和可口可乐的斗争持续了百年，但是前面的70年可谓是漫漫长夜，长期生活在可口可乐的强大压迫之中，百事可乐曾三次上门请示可口可乐收购，却遭到对手拒绝。

可口可乐是市场主流，要成功，必须要找到对方的战略性弱点，可口可乐代表传统、经典、历史悠久，这是可口可乐在消费者心智中的定位。

20世纪60年代末期，当百事可乐定位于“年轻人的可乐”时，才算找准了可口可乐战略上的弱点。因为可口可乐是传统的、经典的、历史悠久的可乐，它的神秘配方至今仍被锁在亚特兰大总部的保险柜中，全世界也只有七个人知道保险柜的密码。所以当百事可乐找出针锋相对的反向策略，从而把可口可乐重新定位为落伍的，老土的可乐时，百事可乐从此才走上了腾飞之路。

作为挑战者，最佳的方法就是选择与领导品牌在消费者心智中截然相反或者是标志性极其明显的品牌主张，在消费者心智格子中画上浓重一笔，这就是“对抗主流品牌营销”。

“对抗主流品牌营销”首要任务不是研究顾客需求，而是研究竞争对手在消费者心智中的占位情况，他们已经拥有了何种心智资源，这是我们必须要回避的雷区。其次是研究行业竞争对手的各种功能属性及消费者购买决策因素，寻找主要竞争对手的共同软肋，提出与对手心智资源对立的营销观点，而这正是我们品牌对抗主流品牌营销的核心立足点。

“油炸”是竞争对手共同的软肋，“传统、经典”是可口可乐无法回避的软肋，针对竞争对手软肋，提出针锋相对的品牌定位，这是我们喜闻乐见的成功案例。

20世纪90年代中期，以宝洁、联合利华为代表的洋品牌正在国内攻城略地，锐不可当，把国产洗发水打得七零八落。奥妮皂角洗发浸膏的广告中，奥妮打出了“植物一派，重庆奥妮”的口号。把奥妮的植物洗发与洋品牌的化学洗发截然区别开来，取得了辉煌的胜利。在此案例中，奥妮采用的即是“对抗主流品牌营销”，主流是什么？主流就是国际大品牌共同的软肋——洗发水中的化学成分，奥妮提出了针锋相对的品牌定位——“植物洗发水”，在消费者心智中建立了独特的、有区隔性的心智资源。

项目三 目标市场选择战略

单元1 市场细分

知识目标

1. 理解市场细分的概念
2. 了解市场细分的原则
3. 掌握市场细分的主要依据和方法

能力目标

1. 能用市场细分的原理分析企业行为
2. 能对特定企业进行有效的市场细分

引导案例

可笑的磨坊主

磨坊主和他的儿子赶着驴到集市上去卖。

刚走了不远，他们看见一群妇女聚在井边，其中一个喊道："快看哪，你们见过这么傻的人吗，有驴不骑却走路。"

磨坊主听了这话，急忙让他的儿子骑上驴，自己走在他身边。没多久，他们来到一群正在热烈讨论的老人那里。其中一个说："快看哪，真是人心不古，懒惰的儿子骑着驴，而他的老父亲却走路！下来吧，你这小孩，应该让老人家骑驴！"

听了这话，磨坊主只好让他的儿子下来，自己骑上去。他们这样走了还没有几里路，又碰到一群妇女和孩子。几个妇女立刻喊起来："嗨，你这懒惰的老头，怎么能自己骑驴，让你可怜的儿子在你身边走路，他简直都快赶不上了！"

老实的磨坊主立刻把儿子抱上驴，两个人一起骑。这时候，他们来到城门口了。一个市民说："我的朋友，请问那头驴是你自己的吗？"

磨坊主说："当然是的。"

那人说："噢，这种骑法没人会想得出来，你们都要把它压死了。倒是你们两个抬着它，要比它驮着你们两个更省力气。"

于是他和儿子就下来，把驴的四条腿捆在一起，用一根棍子把驴抬起来。正过城门口的一座桥时，他们可笑的景象惹得人们围过来哈哈大笑。驴不喜欢这吵闹声，也忍受不了这种被抬着走的奇怪方式，就挣脱绳子，翻身挣扎下来，掉进河里去了。

磨坊主又羞又怒，急忙转身回家。

这时他终于明白了一个道理，要想让人人都高兴，结果只能谁都不高兴，外加失去了自己的驴。

任务分析

为了避免掉入“人人满意”的陷阱，许多企业都在开展营销活动之前进行了市场细分。它们选择一个最适合企业和产品、最具有赢利潜力的消费群体作为自己的主攻市场，在产品的设计、生产、推广、销售等环节中，处处考虑到这部分消费者的特殊需求，千方百计地引起他们的注意，迎合他们的口味，从而达到占据这个市场的目的。本单元设置如下具体任务：

磨坊主的故事对你如何看待市场有何启发？写一篇心得体会短文。

相关知识

一、市场细分的概念与作用

市场细分是指企业根据消费者之间需求的差异性，将一个整体市场划分为若干个消费者群体，从而确定企业目标市场的活动过程。其中每一个消费者群就是一个子市场或称细分市场，他们对某种产品有着相似的欲望和需要，而分属不同细分市场的消费者的欲望和需要则存在明显差异。

市场细分的实质是对顾客需求的细分，而不是对产品进行分类。其客观基础是需求的类似性和差异性。

根据消费者对商品的同质需求和异质需求，可以把市场分为同质市场和异质市场。市场细分实际上是将异质市场分成若干个同质市场的过程。

市场细分对企业的作用主要有以下几点：

1. 有利于企业发现新的市场机会

市场永远有未开发的空间，通过市场细分，可以寻找到既能适合企业生产水平又能满足消费者需求的特定市场。抓住这样的市场机会，使企业在市场上大获其利。

2. 有利于中小企业开拓市场

中小企业在大企业的夹缝中求生存，应善于运用市场细分原理对整个市场进行细分，拾遗补缺，从中找到适合自己的、需求尚未得到满足的细分市场，采取相应的产品、价格、渠道、促销策略，获得良好的发展机会，取得较大的经济效益。

3. 有利于制定和调整营销战略与策略

有什么样的目标市场才会有什么样的营销战略和策略，市场细分后，企业可准确把握市场发展脉络，集中自己的人财物资源，争取到市场竞争最佳优势，制定出最佳的营销战略和策略，满足消费者的不同需求。

4. 有利于企业合理配置和运用资源，提高经济效益

根据市场细分确定目标市场，集中使用有限的人力、物力、财力于少数几个或一个目标市场上，可取得事半功倍的效果，获得最大的经济效益。

二、市场细分的原则

有效的市场细分，应遵循以下原则。

1. 差异性

不同的细分市场消费者的需求应存在明显差异，对不同的营销组合策略的反应也应不同。如香水产品的市场细分，如果分成已婚女士和未婚女士，因其对香水的反应基本相同，该细分就没有必要了。

2. 可衡量性

细分出来的子市场，其规模和购买力是可以估计衡量的，即企业可以通过调研确定市场的规模及估计产品的销量。

3. 可进入性

要考虑企业本身的实力、规模、经营状况，使目标市场的选择与企业的资源相一致。既能保证产品信息能顺利进入该市场，同时产品也要保证能借助一定的分销渠道运到该市场。

4. 可盈利性

指企业所选择的目标市场，应当有足够的规模和购买力，企业进入后能有利可图。如果细分市场的规模过小，市场容量太小，细分工作烦琐，成本耗费大，获利小，就不值得去细分。

5. 相对的稳定性

企业目标市场的变化必然带来市场营销策略的改变和营销成本的增加。如果目标市场变化过快、变动幅度过大，可能会给企业带来经营风险和损失。

三、消费者市场细分的依据

细分消费者市场，可从四个方面来进行，如表4–2所示。

表4-2　　消费者市场细分依据

细分变量	具 体 标 准
地理因素	地理区域、城镇规模、人口密度、气候、地形等
人口因素	年龄、性别、家庭生命周期、收入、职业、受教育程度、宗教、民族等
心理因素	生活方式、个性等
行为因素	购买时机、追求利益、使用者状况、使用频率、品牌忠诚等

1. 地理因素

即根据消费者所处的地理位置、自然环境等地理条件来细分市场。地理条件不同，消费者会形成不同的消费习惯和偏好，企业的营销战略、营销策略组合也应有所不同。

但也应注意，地理因素是一种静态因素，对消费者的区分较为笼统，且处于同一地理区域的消费者在需求上也存在明显差异，因此还必须结合其他因素进行市场细分。

2. 人口因素

人口因素直接影响消费者的需求特征，而且较其他因素更易于辨认和衡量，因而是消费品市场中最常用、最主要的细分标准。而其中又以人均收入、人口总量、年龄特征、宗教信仰四项最有参考价值。

人均收入高低直接影响着一个国家或地区的购买力。

人口总量对于许多低值易耗的消费品来说，往往是比人均收入更为重要的细分变量。

处于不同年龄阶段的消费者，由于生理状况、兴趣爱好的不同，对商品的需求也不同。

世界范围内有三大宗教：基督教、伊斯兰教和佛教，另外还有许多种区域性宗教。不同宗教信仰的消费者在需求特征上也表现出差异。

3. 心理因素

目前消费者的生活方式、个性等对购买行为的影响日益突出，尤其是对于非生活必需品的购买。

生活方式不同，消费倾向也不同，需要的商品也就不一样。例如，美国有的服装公司把妇女分成“朴素型”、“时髦型”、“有男子气型”三种类型，分别为她们设计不同式样和不同颜色的服装。

依据个性细分市场，可以为其产品更好地赋予品牌个性，以迎合相应的顾客个性。如福特汽车就是为迎合那些独立、易冲动、有男子汉气概、敏于变革并有自信心的顾客而设计的。

4. 行为因素

在行为细分中，根据顾客对产品的了解、态度、使用情况及其反应，将他们分为不同的群体。许多营销人员认为，行为变数是进行市场细分的最佳起点（表4–3）。

表4–3 消费者市场行为细分变量

行为因素	具体分类
购买时机	普通时机、特殊时机
寻求利益	便利、经济、服务、质量等
使用状况	非使用者、曾经使用者、潜在使用者、首次使用者、经常使用者
使用频率	不使用者、少量使用者、大量使用者
忠诚程度	专一的忠诚者、动摇的忠诚者、转移的忠诚者、犹豫不定者

课堂阅读

目标市场的行为因素细分

有调研公司发现，啤酒在人群中68%是非使用者，32%是使用者，其中小量使用者和大量使用者各占一半。但大量使用者却占总销量的88%，又据调查，大量饮用者多是劳动阶层，年龄在25～50岁之间。喜欢观看体育节目，每天看电视的时间在3~5小时。依据上述信息，啤酒企业就可以有针对性地制定价格策略，选择适合的传播媒体。

美国曾有人运用利益细分法研究钟表市场，发现手表购买者分为三类：大约23%侧重价格低廉，46%侧重耐用性及一般质量，31%侧重品牌声望。当时美国各著名钟表公司大多数都把注意力集中于第三类细分市场，从而制造出豪华昂贵手表并通过珠宝店销售。唯有TIM公司慧眼独具，选定第一、第二类细分市场作为目标市场，全力推出一种价廉物美的“天美时”牌手表并通过一般钟表店或某些大型综合商店出售，该公司后来竟成为全世界第一流的钟表公司。

四、产业市场细分的依据

有些用于细分消费者的变量，同样适用于产业市场。如追求的利益、使用者情况、使用数量、品牌忠诚等，但产业市场的细分变量常见的还有以下几种。

1. 最终用户的类型

这是对产业市场细分通用的一种方法。最终用户类型不同，对产品的质量或属性有不同的要求。如橡胶轮胎，飞机制造商比汽车制造商对其安全性能的要求要高得多；同是汽车制造商，制造赛车与一般汽车所用的轮胎在耐磨性能方面也有明显不同。

2. 用户规模

在产业市场，按用户规模细分可分为大客户、中客户、小客户。对于大客户，企业应由专人负责与之联系沟通，采用直接渠道分销；对于大量的中小客户，则可派推销员通过上门推销、展销、广告等手段推销。

3. 地理位置

每个国家或地区大都根据自然资源、气候等因素形成若干工业区。企业按地理位置因素细分市场，便于将营销重点锁定在用户集中的地区。

五、市场细分的方法

1. 单一因素细分法

只考虑一个因素将市场细分为若干个细分市场。如按年龄因素（老、中、青、儿童）把服装市场细分为四个细分市场，如图4–3所示。

老年市场
中年市场
青年市场
儿童市场

图4–3　单一因素细分示意图

2. 系列因素细分法

运用两个或以上因素将市场进行细分。由粗到细，由浅入深。如服装市场：地区—性别—年龄—个人收入，如图4–4所示。

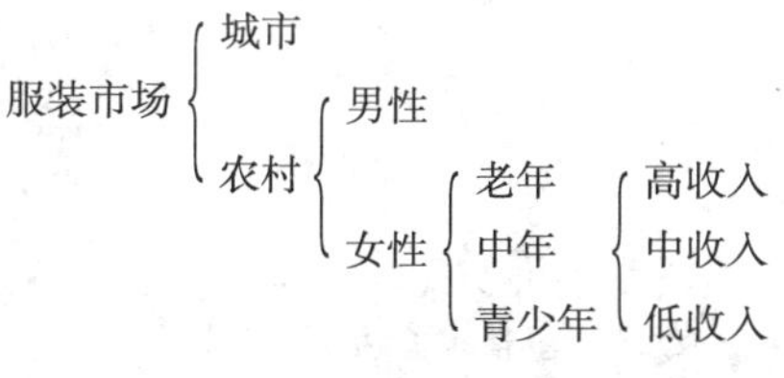

图4–4　系列因素细分示意图

3. "产品—市场方格图"法

即按产品和市场两个因素的不同组合来细分市场。图4–5为某电视机生产企业采用该方法进行市场细分的示意图。

市场 产品	14吋	18吋	20吋	21吋
农村个人				
城镇个人				
宾馆				

图4-5　产品—市场方格图

4. 综合因素法

把市场细分化要考虑的因素综合起来，同时对市场进行细分。如收入因素分为（高、中、低）和地理因素分为（城镇、农村），就把市场细分为六个子市场，如图4-6所示。

收入高～城镇市场	收入高～农村市场
收入中～城镇市场	收入中～农村市场
收入低～城镇市场	收入低～农村市场

图4-6　综合因素细分示意图

任务实施的方法与步骤

1. 学习相关理论知识
2. 利用课余时间每人完成一篇心得体会短文

拓展知识

市场细分七步走

美国营销学专家麦卡锡提出市场细分包括七个步骤：

（1）选定产品市场范围。即确定进入什么行业，生产什么产品。产品市场范围应以顾客的需求来确定。如某房地产公司打算在乡间建造简朴的住宅，从市场需求角度看，高收入者也可能是住宅的潜在顾客。因为高收入者在住腻了高楼大厦之后，恰恰可能向往乡间的清静，从而可能成为这种住宅的顾客。

（2）列举潜在顾客的基本需求。公司可以通过调查，了解潜在消费者对住宅的基本需求。可能包括：遮风避雨，安全、方便、宁静，设计合理，室内陈设完备，工程质量好等。

（3）了解不同潜在用户的不同要求。对于列举出来的基本需求，不同顾客强调的侧重点可能会存在差异。比如，经济、安全、遮风避雨是所有顾客共同强调的，但有的用户可能特别重视生活的方便，另外一类用户则对环境的安静、内部装修等有很高的要求。通过这种差异比较，不同的顾客群体即可初步被识别出来。

（4）抽掉潜在顾客的共同要求，而以特殊需求作为细分标准。上述所列购房的共同要求固然重要，但不能作为市场细分的基础。如遮风避雨、安全是每位用户的要求，就不能作为细分市场的标准，因而应该剔出。

（5）根据潜在顾客基本需求上的差异方面，将其划分为不同的群体或子市场，并赋予每一子市场一定的名称。例如，西方房地产公司常把购房的顾客分为好动者、老成者、新婚者、度假者等多个子市场，并据此采用不同的营销策略。

（6）进一步分析每一细分市场需求与购买行为特点，并分析其原因，以便在此基础上决定是否可以对这些细分出来的市场进行合并，或作进一步细分。

（7）估计每一细分市场的规模，即在调查基础上，估计每一细分市场的顾客数量、购买频率、平均每次的购买数量等，并对细分市场上产品竞争状况及发展趋势作出分析。

单元2　选择目标市场

知识目标

1. 了解目标市场应具备的条件
2. 理解五种目标市场覆盖模式的特征
3. 掌握三种目标市场战略的优缺点、适应性及影响因素

能力目标

1. 具备在市场细分的基础上选择目标市场的能力
2. 具备正确分析企业目标市场营销案例的能力
3. 具备在目标市场上制定初步的目标营销战略的能力

引导案例

90后营销最IN法则

未来十年将是90后的黄金十年，而他们“非主流”的定位，也决定了商家们将要花更多的心思、时间、精力来研究这群消费者，并制作出适合他们的产品、传播方式、推广手段等。

法则1　用互动体验激发90后

对于90后，别人说好，那绝对不是好，只有亲自感受与体验了之后喊出来的好，才是真的好。因此，互动式体验营销更能激发90后们的购买欲望，引导消费，刺激消

费。如策划“疯狂烤翅”时，有意识地推出“BT辣”这一说法，在1 000多家加盟店，发动青年男女、学生参加“吃BT辣”挑战赛，收到意想不到的好效果。

法则2　用网络圈子“网”住90后

对90后而言，网络世界甚至比现实世界更为重要！2009年的饮料市场上，一种名叫“这样紫”的饮料被众多青少年捧在手中。该产品就是直奔90后而来。“这样紫”借用了网络流行语“酱紫”的谐音。在推崇潮流时尚的90后面前，如果不懂得他们的审美观或网络用语的产品表示，就会显得无从入手。

法则3　边游戏，边营销

坐在电视机前看电视购物广告的，绝对不是90后。那个时候，他们可能不是在打游戏，就是在呼朋唤友张罗打游戏。于是，一些精明的企业看准了这一点，开始做功课。

于是，在游戏当中看到了无数企业的植入广告的身影：金贝贝的一句“我要吃麦当劳”是《大富翁》专门为麦当劳定制的植入广告，而兰博基尼、宝马、奔驰、法拉利狂飙的《极品飞车》也为这些顶级跑车在90后的心中植下了“速度与激情”的种子。植入营销一定要做得巧妙，让产品特征幽默或者刺激地展现在玩家面前，让广告与游戏融合成一体，如此推广就一定能成功。

法则4　让故事更动听

90后们都喜欢有故事感的广告。周杰伦手捧奶茶，一番话，博得身边温柔漂亮美女的欢心，两人边喝奶茶边度过温馨浪漫的时刻，一副浓情蜜意的景象。这是周杰伦代言的优乐美奶茶广告，在电视上热播。90后们就喜欢这样的方式。再如，一个充满艺术感的高调环境下，帅气的王力宏手握尼康新款数码相机，无意中拍到一位性感高贵的美女，于是一路追寻，当然结果可想而知。把数码相机与一个性感高贵美女联系起来，似乎说，这个数码相机，能帮助我们达到梦想的生活和欲望的满足。

资料来源：李志起. 解读90后营销密码. 营销评论网

任务分析

目标市场，即企业要进入的市场，也就是企业要为之提供产品或服务的顾客。企业完成市场细分后，接下来就要确定为之服务的最佳细分市场，这个过程就是选择目标市场。90后人群，在消费品生产企业的目标市场体系中，是新兴的且不容忽视的一支消费大军，是未来十年的消费主力。如何抓住90后这个目标市场，并且成功开展营销活动，已经成为众多企业迫在眉睫要思考的问题。结合相关知识的学习，本项目设置如下具体任务：

1. 90后目标市场在消费品领域中呈现出哪些不同于70后、80后的特点？
2. 企业应如何在90后中成功开展营销活动？

相关知识

一、目标市场应具备的条件

1. 有尚未满足的需求

目标市场只有存在着尚未满足的需求，企业才有进入的价值，才能满足消费者的需求并能使企业自身得以生存和快速发展。

2. 有适当的规模和增长潜力

“适度规模”是个相对的概念。大企业往往选择销售量很大的细分市场，而小企业由于其较弱的竞争实力，可以避开较大规模的细分市场，去选择被大企业忽视的小市场。有的市场虽然现在规模不大，但未来可能会迅速增长，这样的细分市场也值得去经营。

3. 竞争对手未完全控制

企业应尽量选择那些竞争相对较少，竞争对手比较弱的市场作为目标市场。如果竞争已经十分激烈，而且竞争对手势力强劲，企业进入后付出的代价就会十分昂贵。

4. 符合企业的目标和资源

应考虑企业的资源条件是否适合在某一细分市场经营。只有选择那些企业有条件进入、能充分发挥其资源优势的市场作为目标市场，企业才会立于不败之地。

二、目标市场覆盖模式的选择

企业在选择目标市场时有五种可供选择的市场覆盖模式，如图4–7所示。

1. 产品/市场集中化

这是最简单的目标市场覆盖模式。企业只选取一个细分市场，生产一类产

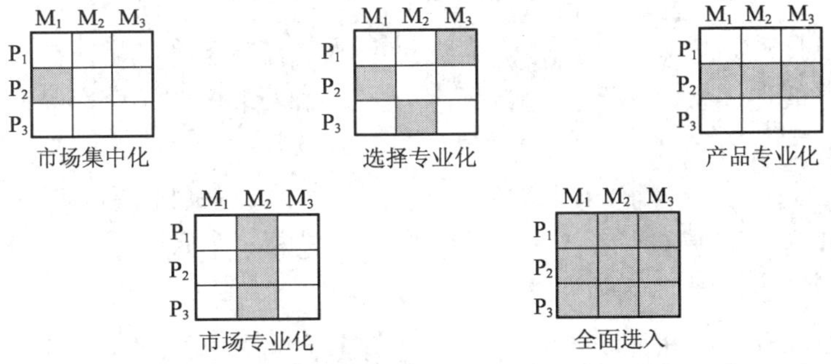

图4–7　市场覆盖模式

品，对某类单一的顾客群体，进行集中营销。如某服装厂仅加工儿童服装。优点：策略单一，有助于集中力量针对性地满足某一顾客群体的需要，建立稳固的市场地位。不足：经营风险大，如果市场容量小或需求波动大时，会带来损失。

2. 产品专业化

向各类顾客集中生产销售一类产品。面对不同的顾客群体，产品在质量、档次、款式上会有所不同。如饮水机厂商只生产饮水机，同时向家庭、机关、学校、餐厅等各类用户销售。优点：有利于形成生产和技术上的优势，由于面对不同的细分市场，能有效降低经营风险。不足：如果该产品领域被一种全新的技术与产品代替时，销量有大幅下降的风险。

3. 市场专业化

向同一顾客群提供各种产品。如火车站不仅为旅客提供客运服务，还开设餐厅、超市、旅馆等。优点：经营多种产品，能有效分散风险。不足：如果这类顾客需求下降，会影响企业收入。

4. 选择专业化

有选择地进入几个不同的细分市场，为不同的顾客群提供不同的产品。优点：能有效分散经营风险。不足：由于涉足了不同的市场领域、产品领域，要求企业具有较强的资源和营销实力。

5. 市场全面化

即市场全面覆盖，全方位进入各个细分市场，生产多种产品去满足各种顾客群体的需要。只有实力雄厚的企业选用这种模式，才能收到良好效果。

三、目标市场战略类型

1. 无差异目标市场营销战略

是指企业不考虑消费者需求的差异性，只强调其共性，设计生产单一的产品，运用单一的市场营销组合策略，来满足所有消费者。如早期的可口可乐公司就只生产一种口味、一种规格的瓶式包装的可口可乐，连广告词也只有一句：请喝可口可乐！

最大的优点是成本的经济性。大批量产销，有助于降低生产成本；无差异广告，可以降低促销费用；不进行市场细分，减少了市场调研、产品研发、战略策略方案的制定等费用开支。

缺点：由于消费需求的多样性及企业间的竞争，一种产品以单一的营销方式广泛销售并受到所有购买者的欢迎几乎是不可能的，不宜长期采用。

2. 差异性目标市场营销战略

是指企业在市场细分的基础上，选择若干个乃至全部细分市场作为自己的目标市场，并为每个选定的细分市场设计不同的营销组合方案，多方位开展有针对性的营销活动。

最大优点是能够针对性地满足多种顾客的多样化需求，既分散了经营风险，增强了企业的竞争力，又利于整体市场占有率的提高。

缺点：由于品种多，销售渠道和方式、广告宣传的多样，产品改进成本、生产制造成本、管理成本、存货成本、营销成本就会大大增加。

只有实力雄厚的大企业才有可能采用该战略。

3. 集中性目标市场营销战略

是指在市场细分的基础上，选择一个或少数几个细分市场作为目标市场，制定一套营销方案，集中使用企业的营销资源，争取在目标市场上占有较大的市场份额，主要适用于资源实力有限的中小企业。

中小企业无力与大企业抗衡，在大企业尚未涉足或不愿涉足的小细分市场上经营，往往容易成功。不足之处是，企业回旋余地小，市场应变能力差，如顾客爱好发生转移，价格猛跌或出现较大的竞争对手，可能使企业陷入绝境。

四、目标市场战略选择的影响因素

1. 企业的资源条件

如果企业的人力、物力、财力等资源条件较好，则可以选择差异性目标市场战略，而企业的资源条件有限时，最好选择集中性目标市场战略。

2. 产品的同质性

有些初级产品如白糖、面粉、食盐、钢材等，同质性较高，宜选择无差异性目标市场战略。反之，如服装、家电等差异性较大的产品，则宜选择差异性或集中性目标市场战略。

3. 市场的同质性

如果市场上对某一类产品的需求较为接近，则市场的同质性较高，企业可采取无差异性目标市场战略；反之，应采取差异性或集中性目标市场战略。

4. 产品的生命周期

刚上市的新产品往往以较单一的产品探测市场需求，竞争者少或者没有竞争对手，企业可以考虑采用无差异性目标市场战略。当产品进入成长期或成熟期时，竞争对手增加，企业就只能选择差异性目标市场战略，以求得竞争优势，或选择某一尚有市场潜力的市场开展集中性目标市场营销。

5. 竞争结构及对手的营销战略

如果市场竞争激烈，且竞争对手具有明显的竞争优势，则企业宜采取集中性目标市场战略，以在局部市场上赢得优势；如果市场上不存在竞争者，或竞争者较少时，企业宜选择无差异性目标市场战略；如果企业具有竞争优势，或企业的实力较强，则可以采取差异性目标市场战略。

任务实施的方法与步骤

1. 全班学生按学习小组分头讨论，形成小组观点
2. 各组派代表陈述观点
3. 由专人记录各组观点
4. 教师点评
5. 指定专人负责，汇总各组有价值的观点，形成班级讨论成果，于指定日期提交

拓展知识

定制营销

2010年10月，上海一家著名的百货集团公司在其下属的所有门店都建立了“消费者家庭档案”，集团公司根据档案设计出各种档次的家庭用品消费方案，并分别送给这些家庭，结果家庭用品销售额立即猛增了3倍。这种营销方式就是定制营销。

现代定制营销是指企业在大规模生产的基础上，将每一位顾客都视为一个单独的细分市场，根据个人的特定需求来进行市场营销组合，以满足每位顾客的特定需求。

定制营销能使企业销售产品时变被动为主动，更好地迎合消费者。适用范围十分广泛，不仅可以用于汽车、服装、自行车等有形产品，也可以用于无形产品的定制，如金融咨询、信息服务等，具体有以下定制方式：

合作型定制。当产品的结构比较繁多，可供选择的零部件式样比较繁多时，顾客会有一种束手无策的感觉。企业可与顾客进行直接沟通，介绍产品各零部件的特色性能，并以最快的速度将定制产品送到顾客手中。如自行车商店，销售人员帮助客户，挑选各种零、部件外形颜色；然后将各种数据输入计算机，几分钟内将自行车的蓝图描绘出来；根据顾客要求再进行调整，直至满意。商店将数据传真到工厂，立即投入生产。两个星期后，顾客便可骑上体现自己风格的定制自行车。

适应型定制。产品本身构造比较复杂，顾客参与程度较低，企业可采取适应型定制营销方式。顾客可以根据不同的场合，不同的需要对产品进行调整，变换或更新组装来满足自己的特定要求。如灯饰厂可按顾客喜欢的式样设计，再按顾客对灯光颜色强度进行几种不同组合格配，满足顾客在不同氛围中的不同需求。

选择型定制。在这种定制营销中，产品对于顾客来说其用途是一致的，而且结构比较简单，顾客的参与程度很高，从而使产品具有不同的表现形式。例如许多文化衫，印上顾客所喜爱的图案或卡通画或幽默短语，可以使消费者个性得以突出表现。现在很多商场设有电脑绘制艺术照，可按顾客喜好选择设计自己的形象。

单元3　市场定位

知识目标

1. 理解市场定位的含义
2. 熟悉市场定位的步骤
3. 掌握市场定位的依据及类型

能力目标

1. 具备运用相关原理知识分析企业市场定位类型及优劣的能力
2. 具备在目标市场为企业及产品进行市场定位的能力

引导案例

脑白金的成功

提起脑白金，可能无人不知，但是提起美乐托宁，或松果体素，可能知道的人就很少了。美乐托宁于1984年传入中国，一直到1997年从来没卖火过，1997年史玉柱将其重新定位包装为脑白金，销售火爆，1997—2005年累计销售额突破70亿元。

现在在中国，如果谁提到“今年过节不收礼”，随便一个人就能跟你开玩笑地说：“收礼只收脑白金”。脑白金已经成为中国礼品市场的第一代表。

睡眠问题一直是困扰中老年人的难题，因失眠而睡眠不足的人比比皆是。据资料统计，国内至少有70%的妇女存在睡眠不足问题，90%的老年人经常睡不好觉，“睡眠”市场如此之大。脑白金功能定位准确。然而，在红桃K携“补血”、三株口服液携“调理肠胃”概念创造中国保健品市场高峰之后，在保健品行业信誉跌入谷底之时，脑白金单靠一个“睡眠”概念不可能迅速崛起。然而，作为单一品种的保健品，脑白金在极短的时间内迅速启动市场，并登上中国保健品行业“盟主”的宝座，引领我国保健品行业长达五年之久，其成功的最主要因素在于找到了“送礼”的轴心概念。

现在“脑白金就是送礼的”这种观念已深植人心，很多人提到礼品就想起脑白金。脑白金的成功，关键在于定位于庞大的礼品市场，而且先入为主地受益于“定位第一”法规，第一个把自己明确地定位为“礼品”——以礼品定位引领消费潮流。

任务分析

企业选定目标市场后，就必须要考虑本企业及产品如何在目标市场上树立其鲜明的形象、特色，并能得到消费者认同，这就是市场定位。结合相关知识的学习，本项目设置如下具体任务：

分析案例中脑白金取得成功的原因。

相关知识

一、市场定位的概念

市场定位，就是企业根据市场特征和自身特点确立企业产品在顾客心中的位置。即塑造特定品牌在消费者心目中的形象，使产品具有一定的特色，适合一定顾客的需要和偏好，并与竞争者的产品有所区别。例如，“麦当劳”是大众快餐，北京长城饭店是以接待外宾为主的高档国际性饭店。

市场定位，关键的不是对产品本身做些什么，而是在消费者心目中做些什么，即“攻心为上”。设法在自己的产品上找出竞争优势，并设法将其在目标市场上有效地传递给目标顾客。

二、市场定位的途径

1. 明确产品特色

通过市场调研，首先了解目标市场的竞争对手是如何定位的，其提供的产品或服务有何特点；其次了解顾客对产品各属性的重视程度；最后结合企业的自身条件，选择顾客比较重视的产品因素，作为市场定位的特色要素。

2. 树立市场形象

产品特色是企业参与竞争的优势所在，因此企业应通过一系列的宣传活动，使其竞争优势能有效地传递给顾客，求得顾客认同。

3. 巩固市场形象

随着时间的推移，加之竞争对手的干扰，企业及产品的市场形象，会逐渐弱化、模糊，因此，企业还应当不断地巩固市场形象，维持和强化顾客对企业及产品的良性认知。

三、市场定位的依据

1. 产品特色定位

产品整体概念的三个层次中任何一个要素只要能形成核心竞争优势就可以作为定位依据，如表4-4所示。

表4-4 **产品特色定位**

产品层次	定位依据	具 体 实 例
核心产品	功效	中美史克驱虫药：只要两片
	用途	脑白金：送礼要送脑白金
	利益	海飞丝洗发水：头屑去无踪，秀发更出众
形式产品	包装	爆果汽饮料：黑体包装
	质量	AO史密斯热水器：半个世纪的温暖
	款式	波司登羽绒服：因为你，爱上这个季节
	特色	南孚电池：聚能环
	品牌	同仁堂：老字号
附加产品	服务	沃尔玛：三米微笑
	保证	家电：终身维修

2. 需求特色定位

需求特色定位，即消费者购买行为分析的内容——5W1H，从其中选择能形成核心竞争优势的因素作为定位依据，如表4-5所示。

表4-5 **需求特色定位**

需求内容	定位依据	具体实例
Who	顾客类型	背背佳坐姿带
Why	购买动机	复读机、好记星
When	购买时间	对联、情人节巧克力
What	追求利益	超长待机的手机
Where	购买地点	随处可得的可口可乐
How	购买方式	网上支付、分期付款

3. 营销特色定位

营销特色是指体现在企业的营销观念、营销战略及营销组合策略中的特色，如表4-6所示。

表4-6　营销特色定位

营销内容	定位依据		具 体 实 例
营销观念	市场观念		海尔的真诚到永远
	关系营销		买卖不成情意在
	绿色营销		无氟冰箱、各类茶饮料
营销战略	成本领先		格兰仕微波炉
	差异化		Bling矿泉水的艺术包装
	集中化		尼西奇的婴儿尿布
竞争战略	是非定位		五谷道场非油炸方便面
	跟随定位		**第一，我们第二
营销策略	价格		平价大药房
	渠道		邮购、直销
	促销	人员推销	西宁光头火锅店，武汉餐厅男裙装服务员
		广告	吉列刀片的揭短广告
		公关	爱心大使，捐助希望小学
		营业推广	经典促销活动

课堂阅读

劳斯莱斯的市场定位

劳斯莱斯，不仅是一种交通工具，而且是英国富豪式生活方式的一种标志。90多年来，劳斯莱斯公司出产的劳斯莱斯和本特利豪华轿车总共才十几万辆，最昂贵的车价高达34万美元。据调查，拥有这两种品牌轿车的消费者有以下五大特点：

（1）他们中有三分之二的人拥有自己的公司或者是公司的合伙人。

（2）几乎每个人都有数处房产。

（3）每个人都拥有一辆以上轿车。

（4）百分之五十的人有艺术收藏，百分之四十的人拥有游艇。

（5）平均年龄在五十岁以上。

由此可见，劳斯莱斯体现了一种豪华的、社会地位显赫的生活方式。人们购买劳斯莱斯，似乎不是在买车，而是在买一种超豪华的标签。

资料来源：车慈慧，碰庆环．市场营销策划实务．大连：大连理工大学出版社，2007:86

四、市场定位的类型

1. 避强定位

不与对手直接对抗，将自己置定于某个市场“空隙”，发展市场上没有的特色产品，开拓新的市场领域。优点是能够迅速地在市场上站稳脚跟，并在消费者心中尽快树立起一定形象。由于这种定位方式市场风险较小，成功率较高，常常为多数企业所采用。

2. 迎头定位

一种与在市场上居支配地位的竞争对手“对着干”的定位方式，即选择与竞争对手重合的市场位置，争取同样的目标顾客，在产品、价格、分销、供给等方面少有差别。实施迎头定位的企业，一旦成功就能取得巨大的市场份额，但要求企业必须拥有比竞争对手更多的资源和能力，否则，很可能会将企业引入歧途。

3. 重新定位

常用于对那些销路少、市场反应差的产品。初次定位后，由于新的竞争者进入市场，市场占有率下降，或者顾客需求偏好发生转移导致对本企业产品的需求减少，就需要对其产品进行重新定位。

任务实施的方法与步骤

1. 将全班学生分成若干组
2. 各组内部讨论脑白金成功的原因
3. 指定一组同学，由其派代表发言
4. 其他小组提问或进行补充
5. 教师点评，总结本单元内容

拓展知识

香港地区银行的不同定位

在香港地区，金融业之兴旺发达，用“银行多过米铺”这句话来形容毫不过分。在这一弹丸之地，数千家各类银行散落在各个角落，竞争达到白热化程度。在这一狭小而竞争过度的市场空间中，如何才能站稳脚跟，并把自己的手中蛋糕越做越大，各银行使出全身解数，走出了一条细分市场，利用定位策略，突出各自优势之路，使得香港地区的金融业呈现出一派百家争鸣、百花齐放的繁荣景象。

汇丰：定位于分行最多，实力最强，全港最大的银行。这是以自我为中心，实力展示式的诉求。20世纪90年代以来，为拉近与顾客的情感距离，它改变了定位策略。新的定位立足于“患难与共，伴同成长”。旨在与顾客建立同舟共济、共谋发展的亲密朋友关系。

恒生：定位于充满人情味的、服务态度最佳的银行。通过走感性路线赢得顾客心。突出服务这一卖点，也使它有别于其他银行。

渣打：定位于历史悠久的、安全可靠的英资银行。这一定位树立了渣打可信赖的“老大哥”形象，传达了让顾客放心的信息。

中国银行：定位于有强大后盾的中资银行。直接针对有民族情结，信赖中资的目标顾客群，同时暗示它提供更多更新的服务。

兴业银行：定位在助你创业兴家的银行。以中小工商业者为目标对象，为他们排忧解难，赢得事业的成功。兴业银行敏锐地洞察到这一点，并切准他们的心理：想出人头地，大展宏图。据此，兴业银行将自身定位在专为这一目标顾客群服务，给予他们在其他大银行和专业银行所不能得到的支持和帮助，从而牢牢地占有了这一市场。

渣打银行历史悠久，可谓香港地区金融界的“大哥大”，采取的是先入为主的定位策略，但它若一直以老大自居，无视竞争环境变化，不改变定位策略，其市场终有一天会被后来者蚕食；汇丰银行已意识到了这一点，在强调实力的同时，也强调情感定位，拉近与顾客的朋友伙伴关系；中国银行则在强调实力的同时，更注重加强民族情感，灌输这样一个概念：中国人应支持中国自己的银行；恒生银行不跟其他银行拼实力，而是抓住服务的空隙，强调以优质服务占领顾客的心；兴业银行虽小却自强，抓住中小工商业者这一空档大做文章，终于得一片天下。

资料来源：刘岚. 市场营销理论与实务. 北京：北京理工大学出版社，2008:174

项目四 基础知识及技能训练

基础知识训练

一、单项选择题

1. 具有较高销售增长率和较高市场占有率的业务属于（　　）。

A. 明星类　B. 金牛类　C. 问题类　D. 瘦狗类

2. 广东容声电器股份有限公司从家电巨擘到容声集成吊顶的业务拓展，是实施了（　　）发展战略。

A. 同心多元化　B. 水平多元化　C. 复合多元化　D. 产品开发

3. 市场补缺者采用的主要竞争战略是（　　）。

A. 游击进攻　B. 阵地防御　C. 紧密跟随　D. 专门化

4. 对市场挑战者来讲，（　　）是一种最有效和最经济的战略形式。

A. 正面进攻　B. 包围进攻　C. 侧翼进攻　D. 迂回进攻

5. 市场细分的依据是（　　）。

A. 产品的差别　B. 生产技术的差别　C. 顾客需求的差别　D. 企业目标的差别

6. 采用（　　）模式的企业应具有较强的资源和营销实力。

A. 市场集中化　B. 市场专业化　C. 产品专业化　D. 市场全面覆盖

7. 国内家电生产企业主要产品已进入产品生命周期的成熟期，适合选择的目标市场战略是（　　）。

A. 大量市场营销　　B. 差异市场营销　　C. 集中市场营销　　D. 无差异市场营销

8. 对于同质产品或需求上共性较大的产品，一般宜实行（　　）。

A. 无差异市场营销　　B. 差异市场营销　　C. 集中市场营销　　D. 大量市场营销

9. 将性质温和的婴儿洗发水推荐给留长发而且天天洗头的年轻人，这种把产品引导给某一特定顾客群体的市场定位，属于（　　）。

A. 产品特色定位　　B. 使用者类型定位　　C. 使用场合定位　　D. 竞争者定位

10. 七喜汽水突出宣传不含咖啡因的特点，成为非可乐型饮料的主导者，采取的是（　　）定位策略。

A. 市场渗透　　B. 避强定位　　C. 专业化营销　　D. 迎头定位

二、多项选择题

1. 企业的增长战略类型有（　　）。

A. 密集性增长战略　　B. 一体化增长战略

C. 多元化增长战略　　D. 无差异性增长战略

2. 在BCG矩阵中，投资战略的主要类型有（　　）。

A. 发展战略　　B. 维持战略　　C. 收割战略　　D. 放弃战略

3. 市场领导者的主要竞争战略包括（　　）。

A. 扩大市场总需求　　B. 谋求垄断　　C. 保护现有市场份额　　D. 扩大市场份额

4. 市场补缺者的主要风险包括（　　）。

A. 目标市场消费习惯发生变化　　B. 竞争者入侵　　C. 利润低　　D. 应变能力差

5. 为有效地实行目标市场营销，企业必须相应地采取三个重要的步骤是（　　）。

A. 产品开发　　B. 市场细分　　C. 选择目标市场　　D. 市场定位

6. 消费者市场细分的依据包括（　　）。

A. 人口因素　　B. 心理因素　　C. 行为因素　　D. 地理因素

7. 采用无差异营销策略的好处有（　　）。

A. 成本低　　B. 简化营销工作　　C. 满足了所有消费者　　D. 节约广告费

8. 许多企业对消费者市场进行行为细分。一般说来，行为变量主要包括（　　）。

A. 使用者状况　　B. 消费者的生活方式

C. 消费者购买时机　　D. 消费者对产品的态度

9. 企业市场定位的步骤有（　　）。

A. 选择目标市场　　B. 明确产品特色　　C. 树立市场形象　　D. 巩固市场形象

10. 企业可选择的市场定位方式有（　　）。

A. 避强定位　　B. 迎头定位　　C. 重新定位　　D. 专门定位

三、判断对错

1. 市场营销战略是对企业市场营销活动做出的全局性、长远性的规划。（　　）

2. 市场占有率是反映产品盈利能力的一个指标。（　　）

3. 只有行业内现有的竞争对手才会影响到企业的竞争能力。（　　）

4. 市场细分就是对产品进行分类。（　　）

5. 消费者需求和购买行为的差异性和同类性，是市场细分的主要依据。（　　）

6. 如果竞争对手已采用无差异性营销战略，企业应以无差异营销战略与其竞争。（　　）

7. 某一小型乡镇鞋厂，与其生产男鞋、女鞋和童鞋，不如只生产男鞋、女鞋或童鞋中的某一种。（　　）

8. 一对一营销、定制营销属于集中性营销战略。（　　）

9. 市场定位的关键是企业要设法在自己的产品上找出比竞争者更具有竞争优势的特征。（　　）

10.“泰诺宁”止痛药的定位是“非阿司匹林的止痛药”，这是根据使用场合定位的。（　　）

观念应用训练

一、结合以下资料，回答问题

1. 被管理学大师德鲁克称赞为创新之举的“向爱斯基摩人出售电冰箱以防止食物冻坏”，用的是什么营销战略？说明理由。

2. 海尔洗衣机推广到四川农村可用来洗地瓜，用的又是什么营销战略？说明理由。

3. 2004年，在我国饮料业陷入低价竞争之时，娃哈哈集团相继推出“营养快线”（果汁与牛奶结合，“15种营养素一步到位”）、“爽歪歪”（天天益生菌，天天爽歪歪）、“思慕C”（让中国女性“天天一瓶，美丽动人”）、“呦呦奶咖”（牛奶与咖啡结合，“一杯呦呦奶咖，午后精神焕发”）、“呦呦奶味茶”、“咖啡可乐”等乙烯类产品，成为饮料市场的“黑马”，率先走出了困境。娃哈哈采用了什么战略？说明理由。

二、阅读案例，回答问题

上海通用汽车的市场布局

1. 对中国汽车市场的分析

在上海通用汽车进入市场的时候，中国汽车市场正处于一个大变革的前夕。从长远来看，中国汽车市场潜力巨大。随着中国汽车市场的快速发展，中国已经成为全球第三大汽车消费市场，中国的消费者对于汽车产品的需求与日俱增。世界汽车诸强逐步进入中国，国际竞争国内化的格局全面呈现。

2. 上海通用的目标市场定位

（1）凯迪拉克：“敢为天下先”。

品牌定位：“美国派”的豪华车

消费群体：具有胆识、远见、开拓领先的高收入阶层

主要车型：凯迪拉克CTS、SRX、XLR

竞争对手：奥迪、宝马、奔驰

（2）萨博：强调个性且崇尚内敛。

品牌定位：个性化产品

消费群体：低调的成功人士，为高档进口车消费群中强调个性且崇尚内敛生活方式的消费者提供另一种选择

主要车型：Saab9–3、Vector、Saab9.3Arc、Saab9.3敞篷车、Saab9–5Aero、Saab9–5Arc，覆盖了国内高档进口车市场从40万~70万元之间的主要价格区间

竞争对手：奔驰、宝马、Volvo、奥迪

（3）欧宝：锁定年轻新贵。

品牌定位：“欧洲精品车”

消费群体：事业比较成功，追求生活品质的年轻新贵并且偏好精湛工艺且口味时髦、乐于张扬个性的消费群体

主要车型：威达、雅特

竞争对手：威达的对手包括进口佳美、飞度等；雅特的对手包括标志307、进口高尔夫

（4）别克：“大气沉稳，激情进取”。

品牌定位：“大气沉稳，激情进取”

主要车型：GL8、君威、凯越、荣御

竞争对手：荣御的竞争对手是天籁、奥迪A6、皇冠；君威的对手是雅阁、帕萨特、蒙迪欧；GL8的对手是奥德赛；凯越的对手是伊兰特、千里马、飞度、风云等

（5）雪佛兰：打造大众化的国际品牌。

品牌定位：适合中国普通老百姓的、值得信赖的大众化的国际品牌

消费群体：买得起车的人群

主要车型：赛欧、开拓者、Spark等

竞争对手：极为宽泛，覆盖从5万~15万元的价格区间。包括富康、捷达、桑塔纳、伊兰特、千里马、风云、飞度、POLO等所有经济型车

（6）五菱：做自主开发微车先锋。

品牌定位：着眼国际，自主创新；立足自身，百姓信赖

主要车型：五菱阳光、五菱之光

竞争对手：铃木、长安等

3. 通用的汽车金字塔

六大品牌个性鲜明，并分别针对需求区别明晰的不同消费对象群,从基础品牌到高档豪华品牌形成了一金字塔形品牌构架。处于“金字塔”顶部的是凯迪拉克所代表的高档豪华车品牌；在“金字塔”的中上部，则是为主流社会精英推出的高档别克品牌；立足于“金字塔”

基础部分的当属雪佛兰；而“金字塔”的底端则为上汽通用五菱旗下的五菱品牌所覆盖。

根据案例回答下列问题：

（1）通用是如何进行市场细分的。它选取的主要的细分变量是什么？

（2）请用市场营销学原理对上海通用汽车的中国各目标市场进行评估，并分析在具体的经营中有可能遇到哪些问题？

（3）选取另一个你所熟悉的汽车品牌，比较一下它和上海通用市场策略的异同。

思维拓展训练

圣诞节那天，某高校俱乐部前，一老妇守着两筐大苹果叫卖，因为天寒，问者寥寥。一教授见此情形，上前与老妇商量几句，然后走到附近商店买来节日织花用的红彩带，并与老妇一起将苹果两两一扎，接着高叫道：“情侣苹果哟?两元一对?”经过的情侣们甚觉新鲜，用红彩带扎在一起的一对苹果看起来很有情趣，因而买者甚众。不一会，全卖光。老妇感激不尽，赚得颇丰。

这是一个成功进行目标市场定位营销的案例。

教授对俱乐部前来往的人群进行的市场细分可谓别出心裁，占比例很大的成双成对的情侣给了他突发灵感，使其觉察到情侣们将是最大的苹果需求市场，而其对产品定位更是心计奇巧，用红彩带两个一扎，唤为“情侣苹果”，对情侣非常具有吸引力，即使苹果不好销的大冷天也高价畅销了。

从这个故事中，你能得到哪些启示呢？

努力将你的思维延伸扩展，你还可以将苹果如何定位呢？

能否将苹果换成其他的产品？能否将场景换成其他的地方？能否将时间换成其他的时间呢？

实训项目

市场细分技巧训练

一、实训目的

通过实训，使学生掌握市场细分的原理及步骤，掌握目标市场选择及市场定位策略的运用。

二、实训内容

1. 任选生活中常见的商品或服务（如：服装、相机、电脑、理发店、快餐馆等），选择适当的因素进行市场细分。

2. 在市场细分的基础上，选择合适的目标市场及营销策略。

3. 在选定的目标市场上对该产品进行适当的市场定位。

三、实训组织

在教师指导下，把学生分成学习小组，每组5~8人，合理分工，共同完成实训任务，以PPT形式在课堂进行汇报。

模块五 制定营销组合策略

项目一 产品策略的制定

单元1 产品与产品组合

知识目标

1. 理解产品整体概念
2. 掌握产品组合的概念与产品组合策略的基本知识
3. 掌握产品组合优化调整的一般知识

能力目标

1. 能分析和制定企业产品组合策略
2. 能对企业产品组合策略进行优化调整

引导案例

RC公司的困惑

RC公司新近成功开发了一种家庭自动化兼防卫系统，可以通过打电话来控制家里的所有电器，还具有防盗报警的功能。产品分为主机和外部设备两部分，主机由公司生产，外部设备需要购买各专业防盗传感器厂家生产的可匹配产品。经过市场调查后，公司选择了一个被百姓能接受的价位准备将产品推向市场，公司的销售人员带着产品参加了几次电子产品博览会后反应也都很好。现有的产品包装中只有主机部分，由于公司并不生产外部设备，所以在包装中无外部设备，只是在说明书中写明了可以采用哪一类的外部设备，并由技术人员写了几页如何安装的介绍。产品正式推向市场后，销量并没有公司预测的那样好。主要反映出来的问题有：许多用户既买不到外部设备，买回来后也不会连接或是连接得不对；都接好后还有不少人不会正确使用。这些问题影响了产品的销售。

任务分析

要解释上述问题，我们必须对产品的一些基本概念有一个清晰的认识。诸如消费者购买某产品对产品的具体需求分为几个层次，等等。因此本项目设置如下具体任务：

结合案例资料，辨析产品的整体概念，回答如下问题：消费者为什么购买RC公司的产品？其主要的购买动机是什么？影响RC公司产品销售的主要原因是什么？RC公司产品整体应包括哪些部分？

相关知识

一、产品的整体概念

美国著名营销专家利维特曾指出“现代竞争的关键，不在于厂家能生产什么，而在于它们能为其产品增加些什么内容——诸如包装、服务、广告、用户咨询、融资信贷、及时送货、仓储以及人们所重视的其他价值，每个公司应寻找有效途径为其产品提供附加价值。”

现代市场营销学认为，产品是指向市场提供的能满足人们某种需要的任何东西，包括有形物品和无形服务。

以菲利普·科特勒为代表的北美学者提出整体产品概念，包括核心产品、形式产品、期望产品、延伸产品和潜在产品五个层次。这样分层能够更深刻而逻辑地表达产品整体概念的含义，如图5–1所示。

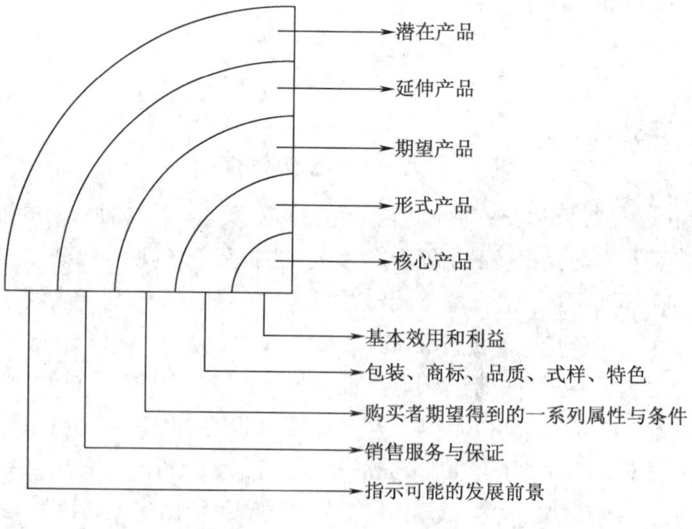

图5–1　产品的五个层次

1. 核心产品

核心产品是指产品提供给顾客的基本效用或利益，是消费者需求的核心内容。比如手机的核心是满足通信的需要；电冰箱的核心是满足制冷、储存食品的需要。

2. 形式产品

形式产品是指产品的具体实体和外观，是核心产品的外在表现形式。一般由产品的质量、款式、特色、品牌和包装等五个要素所构成。

3. 期望产品

期望产品是指消费者在购买产品时通常希望和默认的属性和条件。如在购买空调时希望所买的空调操作简单、无噪声、省电等。

4. 延伸产品

延伸产品是指顾客在购买产品时所得到的附加利益和附加服务的总和。企业只有向消费者提供具有更多实际利益、能更好满足其需要的附加产品，才能在日益激烈的竞争中取悦顾客，赢得胜利。

5. 潜在产品

潜在产品是指现有产品可能发展成未来状态的一种趋势与前景，如手机可能发展成个人上网终端。

课堂思考

伦敦各大商场纷纷开辟“托男所”、“候妻室”——专供男士休息的区域（饮食、看电影、电子游戏），解放陪同的男性，方便女士放开手脚购物。这里体现的是商场提供的哪个层次的产品概念？

二、产品组合及相关概念

消费者的需要是多样化的，从这个角度来说，企业应生产多品种、多规格、多花色的产品以满足消费者的多样化需要。但是，企业又受自身能力等因素的限制，并非生产经营的产品品种越多越好，企业必须根据市场需要和自身条件确定最佳产品组合。这里首先介绍产品组合及其相关的几个概念。

1. 产品组合

指某个企业生产或销售的全部产品的组成方式，它包括所有的产品线和每一产品线中的产品项目，它反映了一个企业的经营范围或生产的产品结构。

2. 产品线

产品线也称产品系列或产品大类，是指在技术和结构上密切相关，具有相同使用功能但型号规格不同的一组产品。例如汽车制造厂生产的小轿车、大客车和运输卡车。

3. 产品项目

产品项目指产品线中各种不同规格、型号、款式、价格的特定产品品种，是列入企业产品目录中的每一种具体产品。例如某洗衣机厂生产的5kg立式滚筒洗衣机即为该厂的一个产品项目。

4. 产品组合的宽度、深度和关联性

一个企业的产品组合取决于三个因素，即宽度、深度和关联性。这三个因素的不同便构成不同的产品组合。

（1）宽度。是指一个企业所拥有的产品线的数目。企业经营的产品线越多则产品组合越宽；反之，则产品组合的宽度越窄。一般来说，企业产品线较多有利于充分利用人力、物力和财力，满足市场多方面需求，降低企业的经营风险。但是产品线过多，生产技术要求高，管理组织复杂，资源分散；产品线少，表明企业专业化程度高，资源集中使用，有利于改进技术，提高产品质量，降低经营成本，但经营方向狭窄，经营风险较大。

（2）深度。是指一个企业产品线中的每一产品系列有多少个品种（如大小、口味等）。加深产品组合的深度，可适应市场需求，满足不同顾客的需要，但也会带来加大生产经营成本的问题，企业应权衡利弊，合理决策。

（3）关联性。是指各条产品线在最终用途、生产条件、分销渠道或其他方面相关联的程度。一般来说，产品组合关联度大，有利于创立产品优势，能够充分利用原材料和现有技术装备，创造名牌产品。

三、产品组合策略

产品组合策略是指根据企业的经营目标，对产品组合的宽度、深度和关联度进行的最优决策，一般有五种选择。

1. 全线全面型策略

全线全面型策略就是尽量增加产品线的宽度，经营更多的产品以满足市场需要的策略，其目的是尽可能多地为消费者提供尽可能多的产品或服务。这种策略又有广义和狭义之分。广义的是指企业尽可能向整个市场提供各方面的产品或服务，尽可能地扩大产品线的宽度和深度，不受产品关联度的约束。如日本的三菱集团其产品线号称“从导弹到方便面”。狭义的是指在某一领域、某一行业向市场提供全部产品，也就是产品线之间的关联度较大，如海尔集团的产品线很多，但是都和电器有关。

2. 市场专业型策略

市场专业型策略指向某一专业市场、某类消费者，提供所需的各种产品的策略。可以考虑也可以不考虑产品线之间的关联程度。例如，旅游服务公司的产品组合就应考虑旅游者所需要的一切服务产品，如交通、酒店预订、饮食、景点导游、购物等。这种产品组合方式是以满足同一类用户的需要而联系起来的。

3. 产品线专业型策略

产品线专业型策略是指企业专注于某一类产品的生产，并将其产品推销给各类顾客的策略。例如，某酒厂的产品包括了高、中、低三个档次的产品，但是不管哪类产品都是酒类产品。

4. 有限产品线专业型策略

采用这种产品组合策略的企业根据自己的专长，集中经营有限的甚至是单一的产品以适应有限的或单一的细分市场上的需求，以提高市场占有率。例如，某汽车厂专门生产供城市公交系统用的专用汽车。

5. 特殊产品专业型策略

这是企业根据自己的专长，生产某些在市场上有竞争力的特殊产品项目的策略。由于产品的特殊性，这种策略所能开拓的市场是有限的，但竞争的威胁也很小。例如，专业轮椅生产商。

四、产品组合的优化调整

由于社会环境和市场需求在不断变化，企业的产品组合自然也应随之变化。因此，每个企业都应经常分析自己产品组合的状况和结构，评估其发展潜力和趋势，不断对原有的产品组合进行优化和调整，寻求和保持产品组合的最佳化。优化调整产品组合，可依据不同情况采取以下策略。

1. 扩大产品组合

包括拓展产品组合的宽度和加强产品组合的深度，前者指在原产品组合中增加产品线，扩大经营范围；后者指在原有产品线内增加新的产品项目。当企业预测现有产品线的销售额和盈利率在未来可能下降时，就须考虑在现有产品组合中增加新的产品线，或加强其中有发展潜力的产品线。

2. 缩减产品组合

市场繁荣时期，较长较宽的产品组合会为企业带来更多的盈利机会，但是在市场不景气或原料、能源供应紧张时期，缩减产品线反而能使总利润上升，因为剔除那些获利小甚至亏损的产品线或产品项目，企业可集中力量发展获利多的产品线和产品项目。

3. 产品线延伸策略

总体来看，每一企业的产品线只占所属行业整体范围的一部分，每一产品都有特定的市场定位。例如，宝马汽车公司（BMW）所生产的汽车在整个汽车市场上属于中高档价格范围。当一个企业把自己的产品线长度延伸超过现有范围时，我们称之为产品线延伸。具体有向下延伸、向上延伸和双向延伸三种实现方式。

（1）向下延伸。是在高档产品线中增加低档产品项目。实行这一决策需要具备以下市场条件之一：利用高档名牌产品的声誉，吸引购买力水平较低的顾客慕名购买此产品线中的廉价产品；高档产品销售增长缓慢，企业的资源设备没有得到充分利用，为赢得更多的顾客，将产品线向下伸展；企业最初进入高档产品市场的目的是建立厂牌信誉，然后再进入中、低档市场，以扩大市场占有率和销售增长率；补充企业的产品线空白。实行这种策略也有一定的风险。如处理不慎，会影响企业原有产品特别是名牌产品的市场形象，而且也有可能激发更激烈的竞争对抗。虽然新的低档产品项目可能会蚕食掉较高档的产品项目，但某些公司的重大失误之一就是始终不愿意填补市场上低档产品的空隙。

（2）向上延伸。是在原有的产品线内增加高档产品项目。实行这一策略的主要目的是：高档产品市场具有较大的潜在成长率和较高利润率的吸引；企业的技术设备和营销能力已具备加入高档产品市场的条件；企业要重新进行产品线定位。采用这一策略也要承担一定的风险，要改变产品在顾客心目中的地位是相当困难的，处理不慎，还会影响原有产品的市场声誉。

（3）双向延伸。即原定位于中档产品市场的企业掌握了市场优势以后，向产品线的上下两个方向延伸。

任务实施的方法与步骤

1. 按教学班级分组，每组5~8人

2. 各组内部交流讨论引导案例中的几个问题，包括：消费者为什么购买RC公司的产品？其主要的购买动机是什么？影响RC公司产品销售的主要原因是什么？RC公司产品整体应包括哪些部分

3. 各组选派代表说明本组的讨论结论，最后由教师点评

4. 以组为单位寻找关于企业产品策略组合调整优化的案例，并写一篇心得体会短文

拓展知识

评价产品优劣的标志

从企业营销的角度看，评价产品优劣的标志主要有以下三点。

1. 发展性

表明产品在市场上是否具有良好的发展前途，对于开发成功的新产品正处在生命周期的成长阶段和成熟期的初期，发展性较好，而进入成熟期后期或衰退期的产品则已不具备这方面的优势，表示产品发展性的指标主要是行业销售增长率。

2. 竞争性

表明某种产品与同类产品相比较在满足市场需求方面所具有的优势和实力。具体表现在产品的市场占有率、质量、价格、成本、服务、声誉等一系列的综合能力，其中最具综合性的指标是市场占有率。

3. 盈利性

产品的盈利性具体表现在利润额、资金利润率、成本利润率、资金周转率等。其中，资金利润率是反映产品盈利性的最佳综合指标。

单元2　产品生命周期策略

知识目标

1.了解产品市场生命周期

2. 熟悉产品生命周期各阶段的特征、策略及营销重点

能力目标

1. 能够判断具体产品的生命周期阶段

2. 具备结合产品生命周期各阶段提出营销对策的能力

引导案例

同种产品，不同遭遇

美国产品在第二次世界大战后纷纷涌入欧洲市场，不久便有许多产品又匆匆退出欧洲市场，其中一重要原因，就是没有根据产品在不同市场所处生命周期阶段的差异，来采用适当的市场营销组合方案。美国拍立得公司在成功地经营立即取相的照相机20年后，于1965年向处于成熟期的本国市场推出廉价的大众化的20型“摇摆者”相机。由于该公司的良好声誉和立即取相的概念在美国市场深入人心，因此很快获得成功。1966年，该公司按在美国的营销方案将“摇摆者”相机投放到法国市场，遭到了惨败。原因在于，法国消费者对这种产品是陌生的，只有5%的人知道立即取相的概念。经过市场调查后，拍立得公司重新制定营销方案，首先使法国人认识立即取相的概念，加强宣传产品的功能用途和使用方法，终于使这一产品在法国市场获得成功。

为什么同样的产品，同样的策略在不同的市场取得的结果有如此的不同？

任务分析

要回答以上的问题，需要对企业产品生命周期有一个明确的认识，同时要认识到不同生命周期阶段的产品的营销策略有明显的不同，企业必须谨慎选择不同的策略以适应不同的市场需求。

结合案例资料，辨析产品生命周期的相关概念，并完成一篇心得体会短文。

相关知识

一、产品生命周期的概念

指一种产品在市场上出现、发展到最后被淘汰的过程，它是产品的一种更新

换代的经济现象。即指产品的市场寿命，而非使用寿命。产品生命周期反映了产品在市场上销售能力的变化规律，产品生命周期理论是制定产品策略和营销策略的重要依据。典型的产品生命周期可以划分为投入期、成长期、成熟期、衰退期四个阶段，一般可以使用产品生命周期曲线来表示产品销售量随时间的推移而变化的规律，S 形曲线如图5–2所示。

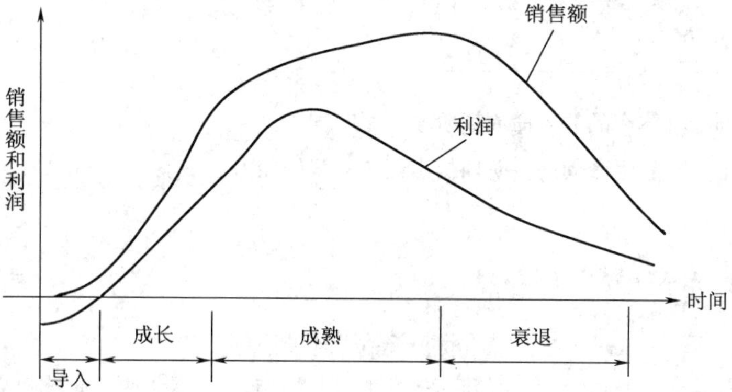

图5–2　典型的产品生命周期曲线

二、产品生命周期各阶段的特点

产品处在生命周期的不同阶段在销量及其增长、成本、利润以及竞争情况等方面具有不同的特征。

1. 投入期的特点

投入期又叫介绍期或导入期，一般指刚投入市场的新产品。由于新产品刚投入市场不为消费者所了解和接受，因此销售量很少，增长缓慢；生产批量小，制造成本高，价格一般也较高，需要多做广告宣传，大力促销，所以销售费用也高，利润往往为负值；市场上一般没有或只有很少竞争者；购买者往往是高收入者或爱好新奇者。

2. 成长期的特点

成长期指新产品试销取得成功，顾客对该产品已接受并熟悉，企业转入成批生产和扩大市场销售的阶段。主要特征是销售量迅速增长，生产规模扩大，产品成本下降，用户已经熟悉产品，广告费用减少，销售成本下降，企业的利润迅速上升，竞争者看到有利可图，纷纷进入该产品生产领域，出现竞争趋势。

3. 成熟期的特点

成熟期指产品进入大批量生产时期。经过一段时期的快速成长后，销售量的增长逐渐缓慢下来，从而进入成熟期。此时产品的销售量逐步达到最高峰，然后缓慢下降，市场趋于饱和，生产批量很大，生产成本最低，价格开始下降，利润已达到最高点，并开始下降，很多同类产品进入市场，市场竞争十分激烈。

4. 衰退期的特点

衰退期指产品已经逐渐老化，进入更新换代的时期。这一阶段的特征表现为：产品销售量急剧下降，利润大幅度下降，新产品进入市场逐渐取代老产品，大量竞争者退出市场，市场竞争突出表现为价格竞争，价格竞相跌落。

三、产品生命周期各阶段的营销策略

针对产品生命周期四个阶段的不同特点，企业应有的放矢地制定市场营销策略，以取得最佳经济效益。

1. 投入期的营销策略

投入期的营销策略应突出一个“准”字。采取各种方式，加强广告宣传促销工作，准确把握消费者的心理，努力扩大产品知名度，解决生产中存在的技术问题，提高产品质量，降低生产成本。如果以价格和促销活动作为主要考虑的策略，则投入期的营销策略可有以下四种组合方式：

（1）快速撇脂策略。即以高价格配合高促销的方式推出新产品的策略。高价的目的在于尽可能多地获取销售利润，高促销目的在于快速打开销路，占领市场。这种策略适用的条件是：潜在市场上的消费者还不了解该种新产品；已经了解这种新产品的人急于求购并且有能力照价付款；企业面临着潜在竞争者的威胁，希望能迅速使消费者建立起对自己产品的偏好。由于高价格会吸引众多潜在竞争者，所以企业要能扩大生产批量以准备降价。

（2）缓慢撇脂策略。即以高价格配合低促销方式推出新产品。这种策略旨在使企业赚取更多的利润。但是，采用这种策略必须是市场容量较小，竞争的潜在威胁不大，这样就不必要用高促销来抢占市场，同时市场上的消费者已经了解该产品且急待购买，宁愿出高价。

（3）快速渗透策略。即以低价格配合高促销方式推出新产品。这种策略的优点是能以最快的速度取得尽可能大的市场占有率。实施这种策略，往往是该产品的市场容量相当大，消费者对此产品不了解且对价格反应十分敏感，潜在竞争比较激烈，必须抢在激烈竞争前，使产品批量上市。

（4）缓慢渗透策略。即以低价格配合低促销方式推出新产品，逐步打入和占领市场，价格低使产品容易被消费者接受，低促销可以尽量降低成本，实施这种策略的市场条件是：市场容量大，消费者对价格十分敏感且顾客相当了解该产品，促销的弹性低，而价格的弹性高，有相当多的潜在竞争者准备加入行业竞争。

2. 成长期的营销策略

产品进入成长期，销量大涨，利润增大。应该突出一个“优”字，确保质量，争创名牌。具体的营销策略有以下几点：

（1）在生产方面，随着销路打开、销量大增，要积极组织人力、财力、物力和生产过程，迅速扩大生产批量；同时，改进和提高产品质量，增加款式、功能，吸引更多顾客。

（2）在广告宣传方面，加强名牌宣传，树立产品和企业形象，提高本企业产品在社会上的声誉，争创名牌。

（3）在分销渠道方面，寻求新的细分市场，针对不同目标市场上消费者的需求，在完善产品的同时，创造新的分销渠道以开拓更广泛的市场。

（4）在价格上，选择适当时机，可以采取降价策略，既能吸引对价格敏感的消费者，又能防止同行业竞争者的介入。

3. 成熟期的营销策略

产品进入成熟期后，就进入了产品生命周期的黄金阶段。在此阶段，产品的销售量达到顶峰。给企业带来巨额利润，所以企业的营销策略都是着重延长产品的成熟期，也就是突出一个“改”字，尽量延长这一阶段。

（1）产品改进。可以通过对产品特性、质量、功能等方面做某些改进而吸引新的消费者，使停滞不前的销售量得以提高。具体做法：品质改进策略，提高产品的使用性能，以高质量产品保持老用户，吸引新用户；特性改进策略，给产品增加新的特性，如重量、材料、大小、附加特性等，以扩大产品的适用性、安全性和方便性等；式样改进策略，这主要是基于人们的审美观念而进行款式、外观、花色的改变，使产品获得独特的个性，迎合顾客爱好，引领市场潮流；服务改进策略，对销量趋于饱和的产品附加优质服务工作，增加服务内容，会带来更多的产品市场。

（2）市场改进。为产品开拓更广泛的市场，使产品销售量得以扩大。即开发新市场，寻找新用户。具体做法：一是开发产品的新用途，寻找新的细分市场，把产品引入尚未使用过这种产品的市场；二是刺激现有顾客，使其增加使用频率；三是重新为产品定位，寻找新的顾客。

（3）市场营销组合改进。通过改变定价、促销与分销等市场营销组合因素来刺激销售量的回升，以延长产品的成熟期。例如，采取降价、开辟多种销售渠道、增强广告频率、有奖销售等手段来刺激消费者购买。最常用的手段是降价，降价是吸引顾客、提升竞争力的有效手段，但绝不是最好的手段，企业应避免竞相降价而引发恶性的价格战，这会导致竞争企业两败俱伤，最终也对消费者无益。

4. 衰退期的营销策略

产品进入衰退期后，产品需求量、销售量明显下降，在市场上失去了吸引力,被新产品所替代。对进入衰退期的老产品，企业的营销策略应突出一个“转”字。具体应区别情况，分别采取维持、收缩或彻底淘汰策略，向市场推出早已研制成功的新产品，进入一个新的产品生命周期。

任务实施的方法与步骤

1. 按教学班级分组，每组5~8人

2. 各组内部交流讨论为什么同样的产品，同样的策略在不同的市场取得的结果不同的原因

3. 在组内成员交流讨论的基础上，以组为单位完成一篇心得体会短文

4. 各组选派代表，对小组完成的短文进行课堂汇报

5. 其他小组进行提问

6. 教师点评，总结单元内容

拓展知识

产品生命周期的改型变异

典型的产品生命周期是一种理想状况，在现实经济生活中，并不是所有的生命历程完全符合这种理论形态，本书将这种产品的生命周期称为非典型的产品生命周期，它主要有以下几种形态，如图5–3所示：

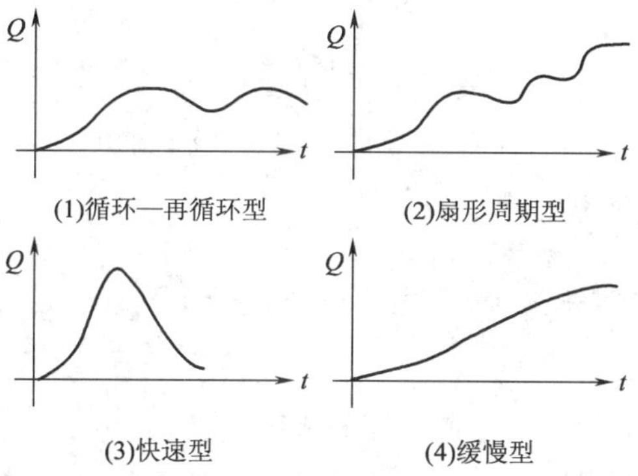

图5–3　产品生命周期的改型变异

1.再循环型生命周期

再循环型生命周期是指产品销售进入衰退期后，由于种种因素的作用而进入第二个成长阶段。这种再循环型生命周期是市场需求变化或企业投入更多促销费用的结果，如美国的杜邦公司，投入巨资研发的尼龙产品，原先在军用市场销售，主要制作降落伞等产品，二战以后由于军用市场的萎缩，尼龙产品进入衰退期；杜邦公司将产品市场转向民用，将尼龙产品用于制作服装等产品取得了又一个销售热潮。

2. 扇形生命周期

扇形生命周期是产品进入成熟期后，企业通过制定和实施正确的营销策略，使产品销售

不断达到新的高潮。

3. 快速型生命周期

快速型生命周期是产品的成熟期非常短，从产品的上市到退出市场，只经历非常短暂的时间。这类产品往往具有比较强的季节性或者流行性，如时装等时尚产品。

4.缓慢型生命周期

缓慢型生命周期是产品的成熟期比较长，从产品的上市到退出市场，经历相当漫长的时间。这类产品往往具有比较强的生命力，消费者的认可程度较高，需求稳定且产品的技术更新换代时间比较长，如日用品等。

单元3 新产品的开发

知识目标

1.了解新产品的概念

2. 掌握新产品的开发方式

3. 掌握新产品的推广策略

能力目标

1. 初步具备新产品的概念设计能力

2. 具备新产品的推广能力

引导案例

Walkman的问世

索尼公司的创始人盛田昭夫曾在其自传《索尼和我》一书中讲述了袖珍式立体声录放机的创新故事。他说，井深酷爱高尔夫球和音乐。一次，井深先生提着公司生产的便携式录音机，头戴一副耳机，走进盛田的房间，他对盛田说："我想欣赏音乐，但又怕妨碍别人，所以就戴上了耳机，可以边走边听。不过这家伙太重了，实在受不了。"井深的烦恼使盛田思索良久，一股创新的冲动在他的脑海里激起，一幅未来的憧憬在他心中升起。他马上邀请技师着手研究袖珍式立体声录放机。盛田对这一绝妙的创意倾注了极大的热情。样品出来后，不但体积小，音质也极佳。他不顾一些人的反对，毅然将其命名为"Walkman"。不出盛田所料，新产品投放市场后，空前畅销，在世界各地引起轰动。盛田不无欣喜地说："正是这一不起眼的小小产品，改变了世界上几百万、几千万人的音乐欣赏的方式。"

任务分析

一个好的创意，可能意味着一个巨大的市场。企业如何开发新产品，需要对新产品的概念有一个明确的认识，同时要充分了解新产品的开发程序，企业必须谨慎选择不同的新产品开发策略以适应不同的市场需求。

结合所学知识，列举出一种熟悉的产品，在规定的时间内指出不足，提出创意。

相关知识

一、新产品的概念及类型

市场营销学中的新产品含义广泛，对企业而言，只要是产品整体概念中任何一部分的创新、变革或变动，都可以理解为一种新产品。它能够给顾客带来某种新的利益、新的享受。这里所指的新产品，显然不是指新旧的新，而是创新的新，基于这一原则，新产品可分为以下四类。

1. 全新新产品

指采用新的科学原理、新材料、新技术制成的新产品。一项科技成果从科学发明到研发出产品，需要花费巨大的人力、财力、物力和较长的时间，这种新产品日常是不常见的，它们的出现往往会改变人们的生产和生活方式，如计算机的出现，蒸汽机的出现等，绝大多数企业很难开发全新产品。

2. 换代新产品

又称革新产品或部分新产品。指采用新材料、新技术、新元件，对原有产品进行较大的革新，性能上有显著提高，给顾客带来了新的利益的产品。新技术革命促使产品更新换代速度加快，如电视机经历了从黑白电视机到彩电、平面直角彩电、等离子彩电、液晶彩电等多次换代，电子计算机等数码类产品的换代速度更是惊人。

3. 改进新产品

指对现有产品在结构、材料、款式、花色等方面做出改进的产品。这类新产品与原产品的差别不大，是在原有产品的基础上派生出来的变型产品，如GPS导航手机等。改进新产品与换代新产品是市场上大量出现的新产品的主要来源，都是企业开发新产品的重点。但改进新产品的研发更为容易，也比较容易被消费者接受，因而竞争也比较激烈。

4. 仿制新产品

指市场上已有，本企业加以模仿或稍加改变而生产的产品，作为本企业的新产品。仿制必须注意专利权问题，避免侵权违法行为。

二、新产品的开发方式

采用什么样的方式开发新产品也是企业进行新产品开发时需要解决的问题，

一般有以下四种方式可供企业选择。

1. 独立研制

企业依靠自己的科研、技术力量开发新产品。这种方式可以密切结合企业的特点，容易形成本企业的核心技术和系列产品，使企业在某一方面具有领先地位，提升核心竞争力，但独立研制需要企业具有较强的研发力量和较多的费用。目前，国内外许多大公司都有自己的研究院、研发中心和实验室，进行新产品的独立研制，如微软公司、海尔集团、联想集团等。

2. 技术引进

利用已成熟的技术，购买或借鉴别人的技术专利、技术诀窍或成功经验开发新产品。采用这种方式不仅可以缩短开发新产品的时间，节约研发费用，而且可以促进本企业技术水平的提高。采用这种方式时应注意密切结合国情、厂情，引进适用的先进技术，还要注意学习、消化、吸收，形成自己的特点。

3. 独立研制与技术引进相结合

在新产品开发上采取两条腿走路，既重视独立研制，又重视技术引进，二者有机结合，相互补充，运用得当，会产生更好的效果，为国内外企业所普遍使用。

4. 技术协作

企业与企业、科研单位、大专院校之间开展科技合作开发新产品。有利于充分利用社会科研力量和企业资源，优势互补，把科研成果迅速转化为生产力，值得大力提倡。

三、新产品的开发程序

新产品开发工作要按照一定的科学程序来进行，对于独立研制方式来说，新产品开发的全过程包括：构思、筛选、新产品概念的形成与测试、制定营销策略、商业分析、产品研制、市场试销和正式上市八个阶段。

1. 构思

指开发新产品的创意与设想，是新产品开发的源泉。虽然并不是所有的创意与设想都能变成产品，但是，寻求尽可能多的创意与设想，却能为成功开发新产品提供较多的机会。新产品的构思来源主要有以下几个途径：

（1）企业内部。包括设计开发人员、销售人员、生产人员及其他部门的职工。内部渠道来的构思比较符合企业实际情况，可行性较强。

（2）顾客。顾客是新产品开发的源泉和动力，也是征集新产品开发构思的主要来源。市场专家调查，新产品有60%~80%来自用户的建议。

（3）竞争者。企业在开发新产品时，应密切注视竞争者动向。据统计，企业有27%的产品开发构思是在对竞争对手的产品加以分析后萌发的。如美国的七喜公司就是针对“可口可乐”和“百事可乐”等强大对手，反其道而行之，开发出非可乐的“七喜”汽水，从而成为美国饮料业的三巨头之一。

（4）经销商。经销商处于市场前沿，最了解市场需求及其变化和顾客的反应，征询他们的意见对开发新产品构思形成具有指导意义。

2. 筛选

筛选就是要从众多的构思方案中，通过评审，挑选出几个确有价值和切实可行的构思，在构思筛选工作中应避免犯两种错误：一是把有价值的构思草率舍弃，即“误舍”；一是把坏的创意误以为好，即“误用”。

3. 新产品概念形成与测试

新产品概念的形成是指企业将产品构思发展成消费者可以接受的明确的产品形象。一个构思可以产生许多个产品概念，比如生产营养液是一种构思，由此可以形成多个产品概念，诸如适于老年人饮用的补钙强身的保健品，有助儿童增强记忆帮助学习的营养品，易于病人吸收加快康复的滋补品等，对于每一个产品概念都需要就价格和属性上的竞争能力进行定位。

产品概念形成后，还要进行产品概念的测试，即企业将各种产品概念用文字或图示描述出来，拿到某一消费者群中进行评价，以了解潜在顾客的不同反映，从中选择最佳的产品概念。

4. 初步制定营销规划

主要包括：

（1）目标市场的规模、结构和行为，新产品的定位、市场位置以及开始几年的目标销售额、利润和市场占有率。

（2）该产品最初的价格策略，分销策略和第一年的营销预算。

（3）预计今后的长期销售额、利润目标以及不同时期的营销组合策略等。

5. 商业分析

商业分析实际上就是经济效益分析，具体对新产品未来的销售量、成本和利润进行详细估算、综合分析，预计该产品是否能达到企业的经营目标，包括预测销售额和推算成本与利润两个具体步骤。

6. 产品研制

产品研制阶段的主要工作有以下几个方面：模型试制、消费者测试、品牌设计和包装设计。

7. 市场试销

产品研制出来后，为检验产品是否真正能受到消费者的欢迎，可将少量产品投放到有代表性的小范围市场上进行试销，旨在检验这种产品的市场效应，然后再决定是否大批量生产。主要目的在于了解消费者对产品的意见、建议和接受程度，以发现产品缺陷及在价格、广告、包装等方面存在的问题，以便加以改进和完善，为正式投放市场打好基础。不过，并非所有新产品都必须经过试销，是否试销主要取决于企业对新产品成功率的把握程度。

8. 正式上市

试销成功后，即可将新产品正式投放市场。由于新产品开发的巨大投入和风险，为确保新产品顺利进入市场，企业应在以下方面慎重决策：

（1）时机决策。新产品投入市场要选择适当的时机，季节性产品要在旺季投入，替代性新产品要在老产品销售完后投入。

（2）地点决策。企业根据市场潜力、公司在当地的信誉、供货成本以及地区的了解程度、影响力和竞争状况等指标，选取最具吸引力的地方占领市场。一般情况下，企业应集中在某一地区市场上开展广告和促销活动，取得一定市场份额，再向全国各地市场扩展。

（3）目标市场决策。选取最有希望的购买群体以迅速获取高销售量，吸引其他顾客。最理想的目标市场通常具备以下特征：最早采用新产品的市场；大量购买新产品的市场；该市场的购买者具有一定的传播影响力；该目标市场的购买者对价格比较敏感。

（4）营销组合决策。企业将新产品纳入其他正常商品轨道，分摊营销预算到各个营销组合的因素之中，根据主次轻重有计划地安排各种营销活动。

任务实施的方法与步骤

1. 每5~8位同学一组，10分钟内尽可能多地列举一种熟悉产品（眼镜、计算机、mp3等）的缺点，可以不必考虑改进的现实性，每小组指定一人记录列举出的缺点

2. 规定时间结束后，分类汇总各小组列举出的缺点，并向全班公布

3. 面向全班，针对列举出的某项缺点，由各小组指定发言人提出新产品开发创意，在规定的时间内，尽可能多的提出创意

4. 由教师点评各组的创意，并总结单元内容

拓展知识

新产品扩散和采用过程

新产品的扩散和消费者的采用需要一个过程，营销者应充分认识这一过程的规律性，设法加速新产品的扩散，缩短消费者采用过程。

一、新产品采用过程的各阶段

扩散过程是指一个新的观念从它的发明创造开始到最终的用户或采用者的传播过程。采用过程是指个人从第一次听到一种创新到最后采用的心理过程。采用则是一个人使自己变成一个产品的固定拥护者的决定。据观察研究，消费者对新产品的采用过程一般包括以下五个阶段：

1. 知晓。消费者对该创新产品有所了解，但还缺少关于它的信息。

2. 兴趣。消费者已对这种新产品发生兴趣，从而寻求有关的信息。

3. 评价。消费者根据有关信息对新产品予以评估，并考虑是否试用。

4. 试用。消费者少量试用，并进一步评估产品价值。

5. 采用。消费者经过试用取得满意效果后，决定全面和经常地使用该新产品。

经过这一系列的采用过程分析，可以启发新产品的营销人员如何使消费者通过这些阶段，成为本公司的用户。例如，家用电器公司如果发现许多潜在顾客对微波炉这种新产品处于兴趣阶段，但由于对它的性能、耗电、安全系数、使用寿命等方面还有所疑虑，并且这又是一笔不小的开支，因而迟迟不能进入试用阶段，那么公司应考虑为顾客提供一个少量收费的试用办法，鼓励顾客试用，让消费者有选择购买的机会。

二、顾客对新产品的反应差异与市场扩散

在新产品的市场扩散过程中，由于消费者的个人原因、社会地位、消费心理、经济状况等多种因素。不同的人对同一种新产品的态度往往大不相同，概括起来，可以将消费者分为以下五种类型。

1. 领先采用者

具有冒险革新精神，勇于接受新事物的人，他们在消费方面比较前卫，总是最先尝试使用新产品，一般是受教育程度和收入水平较高的年轻人。

2. 早期采用者

较早但谨慎接受新事物的人，他们的社会地位和经济状况良好，且在所属群体中有一定影响力，也比较新潮，这类采用者对新产品扩散有举足轻重的影响力。

3. 早期多数采用者

这部分消费者思想不保守，比较稳重成熟，一切行动都经过深思熟虑，但并不甘落后于潮流，虽然很少带头行动，但他们采用新东西仍早于一般采用者。这部分采用者比重较大，因而研究他们的消费心理和行为有重要意义。

4. 晚期多数采用者

这些人疑虑重重，行动迟缓，对新事物常常持怀疑或观望态度，他们要等大多数人经过使用并得到满意效果后，才决心使用。

5. 落后采用者

这些人受传统观念束缚较深，他们怀疑任何变革，行为保守，很难接受新事物，一般是在产品进入成熟期甚至是衰退期才肯购买。

从领先采用者到落后采用者，新产品的整个市场扩散过程即采用过程随时间的变化呈现正态分布曲线，在开始时缓慢发展，然后采用的人数日益增加，直到达到一个高峰，再然后逐渐减少，最后只留下少数不采用这一新产品的人，如图5-4所示。

三、个人影响在产品采用过程中的作用

在新产品采用过程中，个人影响起着很大作用。有调查报告显示，大约有半数的女性最近从她们习惯使用的一种产品或品牌转变为使用另一种新的产品，其中的三分之一转变涉及个人影响。女士们互相商量关于新产品的意见，不同品牌的质量，购买的经济性等。这种口碑传播的作用一点都不亚于广告，其作用是相当大的。个人影响力的作用，对不同类型的人

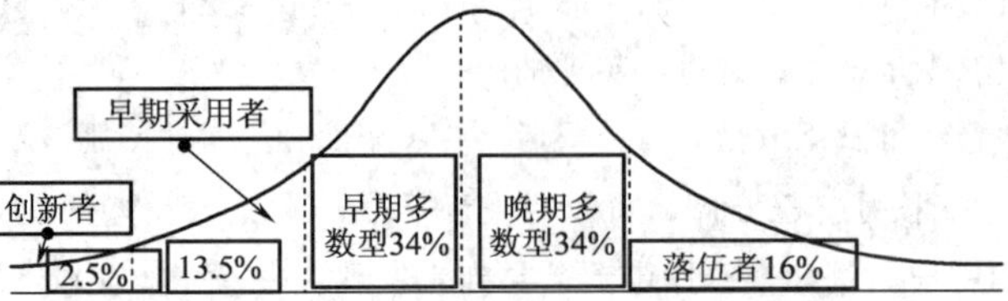

图5-4　新产品采用者类型

和采用过程的不同阶段，影响程度也有所不同。通常对晚期采用者比对早期采用者作用大；在评价阶段比在其他阶段作用大；在风险越大的情况下作用越大。

四、产品特性对消费者采用率的影响

新产品本身的特性也会影响消费者的采用率。有些产品很短时间就流行起来，比如手机；而有的产品则要经过很长一段时间才能逐渐普及，比如个人电脑。对消费者采用率有显著影响的产品特性有以下五个：

（1）相对优越性。新产品的性能与现有产品相比，其优越性越明显则采用率越高。

（2）适应性。如果一种新产品比较适合人们的价值观念和消费习惯，就容易被广泛接受和采用。

（3）复杂性。新产品的知识和使用如果比较复杂，难以掌握，采用率就低，反之则高。

（4）可分性。如某些设备采取租赁和购买相结合的方式可以增加它们的采用率。

（5）传播性。新产品的使用效果易于观察、描述或传播，采用率就高。如液晶电视的视觉效果明显优于普通彩电，因此采用率迅速增加。

除此以外，影响消费者采用率的还有其他一些产品特性，如产品成本、风险性、科学上的可靠性以及社会的认同等。新产品营销者在开发新产品和制定新产品营销方案时，还必须深入研究这些因素。

单元4　品牌与包装策略

知识目标

1. 理解品牌的基本概念

2. 认识品牌的作用

3. 掌握品牌决策的基本内涵，对品牌化决策、品牌归属决策、家族品牌等品牌策略有明确的认知

4. 掌握包装的概念和基本作用

5. 掌握包装设计的基本原则

能力目标

1. 能够对产品品牌进行设计和定位
2. 具备品牌决策的初步能力
3. 具备确立包装设计原则的能力

引导案例

案例1 宝洁公司的品牌策略

宝洁公司是一家美国的企业。它的经营特点一是种类多，横跨了清洁用品、食品、纸制品、药品等多个行业；二是许多产品大都是一种产品多个牌子，如洗发精就有飘柔、潘婷、海飞丝等多种品牌。要问世界上哪个公司的牌子最多，恐怕是非宝洁莫属。

如果把多品牌策略理解为企业到工商局多注册几个商标，那就大错特错了。宝洁公司经营的多品牌策略不是把一种产品简单地贴上几种商标，而是追求同类产品不同品牌之间的差异，包括功能、包装、宣传等方面，从而形成每个品牌的鲜明个性。这样每个品牌都有自己的发展空间，市场就不会重叠。

以宝洁在中国推出的洗发精为例，“海飞丝”的个性在于去头屑；“潘婷”的个性在于对头发的营养保健；“飘柔”的个性则是使头发光滑柔顺。在中国市场上推出的产品广告更是出手不凡。“海飞丝”洗发精，海蓝色的包装，首先让人联想到蓝色的大海，带来清新凉爽的视觉效果，“头屑去无踪，秀发更出众”的广告语，进一步在消费者心目中树立起“海飞丝”去头屑的信念；“飘柔”，从品牌名称上就让人明白了该产品使头发柔顺的特性，草绿色的包装给人以青春美的感受，“含丝质润发剂，洗发护发一次完成，令头发飘逸柔顺”的广告语，再配以少女甩动如丝般的头发的画面，深化了消费者对“飘柔”飘逸柔顺效果的印象；“潘婷”，用了杏黄色的包装，首先给人以营养丰富的视觉效果，“瑞士维生素研究院认可，含丰富的维生素 B_5，能由发根渗透至发梢，补充养分，使头发健康、亮泽”的广告语，从各个角度突出了“潘婷”的营养型个性。

许多人认为，多品牌部分会引起经营各个品牌企业内部各兄弟单位之间自相残杀的局面，宝洁公司则认为，最好的策略就是自己不断攻击自己。这是因为市场经济是竞争经济，与其让对手开发出新产品去瓜分自己的市场，不如自己向自己挑战，让本企业各种品牌的产品分别占领市场，以巩固自己在市场中的领导地位。这或许就是中国“肥水不流外人田”的古训在西方的翻版。

从防御的角度看，宝洁公司这种多品牌策略是打击对手、保护自己的最锐利的武器。一是从顾客方面讲，宝洁公司利用多品牌策略频频出击，使公司在顾客心目中树立起实力雄厚的形象，利用一品多牌从功能、价格、包装等各方面划分出多个市场，能满足不同层次、不同需要的各类顾客的需求，从而培养消费者对本企业的品牌偏好，提高其忠诚度。二是对竞争对手来讲，宝洁公司的多品牌策略，使得尤其是像洗衣粉、洗发水这种“一品多牌”的市场上，宝洁公司的产品摆满了货架，等于从销售渠道减少了对手进攻的可能。从功能、价格诸多方面对市场的细分，更是令竞争者难以插足。这种高进入障碍无疑大大提高了对方的进攻成本，对自己来说就是一块抵御对手的盾牌。

案例2　高露洁牙膏在日本的失利

牙膏是我们生活中不可或缺的日用品，因此市场竞争十分激烈。国际牙膏巨头美国高露洁公司在进入我国牙膏市场以前，曾做过大量的市场调查。高露洁公司发现，我国牙膏市场竞争激烈，但同质化竞争严重。无论是牙膏的包装还是广告诉求都非常平淡，包括“蓝天”、“中华”等国内品牌均长期采用铝制牙膏包装，颜色单一且不够耐用、卫生。针对这些特点，高露洁采用了创新的复合管塑料内包装，并用中国消费者都非常喜欢的红色作为外包装的主题色彩。结果大获成功，在短短的几年时间内，迅速占领了我国三分之一的牙膏市场份额。

同样是高露洁，在进军日本市场的时候，采用了和中国市场的包装策略相同的方法，但是却遭到了失败。高露洁采用“红底白字”包装，是因为美国人无论男女老幼都偏爱红色，如运动衣、地毯、小汽车，包括香烟包装。红色在美国象征着活动、生命力。在所有的颜色中，红色被认为有意义，并被印象化了，所以高露洁牙膏采用红色设计，是自然不过了。

红色被日本人认为是带有婴儿和女性气息的色彩，日本人爱好白色，很多商标名称都冠有“白”字，如白鹤、白雪等。他们认为像国旗那样，大片的白底上一个鲜红的太阳才是最美的色彩。高露洁牙膏恰恰相反大块地使用红色，漠视日本消费者与美国消费者在色彩感觉和购买心理上的差异，导致它进入日本市场时，出乎意料地滞销，市场占有率仅达1%。

任务分析

品牌和包装是企业营销活动中不可回避的问题，一个好的品牌策略、包装策略能成为企业竞争的有力武器。相反，如果品牌策略、包装策略制定不合理，则很可能导致产品打不开市场或逐步丧失在市场上的有利地位。本单元设计如下具体任务：

结合案例1资料，辨析宝洁公司的品牌策略，该品牌策略的特点和作用是什么？实施该策略有哪些利弊？宝洁公司如采用一种品牌，结果会不会更好？并说明品牌对企业的作用及品牌策略的主要内容。

结合案例2资料，辨析高露洁公司在日本市场失利的主要原因，回答如下问题：包装对企业的作用？说明包装策略和品牌策略之间的关系是什么？

相关知识

一、品牌的概念、构成及作用

品牌是构成产品整体的一个重要组成部分，在现代市场营销中的作用越来越大，品牌决策成为企业市场营销策略的重要内容，实施名牌战略也成为众多企业的战略选择。

1. 品牌

品牌就是产品的牌子，它是卖者给自己的产品规定的商业名称，美国市场营销协会定义委员会对品牌的定义是："品牌是一个名称、术语、标记或设计，或是以上要素的组合，用以识别一个企业的产品或劳务，以便与其他竞争者相区别。"品牌是一个综合概念，它包含品牌名称、品牌标志、商标等概念在内。通常所说的品牌策略，就是关于上述各项的策略。

2. 品牌名称和品牌标志

品牌名称是品牌中可以被读出声音的部分，例如：小天鹅、海尔等，这些都是我国著名的品牌名称；品牌标志是品牌中可以被识别但是不能读出声音的部分，常常为某种符号、图案或其他专门的设计，如上述品牌中的小天鹅图标、海尔兄弟的图案等。

3. 商标

商标是一个专门的法律术语，品牌或品牌的一部分经向有关部门依法注册并取得专用权后，称为商标。商标一经核准，商标持有人便享有专用权，这是一项重要的工业产权和知识产权。他人未经许可不准使用，如果私自使用他人商标，便构成商标侵权。在市场经济条件下，商标依照其知名度高低和获利大小，具有不同的价值，是企业的一项重要的无形资产。其产权和使用权可以依法转让和买卖。

4. 品牌的作用

（1）对消费者的作用。有利于消费者识别产品，便于挑选和购买；有利于维护消费者的权益；有利于消费者寻找生产和经销企业，便于联系重复购买，便于修理及更换零件等服务。

（2）对生产经营企业的作用。有助于促销活动的开展；借助品牌能为企业的营销活动提供方便，便于制造商管理订货和处理销货业务，也便于经销商识别供应商及销售产品；有助于保持和提高市场份额；有利于企业争创名优产品和自我保护。

二、品牌策略

为了使品牌在市场营销中更好地发挥作用，必须进行正确的品牌决策，采取适当的品牌策略，如图5-5所示。

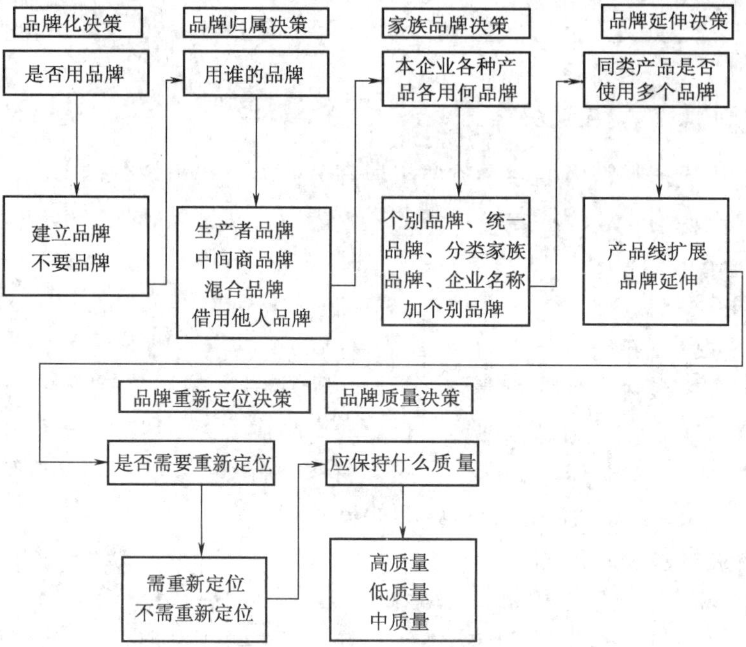

图5–5　品牌决策示意图

1. 品牌化决策

即决定该产品是否使用品牌。在激烈的市场竞争中，品牌对消费者、对企业以及对整个社会都有重要的作用。在发达的市场经济条件下，品牌化是一种趋势。在西方国家，品牌无处不在，甚至连水果、鸡蛋都有品牌。但是，使用品牌是要付出代价的，包括设计费、制作费、注册费、广告费等，并且还要承担品牌在市场上失败的风险。因此，如果使用品牌对促进产品销售作用甚微，甚至得不偿失，就可以不使用品牌。不使用品牌的商品有以下情况：

（1）产品本身不具备因制造商不同而形成的质量特色的产品，如电力、煤炭、矿石等；

（2）习惯上不必认定品牌购买的产品，如大米、食盐等；

（3）生产工艺简单，没有一定技术标准，选择性不大的产品，如小农具、针线等；

（4）临时性或者一次性生产的产品，如日食观测卡、一次性的纪念品等；

（5）新创企业尚未定型产品。

2. 品牌归属决策

一旦决定对产品使用品牌，企业对品牌归属就面临四种选择：一是制造商品牌，也称生产品牌或全国品牌，这是制造商使用自己的品牌；二是经销商品牌，也称中间商品牌或自有品牌，即中间商向制造商大量购进产品或加工订货，用中间商的品牌把产品转卖出去；三是上述两种品牌同时存在，即一部分产品用制造商品牌，一部分用中间商品牌；四是借用他人品牌，也称定牌（贴牌），企业在自己的产品上使用买主指定的牌名、商标。

一般来说，如果制造商的市场信誉好，企业实力强，产品市场占有率较高，宜采用制造商品牌；在制造商资金紧张，市场营销能力差的情况下，则不宜采用制造商品牌，而应以中间商品牌为主或全部采用中间商品牌。

3. 家族品牌决策

家族品牌决策是决定企业所生产的各种不同种类、质量、规格的产品全部使用一个品牌，还是分别使用不同的品牌。一般来说，可以有以下四种选择。

（1）统一品牌。即企业所有的产品，都统一使用一个品牌。如美国的通用电气公司产品繁多，但都使用“GE”这个品牌。

优点是：可以减少品牌设计和广告费用；利用品牌已有的良好声誉和影响，可以很容易地推出新产品；可以壮大声势，显示实力，提高知名度，塑造企业形象，有利于创立名牌。

采用这种策略应具备一些条件：首先，企业和产品必须在市场上保持领先地位，品牌在市场上已获得一定信誉，受到消费者的喜爱；其次，采用统一品牌的各种产品具有相同的质量水平，否则，任何一种产品的失败，都会使整个家族品牌蒙受损失。

（2）个别品牌。即企业对不同的产品分别使用不同的品牌。例如，美国可口可乐公司生产的饮料分别使用可口可乐、雪碧、芬达等品牌。

优点是，把个别产品的成败同企业形象分开，不至于因个别产品出了问题而败坏整个企业形象。不足是要为每个品牌分别做广告宣传，费用开支加大，且较难树立企业整体形象，也很难都成为名牌。

（3）分类家族品牌。即对不同类型的产品使用不同的品牌。如果企业生产用途截然不同的产品，就不宜用统一品牌决策。例如，食品和化肥、裤子和中药使用不同的品牌，以免互相混淆。有时企业虽然生产经营同一类产品，但是存在明显的质量差异，往往也需要使用不同的品牌。

（4）企业名称加个别品牌。即一种产品用一个牌子，同时在每一品牌之前均冠以公司名称，以公司名称表明产品出处，以品牌表明产品的特点。汽车、药品等制造商常用这种策略。例如，通用汽车公司对它所生产的各类汽车前面都加上“GM”字母，作为通用产品统一品牌，后面再分别加上凯迪拉克（Cakillac）、别克（Buick）、雪佛兰（Chevrolet）等不同品牌。

优点是既可利用公司声誉推出新产品，节省广告宣传费用，又可使各个品牌保持自己相对的独立性。

4. 品牌延伸决策

企业利用在市场有一定声誉的品牌，推出改进产品或新产品。例如“海尔”

最早是电冰箱品牌，后来逐步扩展到洗衣机、空调机、彩电、手机、计算机等若干系列的众多产品。采用这种策略可以节省促销费用，又能迅速打开新产品销路。但是如果新产品失败，或延伸不当，则会影响甚至损害原有品牌的形象。

5. 品牌重新定位决策

因某些市场因素的变化而对品牌进行重新定位。需要进行品牌再定位的情况包括以下几种：

（1）竞争者接近。竞争者品牌定位靠近本企业的品牌并夺去部分市场，使本企业的市场份额减少。

（2）消费者偏好变化。由于消费者的偏好发生变化，形成某种新偏好的消费群，而本企业的品牌不能满足顾客的偏好时，企业有必要对品牌再次定位。

（3）当初定位不准或营销环境发生了变化。如美国“万宝路”牌香烟原定位是女用品牌，因销路不畅，于1954年重新定位为男子汉香烟，以西部牛仔形象做广告，从而获得成功，成为世界第一香烟品牌。

三、品牌的设计原则

品牌设计是一项具有较高艺术和专业技能的工作。它要求设计人员不仅要有一定的文学修养，掌握营销学、美学、社会学、商品学等专业知识，熟悉产品的特性和品质，而且还要具有丰富的地理、历史、民族文化和风俗习惯等知识。品牌设计一般要遵循以下原则。

1. 品牌设计要能体现产品的特点

例如，著名品牌“联想”计算机、“康师傅”方便面、“李宁”运动服装等，都恰当而巧妙地反映出了产品的特点，让人一看品牌便知其为何物。

2. 简明醒目

有艺术感染力，文字易读、易认、易记。例如，麦当劳的大“M”字母拱形标志，几里之外便可看到。这样便于广告宣传，使品牌能在短时间内为广大消费者认可、接受、牢记。

3. 创意新颖、美观大方、底蕴深厚

品牌本身就是一件艺术作品，应构思巧妙，耐人寻味，有丰富的文化内涵，给人以美的享受和好感，如“同仁堂”、“六必居”都有深刻的内涵。

4. 品牌设计要符合传统文化，适合消费者心理，为人们喜闻乐见

品牌名称和标志要特别注意各地区、各民族的风俗习惯、心理特征，要与国际市场的文化背景相适应，切勿触犯禁忌，尤其是出口商品品牌要注意避免使用当地忌讳的图案、符号、色彩以及令顾客产生异议的文字内容。

5. 品牌设计要符合国家有关法规

品牌只有符合《商标法》等法律规定，才能向有关部门申请注册，取得商标专用权。同时，也要符合道德规范，符合精神文明建设的要求。

课堂阅读

“酒鬼”酒的品牌创意

“酒鬼”酒在传达品牌的传统文化、历史特点、商品性、民族情感、价值规律上都具有典型性。“酒鬼”酒为典型的异类包装：瓶体采用湘西土陶工艺制成，质朴典雅；瓶形是扎口的麻袋造型。一侧是看上去充满东方式幽默的酒鬼背酒鬼的写意画，另一侧像收藏印章一样打着“无上妙品”四个大字。这与瓶标上红底黑字狂草体的“酒鬼”二字里呼外应，动静结合。“酒鬼”酒之名，为著名画家黄永玉先生所赐，并题曰：“酒鬼”背“酒鬼”，千斤不嫌赘；“酒鬼”喝“酒鬼”，千斤不会醉；“酒鬼”产湘西，涓涓传千里。

四、包装的概念、种类及作用

1. 包装的概念

包装是产品整体的又一重要组成部分，具有两层含义，一是指盛装产品的容器或其他包扎物，如易拉罐、香烟盒等；二是指盛装或包扎产品的活动，如包装作业。有时兼指两者，通称包装。

2. 包装的种类

产品包装一般分为三个层次，即内包装、中包装和外包装。内包装即使用包装，是盛装产品的直接容器或包扎物，如酒瓶、方便面袋等；中包装为销售包装，如牙膏袋外的纸盒、每条香烟的纸盒等；外包装是运输包装，一般以纸板箱为主。三层包装各有不同功能。此外，包装上的装潢、标签、标志及其他信息也属于包装的范畴。在现代营销中包装具有重要的功能，受到高度重视。

3. 包装的作用

（1）保护产品。这是包装最原始和最基本的功能，防止或减少产品在储运、销售过程中出现散落、毁坏变质等损失，以保证产品的安全完好。如食品的真空包装、充气包装、无菌包装；日用小商品的泡罩包装、贴体包装；电子仪器产品的防震包装、防尘包装等。

（2）促进销售。精美的包装装潢设计可以美化产品，给产品增色不少，让人赏心悦目，爱不释手，能起到很好的广告和促销功能。因此，包装被称做“无声的推销员”。

（3）增加利润。优良的包装可以提高产品身价，顾客愿意支付较高价格购买，从而可以使企业增加利润。例如，内地产的檀香扇在香港市场原来价格为65港元，后改为锦盒包装，成本增加5港元，价格提高到165港元，反而销量大增，获利倍增。

五、包装策略

包装策略是指企业对产品包装的形式、结构、方法、手段等所采取的各种对策。常见的包装策略有以下几种：

1. 类似包装

也称统一包装策略或产品线包装策略。指企业将其生产经营的各种产品，在包装上采用相同的图案、色彩或其他共同特征，使人一看就知道是某家企业的产品。这样可以加深企业形象，壮大企业声势，还可以节省包装设计费用，尤其有利于新产品上市。这种包装策略适用于质量水平相近的产品，不适合质量等级差异太大的产品。否则，会对高档优质产品产生不利影响。

2. 等级包装

指企业所生产经营的产品，按质量等级的不同分别使用不同的包装。对高档优质产品采用优质包装；一般产品采用普通包装。做到表里一致，等级分明，便于不同购买力层次的消费者选购，但是同类产品采用不同包装，会增大包装设计费用，如糖果可采用盒装、袋装、散装等多种形式。

3. 组合包装

也叫配套包装，指把使用时相互关联的多种产品放在同一包装物中一起销售。采用这种策略，既方便顾客购买、携带、保管和使用，又可扩大销路，还有利于推广新产品。如化妆盒、工具箱、家用药箱等，都是组合包装，但要防止引起顾客反感的硬性搭配。

4. 再使用包装

指原包装产品用完后，原包装物可作他用，如空瓶、空盒、空罐可做水杯、酒杯、容器等。这样既可以废物利用，又可以起到广告作用，关键在于设计要巧妙。

5. 附赠品包装

指在包装物内附有赠品，以促使顾客重复购买，这是目前国内外市场上比较流行的包装策略，如在包装内附送小玩具、图片、小饰品、奖券等。这种包装策略对某些妇女、少年儿童的促销作用尤为明显。

6. 创新包装

指企业随着产品的更新和市场的变化，相应地改变包装设计。当企业的某种产品在市场上销路不畅，或一种包装已使用较长时间。由于包装陈旧而影响了销售时，则采用该策略，可以给顾客新鲜感，有可能创造优良的销售业绩。当然，通过改变包装来扩大销路的作用不会是无限的，全靠“包装万能”也是不会持久的。如果说稳定地提高产品质量和不断开发新产品是扩大市场的基石，那么创新包装就是锦上添花。

六、包装的设计原则

包装设计是对产品包装的材质、结构、图案、色彩、文字说明及整体效果等做出的设计。包装设计要从实现包装的功能出发，综合运用技术、艺术和营销等专业知识进行创造，现已成为一门专门的科学。包装设计应符合以下基本要求。

1. 针对顾客设计，符合消费心理

不同消费者的审美观点和心理偏好是不相同的，包装设计一定要针对产品的目标顾客，投其所好，适其所求。不同国家、地区、民族，不同风俗习惯、宗教信仰，不同性别、年龄、性格的消费者对色彩、图案的理解是不同的，有的甚至截然相反，在包装设计时必须予以注意，这是包装设计最重要的原则。

2. 包装应与商品价值或质量水平相配合

高档贵重商品要用精美高档包装，一般商品或低档商品则用普通或简易包装。不能搞金玉其外，败絮其中，欺骗性的包装。

3. 保护产品

产品包装要能保证产品质量，保持产品数量。要根据产品的不同性质和特点，选用包装材料和包装技术。选用的包装材料要资源丰富，绿色环保，价格便宜，能重复使用。包装尽可能合理和简化，降低成本，适于陈列，方便运输。包装技术和包装方法应科学实用，适合产品的物理、化学、生物性能，安全卫生。

4. 包装的造型与结构设计应便利销售、使用、保管和携带

包装应有不同的大小、规格和分量，以适应不同消费者的需要。封口严密的包装要求容易开启；为便于识别商品，可设计透明包装和开窗包装；易于使用的包装有易开包装、喷雾包装、一次性包装等；携带式包装的造型备有提手，为消费者提供方便等。

5. 美观大方，新颖别致

从艺术角度看，包装构思要新颖，造型要美观，色彩要和谐，寓意要深刻，形式要创新，格调要高雅，给人以赏心悦目，耳目一新的艺术感受，要避免简单雷同，一味模仿。

6. 适合所在地的文化环境

因每个地区的宗教信仰、风俗习惯、文化背景、地理环境不同，所以在产品包装上应避免出现一些禁忌。出口产品要充分考虑不同国家的禁忌，如禁忌的一些数字、图案、颜色，以免影响国际国内市场营销的效果。

任务实施的方法与步骤

1. 按教学班级分组，每组5~8人

2. 各组内部交流讨论两个引导案例中的几个问题，如：品牌对企业的作用？品牌策略主要包括哪些内容？包装对企业的作用？包装策略和品牌策略之间的关系是什么

3. 各组选派代表说明本组的讨论结论，最后由教师点评

4. 以组为单位寻找关于企业品牌策略的案例，并写一篇心得体会短文

拓展知识

不得作为商标使用的标志

1. 同中华人民共和国的国家名称、国旗、国徽、军旗、勋章相同或者近似的以及同中央国家机关所在地特定地点的名称或者标志性建筑物的名称、图形相同的；

2. 同外国的国家名称、国旗、国徽、军旗相同或者近似的，但该国政府同意的除外；

3. 同政府间国际组织的名称、旗帜、徽记相同或者近似的，但经该组织同意或者不易误导公众的除外；

4. 与表明实施控制、予以保证的官方标志、检验印记相同或者近似的，但经授权的除外；

5. 同“红十字”、“红新月”的名称、标志相同或者近似的；

6. 带有民族歧视性的；

7. 夸大宣传并带有欺骗性的；

8. 有害于社会主义道德风尚或者有其他不良影响的。

县级以上行政区划的地名或者公众知晓的外国地名，不得作为商标。但是，地名具有其他含义或者作为集体商标、证明商标组成部分的除外；已经注册的使用地名的商标继续有效。

资料来源：《中华人民共和国商标法》

车标背后的故事

每一个汽车品牌，都有着自己独特设计的标志。也许不少爱车之人，都能不费吹灰之力一眼认出各大品牌的车标，可是蕴藏在标志背后的故事、人物和来历……这些往往具有传奇色彩的丰富内涵，却不像标志那样为人所知。

认识车标，仅仅是你爱车的第一步。尤其是那些已经有几十年，甚至上百年造车史的世界知名品牌，更有着深厚的底蕴，它已经不仅仅是一种工业产品，更形成了自己独特的文化。挖掘它们背后的意义，会让你对这个汽车品牌有更全面、崭新的了解。让我们打开这些车标品牌背后的故事，看看这些著名车标是如何诞生的，它究竟代表着什么。

1. 奥迪 AUDI

奥迪的四个圆环，代表着合并前的四家公司。这些公司曾经是自行车、摩托车及小客车的生产厂家。由于该公司原是由四家公司合并而成，因此每一环都是其中一个公司的象征。

2. 奔驰 BENZ

1909年6月戴姆勒公司申请登记了三叉星作为轿车的标志，象征着陆上、水上和空中的机械化。1916年在它的四周加上了一个圆圈，在圆的上方镶嵌了四个小星，下面有梅赛德斯“Mercedes”字样。“梅赛德斯”是幸福的意思，意为戴姆勒生产的汽车将为车主们带来幸福。

3. 宝马 BMW

宝马标志中间的蓝白相间图案，代表蓝天、白云和旋转不停的螺旋桨，喻示宝马公司渊源悠久的历史，象征该公司过去在航空发动机技术方面的领先地位，又象征在广阔的时空中，以先进的精湛技术、最新的观念，满足顾客的最大愿望。

4. 雷克萨斯 LEXUS

雷克萨斯（凌志）的标志取车名的英文第一个字母，即LEXUS的第一个字母“L”。用椭圆环绕的L字母，椭圆弧度依照精确的数学公式修饰，动用三个以上的设计商和广告商，花了半年多的时间才完成。

5. 大众VOLKS WAGEN

意为大众使用的汽车，标志中的VW为全称中头一个字母，标志像是由三个中指和食指做出的“V”组成，表示其公司和产品必胜—必胜—必胜。

6. 保时捷 PORSCHE

“PORSCHE”字样在商标的最上方，表明该商标为保时捷设计公司所拥有；商标中的“STUTTCART”字样在马的上方，说明公司总部在斯图加特市；商标中间是一匹骏马，表示斯图加特这个地方盛产一种名贵种马；商标的左上方和右下方是鹿角的图案，表示斯图加特曾是狩猎的好地方；商标右上方和左下方的黄色条纹代表成熟了的麦子颜色，喻指五谷丰登，商标中的黑色代表肥沃土地，商标中的红色象征人们的智慧和对大自然的钟爱。

7. 别克 BUICK

别克商标中形似“三利剑”的图案为共图形商标，那三把颜色不同的利剑（从左到右分别为红、白、蓝三种颜色），依次排列在不同的高度位置上，给人一种积极进取、不断攀登的感觉，它表示别克采用顶级技术，别克人是勇于登峰的勇士。

8. 劳斯莱斯

劳斯莱斯汽车的标志图案采用两个“R”重叠在一起，象征着你中有我，我中有你，体现了两人融洽及和谐的关系，而著名的飞天女神标志则是源于一个美丽的爱情故事！

项目二　价格策略的制定

单元1　企业的定价目标及影响定价的主要因素

知识目标

1. 了解企业的定价目标及程序
2. 掌握各因素对企业定价的影响

能力目标

1. 能够针对不同企业提出不同的定价目标

2. 能够结合企业实例分析成本、需求、竞争等因素对定价的具体影响

引导案例

1. 星期二是上海电影院系统规定的“半价日”，2006年的情人节就恰逢星期二。大多数电影院为了谋求更大的利润，纷纷将半价优惠时间调整至13日或15日，仅有大光明影院、和平影院情人节当天坚持半价，蒙受了很大的票房损失。无独有偶，英国，在颇受公众爱戴的戴安娜王妃遇难后举行葬礼的那一周，鲜花需求猛增，各家花店生意空前火爆，但是几乎没有一家花店因此提价。

2. 近年来，贩毒分子活动猖獗，吸毒人数不断攀升，大量青少年也成为毒品贩子的猎物。为此，政府不断加大禁毒力度，试图通过遏制毒品的供给以减少吸毒人员对毒品的需求量。但事实是，由于毒品的供给量减少，导致毒品价格大幅攀升，而真正能戒除毒瘾的极少，因此，贩毒分子的收入不但没有减少，反而增加了，也诱使了更多的人加入到贩毒的队伍中，吸毒者也因为毒品开支增加为筹集毒资而变本加厉地实施犯罪，导致了社会与毒品相关的犯罪比以前更加猖獗。

任务分析

定价，是4P营销组合中唯一能产生收入的要素，又最具灵活性和艺术性，同时还是影响交易完成的主要因素。在如今竞争白热化的形势下，价格的制定及调整是否合理，直接影响消费者的购买行为，影响产品及企业的形象，影响企业的盈利水平及在市场上的竞争力，并在一定程度上决定着企业的成败，是企业能否走向成功的重要因素。因此，企业在制定及调整价格的过程中，必须首先明确其定价目标，考虑各种因素对价格的影响，进而才能制定出较合理的价位。

上述两个小案例资料就分别涉及了企业的定价目标、定价的影响因素等相关知识。因此，本单元设置如下具体任务：

1. 通过对相关知识的学习，说明可供企业选择的定价目标有哪些？从案例1中体现出的是何种定价目标，这种定价目标给两家影院带来的影响是什么？

2. 通过对相关知识的学习，解释影响企业定价的因素都有什么？从案例2中反映出来的是何种因素对定价的影响，其影响原理是什么？

相关知识

一、企业定价的程序

价格不仅仅涉及企业自身的利益，而且还牵涉竞争对手、消费者、商家等多方利益，因此制定价格时应全面考虑，遵循有序的步骤。定价一般包括以下六步，如图5–6所示。

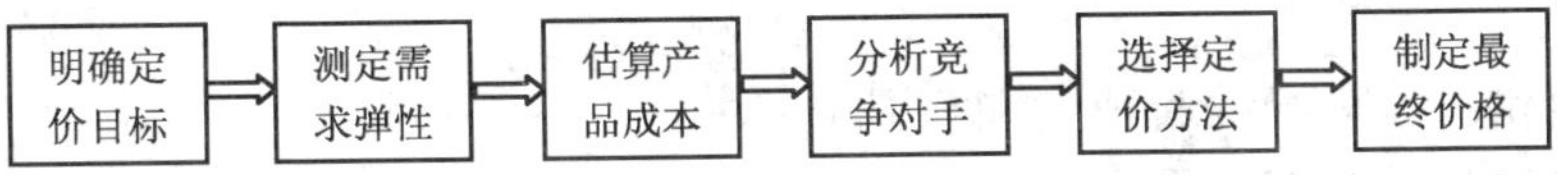

图5–6　企业定价程序

1. 明确定价目标

定价目标是企业欲通过价格手段的运用以期达到的营销效果，也是企业选择定价方法和制定价格策略的依据。定价目标既要服从于企业的营销战略目标，又要与其他营销目标相协调。

不同的企业可能有不同的定价目标，同一企业在不同时期定价目标也可能不同，企业应权衡利弊加以选择。如在迅速发展的市场上，企业可能更注重市场占有率的提高而降低利润要求，采取低价渗透策略；在低速发展的市场上，企业可能更多地考虑尽快收回投资，注重短期效益，而采取高价撇脂策略。

2. 测定需求弹性

产品价格与需求量关系密切。应通过市场调研了解产品的需求状况，了解在不同价格水平上的需求量的高低，观察需求量对价格变动的反应，在此基础上测定需求价格弹性。

3. 估算产品成本

正常情况下，成本是制定价格的最低界限，价格只有高于成本，企业才有利可图。成本包括固定成本和变动成本两类。固定成本一般包括：厂房和机器设备的折旧费、房租、管理人员的工资、职工福利费、办公费等。变动成本一般包括：原材料、燃料、生产工人的工资、储运费等。

4. 分析竞争对手的产品和价格

如今的市场环境，很多行业内企业间的竞争已经达到白热化状态，价格是竞争中最常用的一种武器。因此企业在给产品定价时，一定要关注竞争对手的产品和价格，以做到知己知彼，保证竞争中的优势地位。

5. 选择适当的定价方法

企业通过对以上成本、需求、竞争等因素进行分析后，就可以选择适当的方法制定基本价格了。可供选择的基本定价方法有：成本导向定价法、需求导向定价法、竞争导向定价法。

6. 制定最终价格

这是企业定价的最后一个环节。在制定基本价格的基础上，还要考虑是否符合国家政策法规的有关规定，是否与企业的定价目标相一致，是否符合消费者的利益及消费心理，是否与合作伙伴的利益相一致，竞争对手对所定价格的反应如何等，确定最终价格。

二、企业的定价目标

企业定价的目标归纳起来大致有以下几种。

1. 以获取最大利润为目标

最大利润目标是指企业追求在一定时期内获取最高利润的一种定价目标。追求最大利润，几乎是所有企业的共同愿望，但是追求最大利润并不意味着给产品制定最高价格。

最大利润有短期和长期之分。短期利润侧重于当前利润最大化，通过制定高价格来实现，这是企业短期行为的结果，将其作为企业定价目标的长期指导思想是不合适的。拥有专卖权或垄断地位的产品，固然可以通过高价格获取丰厚利润，但在如今迅速变化的市场竞争环境中，随着消费需求的变化、替代品的大量涌现、日益增多的竞争对手等原因，要想长时期维持高价格是不现实的。因此有远见的企业，都着眼于追求长期利润的最大化。

最大利润还有全部产品与单个产品之分。目前大多数企业生产经营的产品种类较多，企业可以考虑组合定价策略，将有些产品的价格定得较低，有时甚至低于成本以吸引顾客，以此带动正常价格或较高价格商品的销售，以实现利润最大化。

2. 以维持或提高市场占有率为目标

市场占有率又称市场份额，有绝对市场占有率和相对市场占有率之分，是反映企业经营状况及竞争能力的主要指标。

绝对市场占有率是指企业产品在某一时期市场中的销售额（或销售量）与同行业产品在同一时期市场中的总销售额（或销售量）之比。相对市场占有率则是将某企业产品的销售额（或销售量）与最大竞争对手的销售额（或销售量）之比。前者侧重考核在行业中的竞争地位，后者则侧重考核与最大竞争对手的力量对比。

较高的市场占有率可以保证企业产品的销路，巩固企业的市场地位，因此很多企业也把市场占有率作为自己的定价目标。

实现市场占有率目标通常有两种做法：

第一种，定价由低到高。即上市时低于竞争对手定价，以低价争夺竞争对手的顾客或吸引潜在顾客，从而迅速占领市场，提高市场占有率。之后通过提高产品质量，增加产品的某些功能等措施逐步提高产品价格，既维持了市场占有率，又给企业带来更多的收益。

第二种，定价由高到低。该做法适用于一些竞争不激烈的产品。产品刚上市时，利用消费者的求新心理，制定高价格，以期在短期内获取高额利润。随着竞争加剧，适当降低价格，增加销量，以提高市场占有率。

阅读资料：市场占有率与企业的获利能力密切相关

美国市场营销战略影响利润系统的分析指出：当市场占有率在10%以下时，投资收益率大约为8%；市场占有率在10%～20%之间时，投资收益率在14%以上；市场占有率在20%～30%之间时，投资收益率约为22%；市场占有率在30%～40%之间时，投资收益率约为24%；市场占有率在40%以上时，投资收益率约为29%。

3. 以实现预期的投资收益率为目标

这是一种企业在一定时期内能够收回投资并能获取预期投资报酬的定价目标。

投资收益率即利润与投资总额之比。企业投入大量资金，期望在预期时间内收回投资并获取利润，因此定价时以投资收益率为计算依据，算出单位产品的利润额，结合估计的成本费用，确定销售价格。这样制定出来的价格往往较高。

采用投资收益率定价目标，关键在于投资收益率的确定。一般来说，投资收益率应高于同期的银行存款利率，同时还要考虑消费者的可接受程度。

比较适合采用投资收益率作为定价目标的几种情况：在行业中居于主导地位的企业；全新产品、受保护产品或没有竞争对手的产品。

4. 以应付和防止竞争为目标

当前市场竞争越演越烈，价格已经成为很多企业用于应付或防止竞争的武器，特别是一些竞争能力较强的企业更是将价格作为主动出击的利器。

企业采用竞争定价目标，要注意与竞争产品的对比分析，从有利于竞争的目标出发制定价格。一般来说，竞争力量较弱的企业，应采取与竞争对手相同或略低于竞争对手的价格；竞争能力强又想扩大市场占有率的企业，可以采取略低于竞争对手的价格；实力雄厚，并拥有某种特殊技术的企业，可以采取高于竞争对手的价格；有时出于排挤竞争对手或阻止其他企业加入竞争行列的考虑，一些大企业还常常采取低价倾销的手段力争独占市场。

营销寓言故事：羚羊和狮子的赛跑

每天早上，一只非洲羚羊醒来，它就知道必须比跑得最快的非洲狮子还要快，否则它就被吃掉；每天早上，一只非洲狮子醒来，它就知道必须比跑得最慢的羚羊要快，否则它就会饿死。不管你是狮子还是羚羊，太阳升起的时候你就得开始跑了。

营销启示

在这个日益激烈的竞争环境中，企业间往往拼得你死我活。企业应该善用各种手段，增强竞争能力，否则必将走向死亡。

5. 以维持生存为目标

这几年，受金融危机的影响，市场形势极其严峻，很多企业面临着生死考验。消费者消费信心不足，产品积压，企业拿不到生产订单，资金周转困难，停工停产……，等等一连串的问题把很多企业推向了生死边缘，此时企业要思考的不是要获取多少利润，而是如何活下去的问题。前述的几种定价目标此时对许多企业来讲就如同空中楼阁，可望不可即，为了确保企业能继续生产，减少产品积压及资金占用，企业必须制定较低的价格，只要其价格能弥补变动成本和部分固定成本，企业就可以生存下来。

维持生存目标只能作为特殊时期的一种过渡性定价目标，其思路是：低于成本价销售必定带来亏损，但如果不生产销售的话，带来的则是死亡。待市场环境好转后，企业就应该及时调整为其他的定价目标。

6. 以塑造产品及企业形象为目标

有些产品顾客对其质量的关心胜过对价格的关心，企业就可以考虑以塑造产品高质量的形象为目标，以其产品的高价格来弥补高质量的成本支出，辅以相应的优质服务，从中获取超额利润。名牌产品多采用这种定价目标。

良好的企业形象是企业宝贵的无形资产与财富，许多知名企业多采用这种目标。如果为了树立及维护企业的良好信誉、高质量形象，则定高价；如果为了树立企业物美价廉的形象，则定低价。

7. 以保持良好的渠道关系为目标

多数企业都需要借助中间商的力量销售产品，保持与渠道成员（主要是中间商）的良好关系，保证分销渠道畅通无阻，是企业营销活动中一项不可忽视的内容。因此企业在定价时，一定要充分考虑到中间商的利益，合理加大给中间商的折扣，适度增加中间商的权利，以保证中间商的合理利润，使之有足够的积极性来推销企业的产品。

8. 公益目标

这种定价目标在近年来越来越受到重视，其目的在于满足社会公益、增进宏观效益，包括“绿色定价”、“公益定价”。如燃料的定价，对高污染、高排放的燃料制定较高价格，而对于低污染、低排放的同类燃料定较低价格，鼓励顾客购买这种低污染低排放的燃料，以满足社会公益的要求。

三、影响定价的主要因素

1. 成本因素

成本是定价的基础和前提，是价格的主要组成部分。企业要正常经营，必须通过价格补偿产品生产及营销过程中的所有支出及各种风险支出，企业才能获取利润。正常经营情况下，产品成本是价格的下限，即成本价格。以成本价格销售，企业不盈不亏；低于成本价格销售，必定亏损。在市场竞争中，成本低的企业在价格的制定和调整方面有很大的主动性，并能获取较好的经济利益，因此企业应该努力降低成本，降低价格，以扩大销售量，增加利润。

与定价策略直接相关的成本概念有：

（1）固定成本。企业在一定规模内生产经营某一商品支出的固定费用，在短期内不会随产量的变动而发生变动的成本费用。

（2）变动成本。随产量的增减变化而发生变化的成本。

（3）总成本。是固定成本与变动成本之和。

（4）平均成本。总成本与产量之比，即单位产品成本。其结果随产量增加呈递减趋势。

2. 需求因素

消费者的需求与企业产品的定价与调价有着千丝万缕的联系。需求因素对价格的影响可以从以下几方面来看：

（1）消费者的需求能力。即支付能力。如果价格定得过高，超出消费者的实际承受能力，产品的销售将受到严重影响，甚至无人问津，因此可以说需求因素决定着价格的上限。

（2）消费者的需求强度。即消费者想取得某商品的欲望强度。强度低，则对价格较敏感，适合定低价；强度高，则对价格的敏感度较差，适合定高价。

（3）需求价格弹性。对于绝大多数消费品，其需求与价格成反比。即价格下降，需求量增加；价格上涨，需求量减少。只有一些特殊消费品，其需求与价格呈同向变化的关系，如能代表一定社会地位和身份的高档消费品、奢侈品等。

用于反映需求对价格变动的反映程度高低的指标为需求价格弹性。

$$\text{需求价格弹性}（E_P）= \frac{\text{需求量变动的百分比}}{\text{价格变动的百分比}}$$

因为需求量与价格的变动方向相反，因此结果为负值。为方便，常取绝对值进行分析。

$E_P>1$，富有弹性。即价格小幅上涨或下降，就会引起需求量较大幅度的降低或增加。因此降价有助于薄利多销，以增加盈利。

$E_P<1$，缺乏弹性。即价格变动对需求量的影响不大。对这类商品，不适宜采取降价措施，适度提高价格有助于增加总收益。

$E_P=1$，单一弹性。即价格与需求量变动幅度相等。如价格提高5%，需求量即降低5%，因此涨价或降价对企业总收益无明显影响。

了解需求价格弹性，可以为定价和调价提供依据。需求价格弹性较小的几种情况有：市场上没有替代品或者没有竞争者；消费者对较高价格不在意；消费者不愿意改变购买习惯，也不积极寻找较便宜的东西；消费者认为高价格表示产品质量有所提高等。

3. 竞争因素

成本决定价格下限，需求决定价格上限，竞争因素则决定着价格在上下限之间的浮动。

企业价格的制定和调整都会引起竞争对手的关注，并可能导致竞争对手采取相应的对策；竞争对手的定价及调价行为也可能影响到本企业，迫使企业做出相应的反应。

行业的竞争结构对企业的定价也有影响。在完全竞争条件下，企业只能按照市场价格出售其产品；垄断竞争是一种介于完全竞争和纯粹垄断之间的市场形势，它既有垄断倾向，同时又有竞争成分，卖主定价时应广泛地利用心理因素；寡头竞争是竞争和垄断的混合物，在完全寡头竞争条件下，整个行业的市场价格较稳定，但各个寡头企业在广告宣传、促销等方面竞争较激烈；纯粹垄断条件下，行业中只有一个卖主（政府或私营企业），没有别家竞争，完全控制市场价格。

4. 产品自身特点

（1）产品种类。不同种类的产品对价格有不同要求，因此企业应清楚自己的产品种类，是属于日用品、选购品、特殊品，还是奢侈品。如日用品的价格一定要考虑大众消费者的接受能力，质价是否相符；而消费者在购买特殊品及奢侈品时，因其很少考虑价格与效用的相符性，消费者对商品所反映的地位和威望的关注程度要远远高于价格。

（2）产品的标准化程度。标准化程度高的产品价格变动的可能性一般较低，价格变动过大，很可能就会引发行业内的价格竞争，标准化程度低的产品则相反。

（3）产品的易腐、易毁和季节性。一般情况下易腐烂、变质和不宜保管的产品，价格变动的可能性较高，如生鲜食品。常年生产季节性消费的产品与季节性生产常年消费的产品，可以通过制定季节性价格来平衡产销和提高经济效益。

（4）时尚性。时尚性强的产品价格变化明显。一般在时尚的高峰期，价格应定的高一些；高峰过后，就应尽快做价格调整，调低价格。

（5）生命周期阶段。生命周期短的产品，往往时尚性较强，需求变化迅速，应及时把握机会，尽快收回成本。生命周期的不同阶段，对价格也提出了不同的要求（详见单元3）。

5. 政府力量

世界各国政府对价格的干预普遍存在，政府通过制定一系列的法律法规干预和控制价格，如我国的《价格法》、《反不正当竞争法》等。

目前政府禁止的价格行为主要有以下四类：

（1）禁止价格垄断的行为。如滥用市场优势控制市场价格，严重损害其他经营者和消费者利益的行为；联合控制价格的行为等。

（2）禁止价格欺诈的行为。主要有虚假降价、模糊标价等。

（3）禁止价格歧视的行为。

（4）禁止低价倾销的行为。

任务实施的方法与步骤

1. 各学习小组分头讨论

2. 指定一个学习小组，由小组推举代表发言

3. 其他小组进行提问，发言组代表及其他组员予以解答

4. 教师点评并总结本单元内容

拓展知识

物价部门揭露13种价格欺诈伎俩

2010年2月1日，广州市物价局在其官方网站上，将无良商家惯用的13种价格欺诈伎俩逐一揭露，其中，虚构原价假打折是最常见的价格欺诈。

1. 虚假标价

表现：标价签、价目表上所标示商品的品名、产地、规格、等级、质地、计价单位、价格或服务的项目、收费标准等有关内容与实际不符。

案例：某餐馆售卖的象拔蚌标价78元/斤，可食客吃完之后到收银台结账时却被告知每斤售价要200元。对于顾客提出的质问，餐馆收银员表示，标价78元/斤的是小象拔蚌，“你吃的是大象拔蚌，每斤200元。”

支招：对于标签上标明的商品种类，顾客应问清楚再决定是否购买。

2. 两套价格

表现：对同一商品或服务，在同一交易场所同时使用高低两种不同的标价签或价目表，以低价招徕顾客，再以高价进行结算。

案例：某商场售卖的衬衫标价为50元，结账时却按80元来收款。国内很多门店都被查出存在这种行为。

支招：消费者在买完东西埋单时，最好能仔细核对一下账单。

3. 模糊标价

表现：商家有意使用欺骗性或误导性的语言、文字、图片、计量单位等标价，诱导消费者进行购买。

案例：某西瓜摊贩以“西瓜两元一块”为名，将整个西瓜切成一瓣瓣地向行人促销。当某消费者付了2元后，摊贩却把一瓣西瓜切了半截给他，并反问他的买主，“这难道不是‘一块’吗！”

支招：不要盲目购买促销商品，先问清楚促销和优惠的附加条件。

4. 虚夸标价

表现：商家往往喜欢以市场最低价、出厂价、批发价、特价、极品价、跳楼价等噱头招徕顾客，但实际上他们标示的这些价格往往无法进行比较。

支招：消费者在买东西时最好能货比三家，才会心里有底。

5. 虚假折价

表现：商家降价销售所标示的折扣幅度与实际不符。

案例：某商家号称“全场8折”，当消费者掏出400元要买一套标价500元的西服时，却被商场告知“这套西服折后价为460元。”

6. 混淆销售处理商品

表现：销售处理品时，有意不详细标明处理品和非处理品价格，以期浑水摸鱼。

案例：某商场对女鞋处理品降价销售，并标价“处理商品一律80元”。但当消费者买了一件付款时，商场却告知对方：“这是正品，要120元”。

7. 模糊赠售

表现：采用价外馈赠方式销售商品或服务时，没有如实标注馈赠物品的品名、数量或把假冒伪劣商品作为馈赠品，最常见的就是“买一送一”。

案例：某剃须刀厂家在商场内打出“买一送一”的广告，但顾客买了该品牌剃须刀后，获赠的却是一个笔记本。

8. 隐蔽价格附加条件

表现：收购、销售商品和提供服务带有附加价格条件时，不标示或者仅仅模糊标示附加条件内容。

案例：某百货公司推出买电器“免费送货上门”促销服务。但是当顾客付款之后，该百货公司指定的送货单位将电器送上门之后，却要以“拆装费”的名义，向顾客收取100元。

9. 虚构原价

表现：包括虚构原价、虚构降价原因、虚假打折、谎称降价或者要提价，诱骗消费者进行购买。

案例：最常见的就是很多街边小铺常以“场地拆迁、最后一日、全场物品两折”的名义进行促销，将号称原价××元的物品以“现价××元”进行叫卖。可是在这个商家所标示的“最后一日”过去很多天之后，它依然在那，并以同样的幌子进行叫卖。

支招：有些商家常以抬高原价来揽客，消费者不要盲目相信“原价”。

10. 不履行价格承诺

表现：收购、销售商品和提供服务前有价格承诺的，消费者购买之后商家却不能兑现承诺。

案例：某超市向消费者承诺“瓶装酸奶实行‘买三送一’”。有消费者购买了三瓶之后，对方却并未兑现承诺赠送一瓶，并诡称“‘买三送一’仅限于前10名”。

11. 谎称价格诱骗交易

表现：商家谎称收购、销售价格高于或低于其他经营者的收购、销售价格，以此诱骗消费者与他交易。

案例：某商场向顾客宣称，他们的某品牌空调“进价都需1 980元，零售只卖2 000元”，而实际上他们的那款空调机进货价只有1 000元。

12. 质量与价格不符

表现：商家在出售商品过程中存在掺杂、掺假、短斤缺两等现象。

案例：某米店卖出的大米号称是“优质大米，每袋20斤50元”。可消费者买完后却发现，这些米一袋并不足20斤，且里面还有坏米。

支招：若对商品的重量或质量有怀疑，可找公平秤或有关单位验证。

13. 假冒政府价格

表现：商家对实行市场调节价的商品或服务价格，谎称是政府定价或政府指导价。

案例：某水果店将哈密瓜卖15元一斤，并谎称“这是政府定的价格”。这方面，最常见的就是商家假借“物价局监制”的价格标签。事实上，物价局只是对符合规范的商品标价签进行监制，而不包括商品价格本身。

支招：让商家提供具体的定价部门，再向相关部门咨询。

资料来源：广州日报，记者　叶平生

单元2　定价的主要方法

知识目标

1. 熟悉成本导向、需求导向、竞争导向定价法的思路
2. 掌握成本导向、需求导向、竞争导向定价法的具体做法

能力目标

能够结合实例正确选择恰当的定价方法并制定价格

引导案例

为“开关定价”

某地市场上有三家企业制造生产的同一种开关，现抽样选出一组工业用户作为样本，邀请他们分别从产品耐用性、产品可靠性、交货可靠性、服务质量等四种属性来评价三家企业产品的价值。对每一种属性赋予分值100，分配给三家企业；同时按四种属性重要性程度的不同，将100%的权重分配给四种属性。评价结果如表5-1所示。

表5-1　　产品评分表

属　性	重要性权数%	产　品		
		A	B	C
产品耐用性	25	40	40	20
产品可靠性	30	33	34	33
交货可靠性	30	50	25	25
服务质量	15	45	35	20

市场调查结果显示，该种开关在市场上的平均价格为10元，请采用理解价值定价法为三家企业的产品制定适宜的销售价格。

任务分析

定价方法是企业在特定的定价目标指导下，依据对影响价格形成的各因素进行分析，运用价格决策理论，确定产品价格的方法。价格的高低受诸多因素影响，但最主要的还是成本、需求、竞争等因素，实际定价时，往往侧重其中的某一个因素，因此企业的定价方法可以归纳为成本导向定价法、需求导向定价法、竞争导向定价法。

案例中提及的理解价值定价法为需求导向定价的一种具体做法，欲回答案例问题，必须能够正确理解该定价方法的原理和操作思路。因此结合此案例，本单元设置如下具体任务：

1. 准确回答理解价值定价法的基本思路。
2. 准确回答理解价值定价法的关键是什么。
3. 采用理解价值定价法为三家企业的产品定价。

相关知识

一、成本导向定价法

成本导向定价法是以产品成本作为定价的基本依据，定价时，较少考虑市场需求和竞争状况，是最常用、最基本的定价方法，主要有以下几种形式。

1. 成本加成定价法

成本加成定价法，是在单位成本的基础上，加上一定比例的利润和税金，构成价格的方法。生产企业的单位成本是单位产品成本与销售费用之和，经营企业的单位成本则是进价与流通费用之和。

采用成本加成定价法，加成率一般采用利润率指标，具体有以下两种计算方法。

①顺加法。其计算公式为：

$$价格=\frac{单位产品总成本\times（1+成本利润率）}{1-税率}$$

②倒扣法。其计算公式为：

$$价格=\frac{单位产品总成本}{1-销售利润率-税率}$$

生产企业多采用顺加法定价，而零售企业则多采用倒扣法。

【例】某型号电视机生产厂商，年产销量可达8 000台，总固定成本为8 000 000元，每台电视机可变成本为2 000元，税率为17%。则

$$\begin{aligned}单位产品总成本&=单位产品可变成本+（固定成本总额/产销量）\\&=2\,000+8\,000\,000/8\,000=3\,000（元）\end{aligned}$$

如果该电视机厂商欲获取成本的20%的利润，则电视机的单价为：

$$价格=\frac{3\,000\times(1+20\%)}{1-17\%}=4\,337（元）$$

如果该电视机厂商欲获取销售价20%的利润，则电视机的单价为：

$$价格=\frac{3\,000}{1-20\%-17\%}=4\,762（元）$$

成本加成定价法，确定合理的利润率是关键，为此需综合考虑市场供求状况及行业的平均利润水平等确定。优点是计算简便易行，缺点是忽视了市场需求的变化和竞争的影响。适用于经营状况和成本水平稳定的企业；供求大体平衡、市场竞争不激烈的产品。

2. 目标利润定价法

该方法应首先预测未来时期的销量，计算出该销量下的总成本，再结合企业的目标利润计算出价格。其计算公式为：

$$价格=\frac{总成本+目标利润}{预计销售量\times（1-税率）}$$

【例】某产品预计销售量2 000件，固定成本200 000元，单位变动成本40元，目标利润80 000元，税率为17%，则该产品出厂价格应该定为：

$$价格=\frac{200\,000+40\times2\,000+80\,000}{2\,000\times（1-17\%）}=216.87（元）$$

该方法的优点是计算简便，缺点是没有考虑价格与需求之间的关系和竞争对手产品的价格等因素对企业产品销量的影响。如果在预期内未完成销量，则目标利润很难实现，该方法主要适用于市场占有率较高或垄断性的产品。

3. 变动成本定价法

又称为边际贡献定价法，是在单位变动成本的基础上，加上预期的单位边际贡献计算价格的定价方法。其计算公式为：

价格=单位变动成本+单位边际贡献

边际贡献是指销售收入减去变动成本后的余额，如果补偿固定成本后仍有剩余，则形成利润，否则亏损。

【例】一企业某产品的生产能力为年产5万件，年固定成本50万元，单位产品变动成本为15元，产品市场价为30元。现在企业只接到订单3万件。按此计划生产，边际贡献弥补部分固定成本后企业仍亏损5万元。如果此时有客户追加订货2万件，每件报价为20元，根据边际贡献定价法原则，这一报价是可以接受的。接受此订单后，企业将实现盈利5万元。

采用这种方法定价通常是在企业经营不景气、产品销售困难、竞争异常激烈、生存比获利更重要时采用，通过降低售价实现产品销售。

二、需求导向定价法

需求导向定价法是以消费者对产品的价值感受和需求强度为依据制定价格的方法。这是伴随着现代营销观念而产生的定价方法，主要包括以下几种具体方法。

1. 理解价值定价法

理解价值，又称为感受价值、认知价值，是以消费者对商品价值的感受和理解程度来确定价格的方法。

理解价值定价法的关键是要正确估计顾客的认知价值。如果过高估计消费者的理解价值，价格就可能过高，影响产品的销量；如果低估了消费者的理解价值，价格就可能低于应有的水平，影响企业收益。因此，要求企业必须搞好市场调查，了解消费者的消费偏好，以各种营销策略和手段，影响消费者对产品价值的认知，形成对企业有利的价值观念。

阅读资料：凯特比勒公司拖拉机的定价

凯特比勒公司是一家生产和销售大型机械和拖拉机的公司。其定价方法十分奇特。市场上的大型拖拉机的价格多为2万美元，然而该公司的同类产品却卖2.4万美元，虽高出4 000美元，销量却更多。该公司是这样通过各种宣传手段向顾客说明原因的：

20 000美元，是与竞争者同一型号的机器的价格。

+3 000美元，是为产品更耐用多付的溢价。

+2 000美元，是为产品可靠性更高多付的溢价。

+2 000美元，是为公司服务（如维修服务）更佳多付的溢价。

+1 000美元，是为保修期更长多付的溢价。

=28 000美元，包括一揽子价值的产品价格。

−4 000美元，给客户的折扣。

=24 000美元，最终的价格。

这样，凯特比勒公司的经销商就能向顾客解释为什么凯特比勒的拖拉机比竞争者贵了。顾客从中认识到，虽然他被要求多付4 000美元的溢价，但事实上它得到了4 000美元的折扣。

凯特比勒公司采用的是“理解价值定价法”，成功的关键在于公司运用了各种宣传手段向顾客传递产品物超所值的信息，影响了顾客对该公司产品价值的理解。

2. 需求差异定价法

又称为差别定价法，是根据需求的差异，对同种产品或劳务制定不同价格的方法，也称为“歧视定价”。主要包括以下几种具体形式：

（1）因顾客而异。同种产品或服务，对不同类型的顾客，制定不同的价格。如旅游景区的门票价格，成人和儿童的票价就不同。企业对老客户、新客户的价格也有差异。

（2）因时间而异。同种产品或服务，在不同的季节、月份、日期，甚至不同的钟点，制定差别价格。例如旅游旺季宾馆收费涨价，而在淡季能大幅度降价。再如，在情人节当天，玫瑰花的价格会比平时贵上一倍等。

（3）因地点而异。同种产品或服务，因处于不同的空间位置制定不同的价格，如饮料在酒吧售价比一般的零售商店要高好几倍，电影院、体育场前后排的票价也不相同。

（4）因产品式样而异。即对不同式样、不同花色、不同规格的同种产品制定不同的价格。如新潮服装与样子过时的服装，其价差就很大。由于式样而异的价格差异幅度往往要大大超过成本差异的幅度。

采用需求差异定价法应具备一定的前提条件：第一，市场能够细分，不同的细分市场需求差异明显；第二，细分市场不会使企业增加额外的开支；第三，高价市场中用低价竞争的可能性不大；第四，价格差异程度，不会引导消费者的不满或反感。

课堂讨论：图5–7中演唱会门票如此定价道理何在？

3. 可销价格倒推法

又称逆向定价法，价格回推法。即根据市场的需求状况，了解消费者能接受的零售价格，倒推出产品的批发价格和零售价格。

如以进价核算差价率（多为生产企业所采用），则计算公式为：

$$\text{批发价}=\frac{\text{市场可销零售价}}{1+\text{批零差率}} \qquad \text{出厂价}=\frac{\text{市场可销批发价}}{1+\text{进销差率}}$$

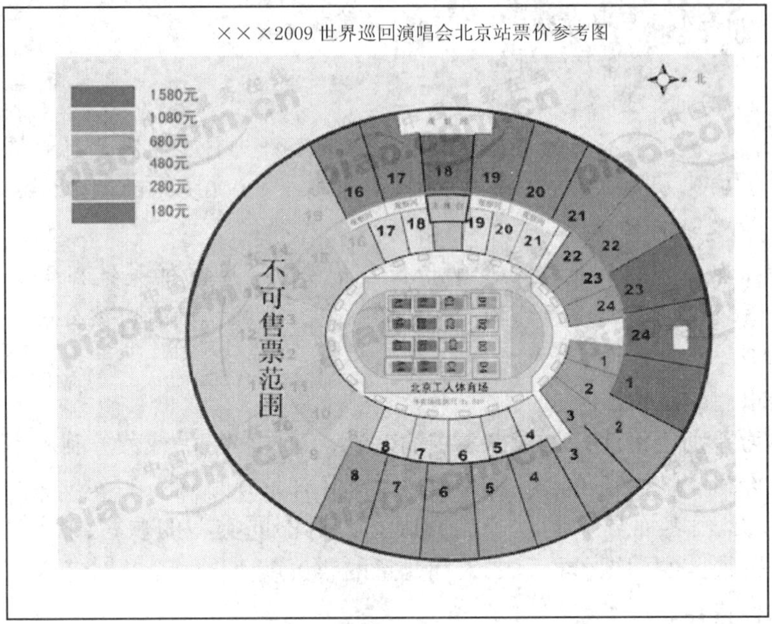

图5-7　演唱会票价参考图

如以售价核算差价率（多为渠道中的批发商和零售商采用），则计算公式为：

批发价=市场可销零售价×(1–批零差率)

出厂价=市场可销批发价×(1–进销差率)

三、竞争导向定价法

竞争导向定价法是根据竞争对手的产品价格来制定企业同类产品价格的一种定价方法。其价格的确定不与成本及需求发生直接联系，只关注竞争对手的产品价格，即使成本、需求发生了变动，只要竞争对手不调价，本企业的产品价格也不做调整。常用的有以下四种方法。

1. 随行就市定价法

也称为通行价格定价法。即根据同行业通行的价格水平或平均价格水平制定价格的方法。这种定价方法，可以有效避免挑起价格竞争，降低经营风险，利于同行企业和平共处，也容易为消费者所接受，因此是一种较稳妥的定价方法，尤其为中小企业所青睐。这种定价方法主要适用于需求弹性小、产品差异小、供求基本平衡的产品。

2. 竞争价格定价法

这是一种与“随行就市定价法”相反的一种方法，也称主动竞争法。采取这种方法定价，不是追随行市价格，而是根据本企业产品与竞争对手产品的差异，制定本企业产品的价格，一般为实力雄厚或产品独具特色的企业采用。首先应了解竞争对手的价格策略和方法，然后将产品做横向比较，找出本企业产品的优势，作为制定竞争性价格的依据，最后综合竞争形势及产品优势，制定出本企业产品的价格。

阅读资料：宝洁公司洗发水的竞争定价

P&G公司在1988年打入中国洗涤用品市场成立合资企业广州宝洁有限公司时，分析了市场—竞争者产品的情况：中国国产产品质量差，包装简陋，缺乏个性，但价格低廉；进口产品质量虽好，但价格昂贵，很少人问津。因此，P&G公司将合资品牌定在高价位上，价格是国内品牌的3~5倍，但比进口品牌便宜1~2元。这种竞争的价格定位使广州宝洁的合资品牌在中国洗涤用品市场上占有很大份额，取得了很好的经济效益。

3. 密封投标定价法

该方法一般在大宗物资采购、基建工程项目承包、引进仪器设备、矿产资源开发及政府采购等情况下采用。多家投标方根据招标方发布的招标公告，在同意招标人所提出条件的前提下，对招标项目进行报价，招标者从中择优选定。

企业中标的可能性取决于参与投标的竞争企业的报价情况。报价高，中标的可能性不大；报价低，中标的可能性大，但利润可能很少甚至有可能亏损。因此投标企业在报价时，必须要预测竞争对手的价格倾向，争取制定出既容易中标，又能获取适度利润的最佳报价。

4. 拍卖定价法

拍卖定价与投标定价的主要区别在于，前者是买方公开竞价，后者是卖方密封定价。具体有以下几种：

英式拍卖。是最普通的拍卖方式。拍卖标的物的竞价按照竞价阶梯由低至高、依次递增，当到达拍卖截止时间时，出价最高者成为竞买的赢家。通常在出售文物、旧货以及处理破产企业财务时使用。

荷兰式拍卖。是一种特殊的拍卖形式。亦称“减价拍卖”，它是指拍卖标的的竞价由高到低依次递减直到第一个竞买人应价时击槌成交的一种拍卖。当然最终成交价应当高于或等于卖方事先确定的底价。荷兰阿姆斯特丹的花市即用该方法成交定价。

复式拍卖。众多买方和卖方提交他们愿意购买或出售某项物品的价格，然后通过计算机迅速处理，并且就各方出价予以配对的做法。股票市场便是其典型范例。

课堂思考

哈根达斯的定价方法

“爱她，就请她吃哈根达斯。”这句广告语，让多少囊中羞涩的小伙子，为了追求心仪的姑娘，鼓起勇气，硬着头皮带她进店里，被“狠宰一刀”！然而，也许很多人不知道，号称“冰激凌之最”的哈根达斯，在中国的价格，是在产地美国的2~4倍！而中国的人均收入，是美国的1/20！思考：哈根达斯在中国市场采用的是何种导向的定价方法？

任务实施的方法与步骤

1. 由教师讲解理解价值定价法中主要采用的诊断评议法的原理及过程
2. 各学习小组讨论形成三家企业的价格方案
3. 指定其中一个小组，由其派代表在黑板上演示定价过程
4. 其他小组就其演示过程进行提问
5. 教师点评并总结本单元内容

拓展知识

从几则小故事看定价的失误

1. 成本定价：逻辑混乱

小故事：老外买柿子

美国的一个摄制组，想拍一部中国农民生活的纪录片。于是，他们来到中国某地农村，找到一位柿农，说要买1 000个柿子，请他把这些柿子从树上摘下来，谈好的价钱是160元。

这位柿农一听价格给的还挺高，就高兴地同意了。于是，他找来一个帮手，一人爬到树上摘，一人在下面捡。美国人觉得很有趣，全都拍下来，接着又拍了他们贮存柿子的过程。之后，付了钱准备离开。那位收了钱的柿农却一把拉住他们说：“怎么不把买的柿子带走呢？”

美国人说不需要带，他们买柿子的目的已经达到了。“天底下哪有这样便宜的事情呢？”柿农心想。于是很生气地说：“我的柿子很棒呢，你们没理由瞧不起它们！”美国人让翻译耐心地解释，说没有瞧不起柿子的意思。柿农似懂非懂地点点头，感叹说：“没想到世界上还有这样的傻瓜！”

柿农不知道，美国人拍的他们采摘和贮存柿子的纪录片，拿到美国可以卖更多钱。柿农只觉得这160元是柿子的成本和利润的总和，他今天占了大便宜。

你的企业是否像那个柿农一样，不了解、不挖掘顾客心目中的价值取向，只从成本的角度考虑产品定价呢？

2. 薄利多销：皇帝的新装

皇帝新装的故事，家喻户晓。裁缝知道新衣服是假的，不敢和国王说；王公大臣知道新衣是不存在的，也不敢和国王说；路人知道新衣是忽悠人的，更不敢和国王说；所以，国王穿着“它”招摇过市，丑态百出。

薄利多销就像皇帝的新装：高利润的企业向销售商宣扬自己薄利多销，高利润的产品被

商家冠以“跳楼价”。世界上最赚钱的公司也在告诉消费者，他们是薄利多销。那是广告！是宣传！是营销策略！

薄利换来的是薄情。

小故事：牛不是那么容易吃到草的！

一位游人旅行到乡间，看到一位老农把喂牛的草料铲到一间小茅屋的屋檐上，不免感到奇怪，于是就问道：

“老公公，你为什么不把喂牛的草放在地上，方便它直接吃呢？”

老农说：“我要是放在地上，它就不屑一顾；但是，我放到让它勉强可以够得着的屋檐上，它会努力去吃，直到把全部草料吃个精光！”

消费者只买自己认为值的东西！你企业哪怕亏本卖，顾客认为不值，不喜欢，还是不会买。消费者要买一件商品的时候，无外乎取决于自己的需求；在权衡是否值得买的时候，无外乎取决于商品的价值。这两点认同了，购买的决定就会马上做出。

3. 竞争导向定价：让你丧失主动性

小故事：定价失误的泥沼

有一家做木门生意的公司，当市场上别的对手还没成长起来的时候，就已经在规模和质量上处于领先水平了。因为对手微不足道，所以他们一开始用成本定价，锁定的目标利润只有10%~30%，犯了定价太低的错误，在大好形势下却没赚到钱，因此也没有更多资金扩大规模，提升品质，创造品牌。

后来，市场上的竞争对手多了，他们开始关注对手的价格，从成本加成定价转而实行竞争导向定价。竞争对手在压价，他们也压价，价格战开打，大家日子都不好过，本来在市场上的优势荡然无存，失去了大好机会。

竞争导向定价，就是以竞争者定价为标杆，比直接竞争者的价格低一点、高一点，或者保持一致。实际上是把对手的价格当做市场接受度，而不是以顾客为导向。假设你的竞争对手没有做过定价策略分析，他的定价本身就不科学，你跟着他去定，新进入的企业再跟着你定，那么，你们这些定价错误的企业都会被更强的对手吃掉。

即使你的商品价值比竞争对手高，你跟在对手后面定价，也相当于给消费者一个误导：你的商品和竞争对手没什么区别，是模仿竞争对手的，那就谁的价格低买谁的！反过来说，没有核心技术、独特价值的企业，盯住对手的定价也不可取。这样可能会给企业带来灾难，导致价格战！

4. 一物一价：利润的大敌

小故事：一瓶水换一颗钻石

如果你哪一天走在城市的大街上，拿着一瓶矿泉水，随便问一个路人：我可以用水换钻石吗？他们都会把你当疯子。这是因为，在城市里，水不是一种稀缺资源，由于在城市的任何角落都可以轻易买到，一瓶水对一个人的价值微乎其微。然而，如果你置身于干涸的沙漠里，一瓶水，可能就是关乎生命的，真有人会用钻石来换。同一件商品，在不同条件下，消费者的价值感受是有天壤之别的。所以，消费者需求的迫切感，是你获利的最佳途径。

一件商品，不管在任何地方、任何环境、任何市场需求的条件下，永远一种价格，叫一物一价。很多企业家还不太习惯对不同的销售商、不同消费者给出不同的价格，更不习惯在不同情况下改变价格，所以就奉行一物一价。这样的定价法，忽视了市场的规律，忽视了消费者的需求和心理，你的许多利润都白白流失了。

资料来源：整理自《定价定天下：撬动8倍利润的杠杆》，作者 李践

单元3 企业的定价与调价策略

知识目标

1. 了解企业定价策略的类型
2. 掌握企业定价的各种技巧
3. 了解企业调价的原因及各方反应
4. 掌握应对调价的策略技巧

能力目标

1. 能够灵活运用各种定价策略技巧对初始价格进行修订
2. 能够正确分析企业价格变动的原因并能提出变价方案
3. 能够针对竞争对手的调价提出应对价格变动的方案

珠宝的定价

位于美国加州的一家珠宝店专门经营由印第安人手工制成的珠宝首饰。

几个月前，珠宝店进了一批由珍珠质宝石和白银制成的手镯、耳环和项链。该宝石同商店以往销售的绿松石宝石不同，它的颜色更鲜艳，价格也更低，很多消费者还不了解它。对他们来说，珍珠质宝石是一种新的品种。经理希拉十分欣赏这些造型独特、款式新颖的珠宝，她认为这个新品种将会引起顾客的兴趣，形成购买热潮。她以合理的价格购进了这批首饰，为了让顾客感觉物超所值，她在考虑进货成本和平均利润的基础上，为这些商品确定了销售价格。

一个月过去了，商品的销售情况令人失望。希拉决定尝试运用她本人熟知的几种营销策略。比如，希拉把这些珠宝装入玻璃展示箱，摆放在店铺入口醒目的地方。但是，陈列位置的变化并没有使销售情况好转。

在一周一次的见面会上，希拉向销售人员详细介绍了这批珠宝的特性，下发了书面材料，以便他们能更详尽、更准确地将信息传递给顾客。希拉要求销售员花更多的

精力来推销这个产品系列。

不幸的是，这个方法也失败了。希拉对助手说，“看来顾客是不接受珍珠质宝石。”希拉准备另外选购商品了。在去外地采购前，希拉决定减少商品库存，她向下属发出把商品半价出售的指令后就匆忙起程了。然而，降价也没有奏效。

一周后，希拉从外地回来。店主贝克尔对她说："将那批珠宝的价格在原价基础上提高两倍再进行销售。"希拉很疑惑，"现价都卖不掉，提高两倍会卖得出去吗？"

任务分析

产品定价是一个极其复杂的过程，企业不仅要选择科学的定价方法制定产品的基本价格，还要进一步依据具体的市场环境、产品特点、市场供求、产品所处生命周期的阶段、消费者的购物心理以及地理位置等，灵活地运用定价策略和技巧，制定最终的销售价格，以期在激烈的市场竞争中，扩大销售，增加利润。

定价既是一门科学，又是一门艺术。薄利不一定多销，厚利也不一定就销售不出去。结合案例，本单元设计如下具体任务：

1. 分析希拉对这批珠宝采取了哪些营销策略？
2. 希拉销售失败的关键原因是什么？
3. 你认为将价格提高两倍，能顺利销售吗？原因是什么？

相关知识

一、产品生命周期阶段定价策略

1. 投入期的价格策略

投入期的新产品关系着企业的市场前景，其价格是否得当，对能否顺利打开销路、占领市场起着重要作用。常见的新产品定价策略有以下几种：

（1）撇脂定价策略。即高价策略，是指在产品上市初期，将价格定得很高，大大高于成本，力求短期内尽快收回投资，获得最大利润，是一种短期内追求最大利润目标的定价策略。

优点：①高价厚利，能迅速补偿研发费用，实现预期利润；②利用较高价格可以提高身价，树立高档名牌产品形象；③有利于企业掌握价格调整的主动权。

缺点：①高价抑制需求，不利于市场开拓及销量增加；②高价厚利极易诱发竞争；③在某种程度上损害了消费者利益。

主要适用于以下情况：①市场生命周期较短的时尚产品，如服装、化妆品等；②需求弹性较小的产品；③有专利保护的新产品等。

（2）渗透定价策略，即低价策略。是指在产品上市初期，将价格定得较低，利用消费者的求廉动机迅速占领市场，取得较高市场占有率，以获取较大利润的定价策略，是一种以短期内快速提高市场占有率为目标的定价策略。

优点：①低价能帮助企业迅速打开销路，提高市场占有率；②低价薄利可阻止竞争者进入，以便独占市场，获取利润。

缺点：①定价过低，收回投资的速度慢，时间长；②在竞争中价格变动的余地小，难以应付短期内突发的竞争或需求的较大变化；③低价容易使消费者产生便宜没好货的感觉。

主要适用于以下情况：①创新程度不高的新产品；②对价格敏感的细分市场；③有代用品的中高档消费品等。

（3）满意定价策略。即适中价格，又称中间价，按照行业平均水平或市场行情来定价，是一种介于撇脂定价与渗透定价之间的定价策略。

撇脂定价策略价格高，易引起消费者的不满，市场竞争风险大；渗透定价策略价格低，易为消费者所接受，但投资回收期长。而满意定价策略既可避免撇脂定价的高风险，又能够避免渗透定价策略因低价带来的经营困难，因而既能保证企业的适度利润，又能兼顾消费者的利益。缺点是比较保守，企业可能失去更大的盈利机会，不适于需求复杂多变或竞争激烈的市场环境。

2. 成长期的价格策略

成长期的产品，其定价策略应结合投入期采用的策略而定。

投入期采取了撇脂定价策略，随着产销量的迅速提升，竞争企业的快速涌入，企业应在适当的时机，采取降价策略，以激发那些对价格比较敏感的消费者，使其产生购买动机，尽早采取购买行动。

投入期采取了满意定价策略，在成长期的价格策略也应以市场渗透为主。

投入期采取了渗透定价策略，产品进入成长期后，又有较多的竞争企业加入，应视竞争企业的价格策略及实力考虑维持投入期的价格或者适当降价，如果没有强有力的竞争对手或没有竞争对手加入，此阶段在能够提高产品质量或增加新功能的前提下也可以考虑适当提价。

3. 成熟期的价格策略

成熟期的产品，企业选择定价策略总的指导思想应是尽可能地创造竞争优势，确保产品的市场占有率。

在该阶段，大量小型企业在竞争中被淘汰，形成了以大型企业为主的垄断竞争局面。受竞争环境影响，企业决策的伸缩余地变小，但还是应该确保价格的有效调整，以突出竞争优势。例如将相关的组合产品和服务拆开出售，分别定价。捆绑销售是投入期和成长期惯用的产品策略，在投入期捆绑销售主要是为了以旧带新以及作为吸引潜在顾客的手段，在成长期使用捆绑销售则主要是为竞争者设置更高的进入门槛。如果在成熟期继续使用捆绑销售，不但不能有效地防御竞争，反而会招来更多的竞争者效仿，竞争者甚至开发出性能特色更佳的产品进行捆绑，导致竞争进一步加剧。

4. 衰退期的价格策略

衰退期的产品，企业的价格决策总的指导思想已经不是要获取多少利润，而应该是在损失最小的情况下退出市场。只有极少数处于衰退期的产品能较长时间存活在市场上，对于绝大多数产品都要或早或晚地从该市场上退出来。因此，多数企业在该阶段都果断地采取降价策略，有时价格甚至低于成本。但如果此时竞争企业都已经退出市场，而该产品仍有一部分忠诚的顾客时，也可以维持原价，甚至提高价格销售。

二、产品组合定价策略

很多企业生产经营多种产品，为了实现整个产品组合的利润最大化，应该综合考虑产品之间的内在联系，系统地制定相关产品的价格。

1. 产品线定价策略

产品线定价策略是指企业为同一产品线中不同质量不同档次的产品，结合成本差异、消费者的需求差异和与竞争对手产品的价格差异等方面，制定不同价格的策略。

当产品线中不同档次的产品价差过小时，消费者往往倾向于购买更先进的产品，如果两种产品的价差高于成本差异，则企业能增加盈利；如果价格差异过大，消费者则通常倾向于购买价格低的产品。因此，合理确定各产品间的价差是产品线定价策略的关键。

2. 互补品定价策略

互补品是指两种（或以上）功能互相依赖、需要配套使用的商品。如照相机和胶片、剃须刀架和刀片等。

企业一般将主体产品（如照相机、剃须刀）定低价以吸引消费者购买，而将附属产品（如胶片、刀片）定高价，附属产品的高额利润不仅能够弥补主体产品的损失，还能给企业带来长期的盈利。如：吉列公司就将刀架定很低的价位，而通过高价销售的刀片赚回大量利润。

也有一些企业将产品的定价采取与上述相反的做法，如针式打印机与配套产品色带的定价，企业往往将打印机这种主体产品定较高的价位，而将附属产品色带定价极其低廉。这种做法是靠附属产品来吸引客户，而主要从主体产品上赚取利润。

在这里，可以将定低价用以吸引消费者的产品称为“引诱品”，而将定高价以赚取利润的产品称为“俘虏品”。

课堂思考

假如你正经营着一家爱普生打印机专卖店，主要销售以下三种型号的打印机及耗材。

1. Epson ME1+（喷墨打印机）：498元；墨盒：70元

2. Epson LQ-730K（针式打印机）：2 780元；色带：41元

3. Epson EPL-2180（激光打印机）：6 580元；硒鼓：1 280元

你在向顾客进行推销时，各型号打印机的推销侧重点应放在哪里？

3. 任选品定价策略

很多企业在提供主要产品的同时，还附带提供与主产品密切相关，但又可独立使用的产品，即任选品。如汽车的防盗报警器，KTV的饮料等。常用的定价策略有两种：

一是将任选品定高价，使其成为企业的主要获利项目。如美国的汽车公司通常以低价提供不带任何选择品的基本车型，吸引人们到展厅购买，同时在展厅的绝大部分空间里展示附有各种特色任选品的高价汽车，而消费者最终与车商成交的往往是带有任选品的高价车型。

二是将任选品定低价或免费提供，作为招徕品以吸引消费者，带动其主要产品销售，从主要产品的销售中获利。如有些火锅城打出消费满100元酒水免费的招牌。

4. 组合产品定价策略

为了促销，企业常将相关的多种产品搭配在一起捆绑销售，其价格要低于单独购买其中每一产品的费用之和。如旅游景点的参观套票，电影院推出的周末连场电影等。采用这种方式定价，提供的价格优惠应该足以吸引原本只准备购买部分产品的顾客转而购买全套产品，但同时也要注意不能搞硬性搭配，以免引起消费者的反感，这样非但不利于产品销售，反而会有损企业形象。

5. 副产品定价策略

在一些行业，如石油化工企业、食品加工企业，在生产过程中，经常有副产品，如榨油厂的油渣、酿酒厂的酒糟等。如果企业不能加以利用，就要花钱来处理，这样就会影响主要产品的定价。因此企业应积极寻找这些副产品的用户，只要他们的出价能高于储存和处理的费用，对企业就是有利的，这样做不仅能节省储存和处理的费用，还可以为主要产品制定更低的价格，增强竞争力。

6. 分部定价策略

这是服务性企业经常采用的定价策略，即先收取一笔固定费用，在此基础上加收一定的可变使用费用。如固定电话和移动电话用户每月都要缴纳一定金额的月租费，之后打电话、发短信、上网等都要按照业务量的多少另外收取费用。采用这种定价策略，一般收取的固定费用较低，获利源泉主要为可变的使用费用。

三、心理定价策略

心理定价策略一般在零售企业中普遍使用，是商家利用消费者的购物心理，有意识地将价格定高或定低的定价策略，以扩大销售。

1. 尾数定价策略

利用消费者的求廉心理，保留零头，制定非整数价格。多用于需求弹性较大的价格低廉的日用品。如将毛巾的价格定为9.98元，而不定为10元，消费者一方面认为价格计算精确，给人以信赖感；另一方面给消费者以便宜的印象，从而激起消费者的购买欲望，促进产品销量增加。

在使用尾数定价策略时，还要注意由于各地民族习惯、社会风俗、文化传统和价值观念的不同，某些数字常常会被赋予一些独特的含义，定价时应巧妙加以使用。如在我国一些吉祥数字如“8”、“6”、“9”等很受欢迎。在美国、加拿大等北美地区国家，奇尾数更受欢迎，同样的商品定价49美分，其销量比定价为48美分都要多一些。日本企业却多以偶数结尾，这是因为偶数在日本体现着对称、和谐、吉祥、平衡和圆满。

2. 整数定价策略

企业有意将产品价格定为整数，以显示产品具有一定质量。这种方法主要利用了消费者“一分钱一分货”、“好货不便宜”的心理，利用整数价位提升产品形象。如，服装定价为1 000元，而非998元。这样做省却了找零的麻烦，满足了消费者炫耀、崇尚名牌精品的虚荣心，又有助于企业树立高档、高价优质的产品形象。它一般多用于需求价格弹性小、价格高低不会对需求产生较大影响的商品，如流行性商品、礼品、星级宾馆、高级文化娱乐城等。

3. 声望定价策略

声望定价策略是利用消费者仰慕名牌商品或名店的心理来制定商品的价格。声望定价可以满足某些消费者的特殊欲望，如地位、身份、财富、名望和自我形象等，还可以通过高价格突出产品的名贵优质形象。

该策略适用于一些传统的名优产品、具有历史地位的民族特色产品以及知名度高、有较大的市场影响力、深受市场欢迎的驰名商标。如我国的景泰蓝瓷器在国际市场价格为2 000多法郎，国际著名的欧米茄手表，在我国市场上的售价从一万元到几十万元不等，都是成功运用声望定价策略的典范。使用声望定价策略，值得注意的是要适当地控制市场拥有量，即所谓“物以稀为贵”。

4. 招徕定价策略

招徕定价策略是企业利用顾客贪图便宜的心理，将某几种产品价格定低价，以招徕顾客，或利用节庆日和换季时机举行“大甩卖”、“酬宾大减价”、限时抢购等活动，把部分商品打折出售，以吸引顾客，促进全部商品的销售。虽然几种低价品不赚钱，但由于带动了其他正常价格产品的销售，使得企业的整体效益得以提升。这种定价策略常为综合性百货商店、超级市场所采用。

采用招徕定价策略时，要注意招徕品不能是处理品，否则不但达不到招徕顾客的目的，反而会影响企业的声誉。

该策略还有一种不常见的形式，即给产品定奇高的价格，用以吸引顾客，从而带动其他产品的销售。我国改革开放初期，在珠海九州城里有种打火机标价3 000港元，引起很多人的兴趣，许多人都来一睹尊容，但真正买的人却没有，旁边3元一只的打火机却销路大畅。

5. 习惯定价策略

有一些日用消费品，消费者经常购买和使用，已经在心目中形成一种习惯性的价格标准。这一类产品不能轻易改变价格，降价会引起消费者对产品质量的怀疑，涨价则可能受到消费者的抵制，影响产品销路。

必须调整价格时，也应该考虑采用暗调的方式，如改变产品包装内的容量，尽可能不要采用直接调整价格的办法。

课堂阅读

“伞老板”揭开定价神秘面纱

在王老板的超市里，有三种价位的伞，9. 9元、19. 9元、29. 9元。但是附近几个超市伞的生意都没王老板的好。什么原因呢?

秘密就在伞的定价上。王老板一脸得意地揭开了这伞的神秘面纱，“我这最贵的伞29. 9元，其实进价是31元。”

进价31元的伞，竟然以29. 9元卖出去了？王老板难道糊涂了吗？“但19. 9元的伞进价只有5元。”接着，王老板细细道来这样定价的缘由。

售价9. 9元的伞是最便宜的，消费者会觉得太便宜，容易出现质量问题而不买；19. 9元的伞价格适中，质量也过得去，因此购买量最大；而29.9元的伞，消费者则会认为没必要在小超市里花这个价钱买，因此购买量也很低。

但关键就在29. 9元的伞上面，“它本身就卖不动，如果亏一点却能带动其他产品的销量，我又何乐而不为呢？”王老板笑道。在王老板所经营的社区中小超市里，消费主力多是附近的中年主妇。她们购物精明，货比三家。而老王将进价最贵的伞，反而便宜卖出，会让她们觉得王老板做生意很实在，真正舍得让利。

她们通过对伞价的比较，而认定王老板是社区里几个超市里最讲实惠的老板，所以都愿意去他店里购物。看见自己能从竞争中胜出，王老板自然高兴!

四、折扣定价策略

企业为了鼓励消费者或中间商及早付清货款、大量购买、或为了刺激淡季购买，会对基本价格进行修订，实行价格折扣和折让。

1. 数量折扣

数量折扣是企业为鼓励顾客大量购买产品所给予的折扣。购买数量愈多，折扣愈大。包括累计数量折扣和一次性数量折扣两种形式。

累计数量折扣是指在一定时期内累计购买超过规定数量或金额所给予的价格折扣，目的在于培养长期顾客。如目前国内超市普遍实行的积分卡制度，就属此类。

一次性数量折扣是按照顾客每次购买产品数量和金额的多少给予不同的折扣，目的是鼓励顾客大批量购买，促进产品多销、快销。如“购货100个以下单价10元，100个以上9元”。

2. 现金折扣

现金折扣是在赊销的情况下，卖方为鼓励买方提前付款，所给予的一种价格折扣。目的是鼓励顾客尽早付款，加速资金周转，降低销售费用，减少坏账损失。典型的表示方式为“3/20，Net 60”。其含义是在成交后20天内付款，购买者可以得到3%的折扣，超过20天，在60天内付款不予折扣，超过60天付款要加付利息。确定现金折扣率时，一般应高于银行同期贷款利率。

3. 季节折扣

季节折扣，也称季节差价，是企业鼓励顾客淡季购买的一种折扣，适用于季节性强的产品。如旅游淡季的宾馆住宿费用、机票，夏季销售的羽绒服等。

对中间商给予季节折扣，可以促使中间商提早进货，减少企业仓储压力，保证企业正常生产；对消费者给予季节折扣，能促使消费者在淡季提前购买商品，减少过季商品库存，加速资金周转。

4. 贸易折扣

贸易折扣，又称为功能折扣、中间商折扣。顾名思义，是企业给中间商的一种折扣，促使中间商执行某项渠道功能。因为批发商和零售商在渠道中的功能不同，因此折扣也不同。一般来说，企业给批发商的折扣要大些，而给零售商的折扣要低于批发企业。 如厂商报价“100元，折扣30%及10%”，意思是给零售商的贸易折扣为30%，即70元，给批发商再折扣10%，即63元。

5. 价格折让

价格折让是直接从价目表给予减价的一种策略。主要有以下形式：

（1）促销折让。指生产企业为了鼓励中间商开展各种促销活动，而给予某种形式的价格减让。如：刊登地方性广告、布置专门的橱窗等。

（2）以旧换新折让。指消费者购买新货时将旧货交回企业，企业给予一定价格优惠的方法。如：“捷安特”自行车的以旧换新业务。

五、地理定价策略

地理定价策略，是根据买卖双方地理位置的远近、运输、仓储、保险等费用的分担形式而制定的不同的价格策略。

1. 产地交货定价

产地交货定价是企业以出厂价格交货，或将产品装运到产地某种运输工具上交货的价格，并承担交货前的一切风险和费用，交货后的风险和费用则由买方承担。

所有顾客都是按出厂价购买产品，自己负担从产地到目的地的风险和运费，因此可能损失路途较远的顾客，削弱了企业在较远市场上的竞争力。这种做法适用于销路好、市场紧俏的商品。

2. 统一交货定价

统一交货定价是指企业对不同地区的顾客都按照相同的出厂价加相同的运费（按平均运费）定价。即顾客不论远近都实行一个价格。如我国邮政部门普通信件的邮寄价格，无论寄到全国各地，均付同等邮资，所以又称“邮票定价法”。

该方法便于企业进行全国统一价格的广告宣传，有利于开拓和巩固边远市场，而容易损失距离较近的顾客。比较适合于运费在总价格中所占比重较小的产品。

3. 分区运送定价

分区运送价格是将产品的销售市场划分为若干价格区，对于不同价格区的产品制定不同的价格，实行区域价格。即离企业较远的区域，价格定得较高；离企业较近的区域，价格定得较低。

各地区间价格虽然不同，但同一地区内所有的顾客都支付同一价格。处在相邻的两个价格区域边界的顾客，相距不远，但要按不同的价格来购买，支付较高价格的顾客就会觉得不合算。因此实行分区运送价格，极易出现窜货问题。该方法适用于运货费用在价格中所占比重较大的大体积产品。

4. 基点定价

基点定价，是指企业选定一些中心城市作为定价的基点，按一定的出厂价格加上从基点城市至顾客所在地的运费来定价，而不管产品是从哪个城市起运的。有些企业为了加大灵活性，选取许多基点城市，按离顾客最近的基点来计算运费。基点定价策略比较适用于体积大、运费占成本比重较大、市场范围大、需求弹性小的产品。

5. 运费补贴定价

运费补贴定价，是企业替顾客负担全部或部分运费的定价策略。采用运费补贴定价，目的主要是为了与购买者加强联系或开拓市场，通过扩大销量来抵补运费开支。该定价策略的实质是运费折让。当市场竞争激烈，或企业急于开辟新市场时经常采用这种做法，一般适用于较大较重的商品，如：钢铁制品等。

六、竞争中的调价策略

确定产品价格后，由于市场供求关系的变化、竞争状况的改变，企业仍需要经常主动提价或降价，对于竞争对手所做的价格调整，也要及时做出反应，以适应激烈的市场竞争环境。因此价格调整决策也是企业价格决策中不可忽视的一项内容。

1. 提价原因分析及提价形式

成功的提价策略，可以使企业的利润大大增加，但提价有时会引起消费者、经销商及推销人员的不满，因此不能为了追求利润盲目提价。

在以下几种情况下，企业可以考虑提价：

（1）通货膨胀。由于通货膨胀，物价普遍上涨，为了应付通货膨胀，企业不得不提价。

（2）产品成本提高。由于原材料涨价等原因使成本费用不断增加，妨碍了企业获取合理利润，因此只能通过提价来消化上涨的费用，这是企业提价的最主要原因。

（3）产品供不应求。企业的生产不能满足所有顾客的需要，因此可通过提价来抑制部分需求，以缓解市场压力，同时也为企业生产经营规模的扩大提供了准备。

（4）竞争的需要。当本企业产品拥有竞争对手所不具有的某种差别优势时，可以利用其独特优势来提高价格，以树立其高品质的形象；当同行业的主导企业率先提价时，为了避免与之抵触所造成的损失，也必须随之提价。

一般来说，降价容易涨价难，因此，提价时应掌握好提价幅度、提价时机，并注意与消费者及时进行沟通。可以考虑以下提价方式：

（1）明提。即采取直接提价的方式。如：某家电，原价格为2 600元一台，现调整为3 000元。

（2）暗提。即采取一些手段保持价格不变，但实际隐性上升。

常见的暗提方式有：取消折扣、实行服务收费、减少部分不必要的功能、缩减产品的分量、使用便宜的代用原料等。

2. 降价原因分析及降价形式

降价通常会影响同行企业之间的关系，极易引起价格战，同时降价也会对企业的整条产品线及企业利润产生影响，因此使用降价策略时应权衡利弊，审时度势，慎重决策，不能任意而为。

在以下几种情况下，企业可以考虑降价：

（1）产品供过于求，企业生产能力过剩。造成产品大量积压，库存积压严重，占用大量资金，影响企业的正常运行，在使用其他营销策略无效的情况下，可采取降价策略。

（2）市场竞争激烈，企业产品市场占有率下滑。此时，迫于竞争的压力及收复失去的市场，企业不得不通过降价来维持和扩大市场占有率。

（3）企业生产成本降低，想通过降价来控制市场或提高市场占有率。

（4）经济形势不景气，市场需求不振。此时，很多企业都把降价作为借以渡过难关的手段。

（5）企业转产或淘汰过时的老产品。一般都要对老产品进行清仓处理，通过降价及时处理掉库存。

采取降价策略，具体方式也不外乎明降和暗降两种方式，企业应视具体情况，选择合适的降价方式。

（1）明降。即直接降低产品价格。

（2）暗降。即保持价目表上的价格不变，而通过其他手段达到降低产品实际价格的目的。

常见的暗降方式有：①增加免费的服务项目，如送货上门、免费安装、调试、维修等；②随产品赠送礼品或优惠券或加大各种折扣；③增加单位产品的含量；④改进产品的性能和质量等。

课堂阅读

格兰仕的降价策略

在微波炉市场的发展过程中，格兰仕成功运用降价策略，在市场中确立起霸主地位。

（1）1996年8月，在全国范围内打响微波炉的价格战，降价幅度平均达40%。以全年产销量65万台的规模，占据中国市场的34.7%，确立了市场领先者地位。

（2）1997年初采用买一送一的促销活动，发动新一轮的让利促销攻势，凡购买格兰仕任何一款微波炉均赠送一个豪华高档电饭煲。5月底，格兰仕进一步“火上加油”，宣布在全国许多大中城市实施“买一赠三”，甚至“买一赠四”的促销大行动。

（3）1997年10月，再度将12个品种的微波炉降价40%，在全国的市场占有率达到50%左右，最高时达到58.9%。

（4）1998年6月，又一次实施“组合大促销”：购买微波炉可获得高档豪华电饭煲、电风扇、微波炉饭煲等赠品外，又有98世界杯世界顶级球星签名的足球赠品和千万元名牌空调大抽奖。

通过降价，格兰仕成功地为微波炉行业竖起了一道门槛，使微波炉变成了鸡肋产业。因此使不少竞争对手退出了竞争，使很多想进入的企业望而却步。

3. 消费者对企业调价的反应

企业的提价或降价，都会影响到顾客、竞争对手、中间商等各方利益，因此价格调整是否得当，很大程度上取决于相关各方对企业调价的反应。

一般情况下，消费者对于价值高、经常购买的产品的价格变动比较敏感，而对价值低和不常购买的小商品的价格变动不大注意。

分析消费者对调价的反应，一是看消费者的购买量是否增加；二是要了解消费者如何理解这次调价，以便采取相应对策。企业在调价前，要分析消费者可能出现的各种反应，并在调整的同时，及时与消费者进行沟通。

消费者对提价的反应：

（1）消费者对企业提价的有利反应主要有：这种产品很畅销或正在流行，不赶快买就可能失去购买的机会或赶不上潮流；这种产品很有价值，值得购买或收藏；产品质量提高了，价格自然提高。

（2）消费者对企业提价的不利反应主要是认为企业想通过提价获取更多的利润。

（3）在通货膨胀时期，消费者对企业提价还可能做出对企业无害的反应，即认为提价是通货膨胀的结果。

消费者对降价的反应：

（1）消费者对企业降价的有利反应主要有：一是可能认为企业产品的生产成本降低了，因此下调价格；二是可能认为企业牺牲一部分利润让利于消费者。

（2）消费者对企业降价的不利反应主要有：认为产品过时了，将很快被新产品所代替；认为产品本身有缺陷，降价无好货；认为企业财务出现困境，难以继续经营；对短时期连续降价的产品，会认为可能还要降，等再降时购买；认为产品质量下滑了，等等。

4. 竞争对手对企业调价的反应

竞争对手的反应直接决定着企业价格策略的实施效果。尤其是在产品质量相同的市场上，竞争对手对企业调价的反应是很重要的。可能的反应有：

（1）价格策略保持不变。此时，企业降价就可能起到扩大市场占有率的作用；企业涨价可能会直接损失企业的销量和利润。

（2）随企业降价而降价。这样，企业的降价效果就会被抵消，减少销售利润，当竞争对手的降价幅度更大时，甚至损失部分市场占有率。

（3）随企业提价而提价。在产品供不应求的情况下，竞争对手一般都会追随企业的提价而提价，这样对所有的企业都有好处。

5. 应对竞争对手调价的反应及对策

如果竞争对手率先调整了价格，企业必须认真分析以下几个问题，冷静决策。

（1）竞争对手为什么要调价？

（2）竞争对手是打算暂时性调价还是永久性调价？

（3）如果对竞争对手的调价不作出反应，会对本企业有何影响？

（4）其他企业会对竞争对手的调价作何反应？

（5）竞争对手会如何看待本企业的反应？等等。

通过以上分析，认清竞争对手调价的真实目的所在以及对本企业的影响，针对具体情况，采取相应的应对措施。

（1）维持原价。适用以下几种情况：如果一再降价，会造成过多的利润损失时；如果不降价，对市场占有率不会有太大损失时；有信心在将来适时夺回市场占有率的情况。

（2）维持原价并采用非价格手段。通过改进产品质量，增加服务，加强与消费者的沟通等手段进行反攻。

（3）追随竞争对手降价。适用的几种情况有：成本能够随着产销量的增加而下降时；不降价会损失市场占有率，而要恢复市场占有率，则需要付出更大的代价时。

（4）改善产品质量提高价格并推出与之直接竞争的新品牌。提高产品质量并将其价格提高，强调与竞争对手的低价产品相比，自己的产品独具优势。与此同时，再推出与竞争产品同档次、同价位的新品牌与竞争对手争夺市场。

（5）推出低价进攻性产品。开发低档产品项目，适合在市场占有率正在下降、对价格敏感的细分市场上使用。

课堂阅读

休布兰公司的应对竞争调价策略

休布兰公司在美国伏特加酒的市场上，属于营销出色的公司，其生产的史米尔诺夫酒，在美国伏特加酒的市场占有率达23%。20世纪60年代，另一家公司推出一种新型伏特加酒华而夫施密特，其质量不比史米尔诺夫酒低，每瓶价格却比它低1美元。按照惯例，休布兰公司有3条对策可选择：①降价1美元，以保住市场占有率；②维持原价，通过增加广告费用和推销支出来与对手竞争。③维持原价，听任其市场占有率降低。由此看出，不论公司采取上述哪种策略，都处于市场的被动地位。但是，公司经过深思熟虑后，却采取了对方意想不到的第4种策略。那就是，将史米尔诺夫酒的价格再提高1美元，同时推出了另外一种品牌雷尔斯卡来同华而夫施密特竞争，并且还生产另一种品牌波波夫，以低于华而夫施密特的售价出售。结果，休布兰公司不仅渡过了难关，而且利润大增。

这一策略的实施，即对竞争对手形成一种围攻之势。一方面提高了史米尔诺夫酒的品牌形象，同时使竞争对手的华而夫施密特沦为一种普通的品牌。

任务实施的方法与步骤

1. 各学习小组分头快速讨论
2. 指定其中一个学习小组，由小组推举代表发言
3. 其他小组进行提问，发言组代表及其他组员予以解答
4. 教师点评并总结本单元内容

拓展知识

几种特殊的商品定价技巧

1. 同价销售术

英国有一家小店，起初生意很不景气。一天，店主灵机一动，想出一招：只要顾客出1英镑，便可在店内任选一件商品（店内商品都是同一价格的）。尽管一些商品的价格略高于市价，但仍招徕了大批顾客，销售额比附近几家百货公司都高。

比较流行的同价销售术还有分柜同价销售，比如，有的小商店开设1元、10元、50元、100元商品专柜。

2. 弧形数字法

据调查发现，商品定价时所用数字的频率，依次是5、8、0、3、6、9、2、4、7、1。这不是偶然的，究其根源是顾客消费心理的作用。带有弧形线条的数字，如5、8等比不带弧线的数字有刺激感，易为顾客接受；而不带有弧形线条的数字，如1、7、4等比较而言就不大受欢迎。

在价格的数字应用上，应结合我国国情。很多人喜欢8这个数字，并认为它会给自己带来发财的好运；4字因为与“死”同音，被人忌讳；7字，人们一般感觉不舒心；6字，因中国老百姓有六六大顺的说法，6字比较受欢迎。

3. 分割法

价格分割是一种心理策略。定价时采用这种技巧，能造成买方心理上的价格便宜感。价格分割包括下面两种形式：

（1）用较小的单位报价。例如，茶叶每公斤10元报成每50克0.5元，大米每吨1 000元报成每公斤1元等。巴黎地铁的广告是：“只需付30法郎，就有200万旅客能看到您的广告。”

（2）用较小单位商品的价格进行比较。例如，“每天少抽一支烟，每日就可订一份报纸。”

4. 调整法

德国奥斯登零售公司刚推出1万套内衣外穿的时装时，定价超过普通内衣价格的4. 5~6. 2倍，但因为特色鲜明，照样旺销。可后来，当德国各大城市相继大批推出这种内衣外穿时装时，奥斯登却将价格骤降到只略高于普通内衣的价格，同样一销而光。这样，又过了8个月，当内衣外穿时装已经不那么吸引人时，奥斯登又以“成本价”出售，每套时装的价格还不到普通内衣的60%，这种过时衣服在奥斯登还是十分畅销。好的调整犹如润滑油，能使畅销、平销、滞销商品都畅通无阻。

5. 顾客定价法

自古以来，总是卖主开价，买主还价。能否倒过来呢？美国有一家“米利奥家庭餐馆”，在餐馆的菜单上，只有菜名，没有菜价。顾客根据自己对饭菜的满足程度付款，无论多少，餐馆都无异议，如顾客不满意，可以分文不付。但事实上，绝大多数顾客都能合理付款，甚至多付款。当然，也有付款少的，甚至在狼吞虎咽一顿之后，分文不给，扬长而去的。使用这种方式还须注意销售条件和销售对象，毕竟，有一些人的素质并不高。

项目三 分销策略的制定

单元1 认识分销渠道

知识目标

1. 了解、掌握分销渠道的概念、职能和基本类型
2. 了解分销渠道的功能及发展动态

能力目标

1. 能够认识到分销渠道策略在市场营销中的重要地位
2. 能够判断企业及产品选择的渠道模式

引导案例

畅销的打火机

在日本，打火机原先一般都在百货商店或是在附带卖香烟的杂货店里卖。可是，日本九万公司在十几年前推出瓦斯打火机时，就把它交由钟表店销售。如今，日本的钟表店到处都是卖打火机的，这在以前是根本没有的现象，钟表店一向被认为是卖贵重物品的高级场所，在这里买打火机，人们一定视它为高级品。而在黯淡的杂货店、香烟店里，上面蒙着一层灰尘的打火机和在闪闪发光的钟表店里的打火机，这两者给人的印象当然是天壤之别。九万公司采取在钟表店里销售打火机的方式收到了惊人的效果，他们的打火机十分畅销。由于采取的是非传统的销售渠道，使他们的打火机出尽了风头，因此产生了公司的打火机非常高级的印象，九万公司的打火机很快风行到世界的各个角落。

问题：九万公司为什么会成功？此案例给我们的启示是什么？

任务分析

要回答上述问题，必须对分销渠道的概念、作用有个较深刻的认识，能够判定目标产品所属的渠道类型及相应的优缺点，因此本项目设置如下具体任务：

结合案例资料，理解分销渠道策略在市场营销中的作用，熟悉分销渠道的各种类型，加深对渠道策略的理解，写一篇简短的分析报告。

相关知识

一、分销渠道的概念及功能

1. 分销渠道的概念

分销渠道即商品流通渠道。指产品从生产者向消费者或用户转移的过程中所经过的一整套机构或途径。

分销渠道的起点是生产者，终点是消费者或用户，中间环节包括批发商、零售商和储运商等。

分销渠道的重要意义在于它所包含的轨迹构成了营销活动效率的基础。企业产品是否能及时销售出去，在相当程度上取决于分销途径是否畅通。

2. 分销渠道的功能

分销渠道是生产者之间、生产者和消费者之间商品交换的媒介，在克服产品及服务与使用者之间在时间、地点和所有权方面，具有以下的职能：

（1）联结产销。生产者和消费者或用户通过分销渠道连接在一起，消除了产品在时间、地点和所有权等方面的矛盾。

（2）沟通反馈信息。及时与渠道企业了解产品销售情况、市场供求变化以及顾客、竞争对手及其他市场要素的动态信息，是保证商品适销对路和有效流动的前提。

（3）促进销售。构成渠道中间环节的中间商最主要的业务就是销售产品，因此，中间商会努力将生产企业的产品信息通过各种促销方式传播给目标消费者或用户，刺激需求，扩大销售。

（4）风险负担。渠道成员在商品流通过程中，不可避免地要承担市场供求变化、自然灾害、价格下跌等风险。

（5）实体分配。渠道成员通过有效地组织货物运输、仓储等活动，保证了商品能高效、适时地到达消费者或用户手中，消除了产品在时空上的矛盾。

（6）协商谈判。渠道成员在实现产品所有权转移的过程中，为保证能顺利成交，就不可避免地要同下一环节的渠道成员或最终的消费者或用户就价格、付款方式、交货条件等进行协商谈判。

二、分销渠道的类型

1. 根据是否有中间商的介入，分为直接渠道和间接渠道

（1）直接渠道。生产者将产品直接销售给消费者或用户，不经过中间环节，又叫零级渠道。这是最简单、最直接的渠道，也是工业品分销最常见的渠道类型。消费品中有部分也采用直接渠道，如鲜活商品等。

直接渠道可以减少损耗，降低费用，缩短时间，加速流通，了解市场，提供服务，控制价格。但它会分散生产者的精力，增加资金投入，承担全部市场风险，由于生产者不可能广设网点，产品的销售范围和数量受到限制。

（2）间接渠道。在生产者与消费者或用户之间有中间环节加入，商品销售要经过一个或多个中间环节。包括一级渠道、二级渠道、三级渠道等。

目前，市场大多数商品都是通过间接渠道销售给消费者或用户的。

2. 根据中间环节层次的多少，分为长渠道和短渠道

分销渠道的长度是指产品从企业到最终消费者（用户）的转移过程中所经历的中间环节的多少。中间环节的数目称为渠道的级数。

不经过中间环节或者只经过一道中间环节的渠道，称为短渠道。短渠道的主要类型有：

零级渠道：生产者——消费者（或用户）；

一级渠道：生产者——零售商——消费者（或用户）。

经过两个及以上层次中间环节的渠道称为长渠道。长渠道的主要类型有：

二级经销渠道：企业——批发商——零售商——消费者（或用户）；

二级代理渠道：企业——代理商——零售商——消费者（或用户）；

三级分销渠道：企业——代理商——批发商——零售商——消费者（或用户）。

渠道的长短只是相对而言，并不决定它们孰优孰劣。渠道长短的选择，关键要适合自身的特点。一般而言，价格较高的家用电器、个人电脑、名牌服装、汽车及其他贵重商品等，可采用短渠道；绝大多数日用品、食品饮料、普通服装、小型家用电器、标准零配件等，可通过长渠道销售。

3. 根据同一层次中间商多少，分为宽渠道和窄渠道

分销渠道的宽度取决于流通过程中每个层次使用同种类型中间商数目的多少。如果使用许多的批发商和零售商分销产品，就是宽渠道；如果只通过很少的专业批发商或零售商分销，甚至在某一地区只授权给一家中间商分销，这种渠道就较窄或很窄。渠道宽度有三种策略可选。

（1）密集分销。也称广泛分销。指企业尽可能多地通过批发商、零售商推销其产品。适用于生产资料中的标准件、小工具及价格低廉、无差异性的日用消费品或不宜长期存放的商品（鲜花、水果、肉制品、鲜奶等）。

（2）选择分销。是指企业在某一地区仅通过少数几个精心挑选的、最合适的中间商推销其产品。对于消费品中的选购品（服装、鞋帽、家电等）和专用性较强的零配件以及技术服务要求较高的产品尤为适宜。这种策略可以获得经销商的合作，有利于提高经销商的经营积极性，也可以减少经销商之间的盲目竞争。

（3）独家分销。是指企业在某一地区仅选择一家中间商推销其产品。一般适用于新产品、名牌产品以及有某种特殊性能和用途的产品。这种策略有利于生产者控制市场和价格，激发中间商经营的积极性，提高企业形象。但如果在一地区过分地依赖独家分销商，易受分销商的支配并承受较高的失败风险。

三、分销渠道的发展动态

1. 多渠道组合趋势

对于某一产品的某一区域市场而言，传统上多数制造商只通过一个渠道进入，而如今，随着细分市场和潜在渠道的增加，越来越多的公司采用多渠道系统。

多渠道是指企业对同一或不同细分市场，同时采用多条渠道的分销体系，并对每条渠道或至少对其中一条渠道拥有较大控制权。

多渠道的形式主要有：

（1）企业通过两条以上的竞争性分销渠道销售同一商标的产品。

（2）企业通过多条分销渠道销售不同商标的竞争性产品。

（3）通过多条分销渠道销售服务内容与方式有差异的产品，以满足不同消费者的需求。

2. 网络分销的发展

网络分销，是指企业以电子信息技术为基础，以计算机网络为媒介和手段而进行的各种分销活动的总称。

随着互联网在全球范围内的普及和物流运输业的发展，网购被越来越多的人特别是年轻一族所追捧。最新调查结果显示，2009年我国网上购物持续高速发展，有1.3亿消费者共计在网上购买了2 670亿元的商品，比2008年实现了90.7%的增长。

课堂阅读

汽车也网购——通用汽车网上开设4S店

2009年8月11日，通用汽车发表了一份声明，从8月12日至9月8日，客户将可以通过gm. ebay. com网站，在线购买雪佛兰、别克和庞蒂亚克等品牌的汽车，将有225家汽车经销商参与此项活动，而通用首批在eBay上架销售的汽车将达到2万辆。从此，汽车业开辟了一个新的营销渠道!

3. 渠道结构扁平化

渠道扁平化，就是尽量减少流通环节，由此来实现成本优势，还可以减少中间环节过多导致的信息失真。其本质是居于渠道强势地位的商家想通过减少渠道层次的方法，把原本仅仅做物流、资金流而不承担其他义务平台的利润拿到自己的手中。

渠道扁平化的优势：

（1）有利于更好地满足消费者的需求，了解市场真实信息。

（2）有利于管理和服务经销商，控制和驾驭经销商。

（3）有利于加大对消费者宣传力度，利于开展终端促销活动，消化库存，做到真正的市场占有率，利于建立品牌。

4. 渠道一体化

渠道成员之间趋向组成一个联合体，以增强竞争力。生产商通过强有力的中间商渠道可以迅速有效地铺货，达到占领市场并保持竞争地位的目的。

同时，中间商通过这种联盟，可以进一步强化其在流通、价格和服务方面的优势，从而进一步巩固在同行业中的竞争地位。这样的战略联盟可以整合资源、降低成本、减少浪费、提高效率，使厂商资本利用率、回报率都得到极大提高。

任务实施的方法与步骤

1. 按教学班级分组，每组5~8人

2. 各组成员共同分析讨论此案例的成功原因，资料中分销渠道的成员有哪些？九万公司所选择的渠道类型、成功的分销渠道策略给企业的市场营销活动带来什么影响

3. 按照上面内容对案例进行分析，以小组为单位完成一份案例分析报告

4. 各组选派代表，对小组完成的报告进行课堂汇报

5. 教师点评并总结本单元内容

拓展知识

直销与传销

直销（Direct Selling），按世界直销联盟的定义，指以面对面且非定点之方式，销售商品和服务。直销者绕过传统批发商或零售通路，直接从顾客接收订单。

不同的公司，这些直接销售人员被称为销售商、销售代表、顾问或其他头衔，他们主要通过上门展示产品、开办活动或者是一对一销售的方式来推销产品。

直销模式有两大类。

第一类：狭义直销。即产品生产商、制造商、进口商通过直销商（兼消费者）以面对面的方式将产品销售给消费者，含单层次直销和多层次直销。单层次直销是直销商(兼消费者)将公司产品或服务销售给消费者，根据其销售业绩向公司领取奖金的销售模式；多层次直销是根据公司的奖励制度，直销商(兼消费者)除了将公司的产品或服务销售给消费者之外，还可以吸收、辅导、培训消费者成为他的下线直销商，他则成为上线直销商，上线直销商可以根据下线直销商的人数、代数、业绩晋升，并获得不同比例的奖金。

第二类：直复营销。即产品生产商、制造商、进口商通过媒体（邮寄DM、电视购物频道、互联网）将产品或者资讯传递给消费者。直复营销中的“直”，是指不通过分销商直接销售给消费者，“复”字是指企业与顾客之间的交互，顾客对企业营销努力有一个明确的回复(买与不买)，企业对可统计到的明确的回复数据，由此对以往的营销效果作出评价。

“传销”是指组织者或者经营者发展人员，通过对被发展人员以其直接或者间接发展的人员数量或者销售业绩为依据计算和给付报酬，或者要求被发展人员以缴纳一定费用为条件取得加入资格等方式牟取非法利益，扰乱经济秩序，影响社会稳定的行为。

直销与传销的具体区别如下：

1. 推销的商品不同。传销的产品大多是一些没有什么品牌，属于质次价高的商品，而直销的商品大都为一些著名的品牌，在国内外有一定的认知度。

2. 推销员加入的方式不同。传销是要求推销员加入时上线要收取下线的商品押金，一般以购物或资金形式收取“入门费”。

3. 营销管理不同。传销的营销管理很混乱，上线推销员是通过欺骗下线推销员来获取自己的利益。采用“复式计酬”方式，即销售报酬并非仅仅来自商品利润本身，而是按发展传销人员的“人头”计算提成。而直销的管理比较严格，推销员不直接跟商品和钱接触，自己的业绩由公司来考核，由公司进行分配。

4. 根本目的不同。传销的根本目的是无限制地发展下线，千方百计通过扩大下线来赚钱，而直销最终面对的终端用户是客户，进行商品交易。

单元2　分销渠道的设计与管理

知识目标

1. 掌握分销渠道设计的步骤及主要影响因素
2. 掌握渠道管理的基本方法

能力目标

1. 能够根据影响渠道选择的种种因素为产品选择恰当、合理的渠道模式
2. 能够根据分销渠道理论解决窜货、渠道冲突等营销现实问题

引导案例

扶持原料生产，“雀巢”经久不衰

“雀巢”公司是当今全球最大的跨国食品公司，产品多达3 000多种，行销全球每一个国家，长年盛销不衰。其中一个重要原因就是公司肯花巨资大力扶持原料生产。

“雀巢”公司在印度的帝遮普邦莫加区建立了一家奶品工厂，同时在那里设立了一个免费兽医服务处，以批发价格向农民供应药品，并提供低息贷款支持开凿新水井，增加用水的供应。这样一来，更多的草料生产出来了，牛犊的存活率大幅提高，牲畜疾病基本绝迹，牛奶的供应户也从最初的4 460户增加到3. 5万多户，为生产高效率、高质量的“雀巢”乳制品打下了基础，同时也给该地区带来了繁荣。

在巴拿马，“雀巢”公司和当地大学的专家合作，从台湾、秘鲁和西印度群岛的瓜得罗普岛等地引进新品种的番茄，使它们杂交以提高对细菌的抵抗力。结果，番茄的产量增加了6倍，从平均每公顷5吨增加到36吨。现在巴拿马有1800农户向“雀巢”

公司出售制番茄酱的番茄。

“雀巢”公司在世界各地设立了18个研究中心，其重要任务之一，就是不断研究解决原料生产问题的新方法，这支强大的科研队伍为“雀巢”获得足够的高质原料，提供了有效的保证。

“雀巢”公司的做法，体现出渠道管理的什么思想？这样做的好处是什么？

任务分析

分析上述问题，需要掌握渠道管理的技巧，深刻认识到产销合作的必要性与重要性。因此本项目设置如下具体任务：

结合案例资料，并通过网络等途径查找一些类似案例（包括失败的案例），讨论分析如何更好地进行渠道管理，完成一篇心得体会短文。

相关知识

一、影响分销渠道选择的因素

影响选择商品分销渠道的因素很多，生产者在决定选择何种分销渠道前，应对产品、市场及企业本身各种因素进行综合的研究与判断，才能作出恰当的选择。

1. 产品因素

（1）单位价值的高低。一般而言，价格高的工业品、耐用消费品适用短、窄渠道；价格低的日用消费品适用长、宽渠道。

（2）体积大小与重量。考虑到产品运输和储存的条件及费用，体积过大或过重的商品，应选择最短的渠道。

（3）式样或款式。时尚程度较高的产品，即式样或款式较易发生变迁的产品，如各种新奇玩具、时装等，应尽可能缩短分配路线，以求速售。

（4）易毁性和易腐性。易毁、易腐产品，应尽量缩短分销途径，迅速把产品出售给消费者，如牛奶、水果、肉类与蔬菜等。

（5）技术性与销售服务。多数工业品及耐用消费品中的家用电器，具有高度技术性或需要经常服务与保养，可由生产者直接供应消费者或用户以及经极少数零售商供应。

（6）标准产品与专用产品。通用的、标准的，用户比较分散的产品，例如通用机械、量具刀具等，宜用间接形式销售。专用产品，例如专用设备、特殊品种规格的产品、需要量较大的原材料和燃料等应由产需双方直接签订供货合同。

（7）开发的新产品。为了尽快把新产品投入市场，一般应采用强有力的推销手段去占领市场。生产企业往往不惜为此付出大量资金，组成推销队伍，直接向消费者推销，在情况许可时，也应考虑利用原有的分销途径。

（8）政府政策规定。某些按政府政策应严格管理的商品或计划分配的商品，只能由指定的单位经营，这必然影响分销途径的选择。

2. 市场因素

（1）商品的数量。品种少产量大，往往由中间商销售；品种多产量大；除中间商外，往往得自己推销一部分。有的大型商店，购买数量极大，使生产者不必另寻买主。

（2）潜在顾客数量。潜在顾客的多少，决定了市场的大小，市场范围越大，越需要中间商提供服务。如潜在市场仅有少数顾客，则可由生产者自己推销。

（3）市场的地区性。工业品市场集中时，适合直接销售。消费品市场亦可区分出密度较高地区和一般地区。密度较高地区直接售与零售商，一般地区则采用传统的分配路线，即经批发商售与零售商。

（4）消费者购买习惯。顾客对各种各样的消费品购买习惯，包括愿意付出的价格、购买场所的偏好以及对于服务的要求，均直接影响分配路线。如消费品中的便利品，需要采用传统的分配路线，而特殊品，则可以选择较短的分配路线。

（5）需求的季节性。具有季节性的商品，均应充分发挥中间商的作用，以不失时机地组织好采购和销售。

（6）竞争性商品。同类商品的分配方法，在选择分配路线时，应注意研究和参考。一般地说，采取竞争品同样的分配路线，比较容易占领市场，除非有绝对把握，不宜另辟蹊径。

3. 企业本身因素

（1）商誉与资金。企业声誉越大，资金雄厚，越可自由选择分配路线，甚至建立自己的销售网点，采取产销合一的方法经营。反之，必须依赖中间商提供服务。

（2）管理能力与经验。有的企业虽在生产方面表现了卓越的知识和技能，但在市场营销方面却经验甚少。因而有必要物色可靠和有力的代理商，如选择不当或中间商未能尽力，势必使整个企业业务受到影响。

（3）可能提供的服务。生产者对其产品大做广告或愿负担广告费用，中间商多乐于代其销售，生产者能提供充分的售后服务，或能按零售商要求建立陈列柜，或经常派服务与修理人员驻店，则亦能增加中间商经销的兴趣。

（4）其他营销策略。如企业需要控制零售价格，或要求大量增进推销力量，均会影响分销途径的选择。

4. 中间商因素

中间商因素包括合作的可能性——如果中间商不愿意合作，只能选择短、窄的渠道。费用——利用中间商分销的费用很高，只能采用短、窄的渠道。服务——中间商提供的服务优质，企业采用长、宽渠道；反之，只有选择短、窄渠道。

课堂思考

请你为以下几种产品设计分销渠道

（1）化妆品 （2）报纸、刊物 （3）机床

二、分销渠道的设计

1. 确定渠道的类型

企业在进行分销渠道设计时，首先要决定采取什么类型的渠道，即要确定采用哪一种或哪几种类型的渠道来分销产品。是直销还是通过中间商销售，是单渠道还是多渠道等。

2. 确定渠道的长度

在确定了渠道类型后，若是用间接渠道分销产品，企业还面临着确定渠道长度的决策问题。技术和服务含量较大的产品，如电脑、汽车等，需要较短的渠道；消费者选择性不强但要求方便购买的产品，如日用小百货，则适宜采用较长的渠道。

3. 确定渠道的宽度

确定渠道宽度，即企业确定在每个层次上使用中间商数目的多少，实际上是对宽、窄渠道的选择确定。

4. 确定渠道成员的权利和责任

在确定了渠道的长度和宽度之后，企业还要规定出与中间商彼此之间的权利和责任，如对不同地区、不同类型的中间商和不同的购买量给予不同的价格折扣，提供质量保证和跌价保证，以促使中间商积极进货。还要规定交货和结算条件以及规定彼此为对方提供哪些服务，如产方提供零配件，代培技术人员，协助促销；销方提供市场信息和各种业务统计资料。在生产者同中间商签约时应包括以上内容。

5. 渠道方案的评估

（1）经济性。一方面要考虑采用企业销售人员和利用中间商这两种方式，哪一种所产生的销售额较大；另一方面要评估每个渠道的成本，即建立、发展与维持渠道所需要的费用。生产者一般选择那些能够承担一部分广告费用和其他销售促进费用的中间商，以减少企业的负担，降低销售费用。

（2）可控性。一般来说，企业在其产品的分销渠道中卷入越深，对渠道的控制力越大。当销售渠道变得越来越长时，企业对价格、销售量、推销方式和零售形式等的控制力就会削弱。实践中，建立特约经销或特约代理关系的中间商比

较容易控制，而对密集性分销渠道，由于涉及企业多，控制能力就比较弱。

（3）分销商实力。企业生产要选择资金力量比较雄厚、财务状况良好的中间商，而且选择的分销渠道必须适合企业本身的特点及其产品的特点，企业要考虑中间商的销售对象是否与企业所要进入的目标市场一致，即所要选用的中间商的经营范围应该与生产企业的产品的销路基本对口。同时必须考虑中间商的经营能否维持连续性，以便在整个渠道建立对厂家品牌的忠诚度。

（4）分销商能力。选择分销商除了上面一些因素外，还要考虑分销商信用和分销能力。信用是指中间商的信用度大小，如履行合约的信用、回款及时性等方面的信用。分销能力是指分销商开拓市场的能力、营销能力、管理能力、提供技术支持与售后服务能力、商品储存与运输能力等。企业一般选择信用好、分销能力强、市场覆盖面大的分销商经销本企业的产品。

三、分销渠道的管理

1. 选择渠道成员

企业在具体选择中间商时要考虑以下因素：中间商的市场覆盖面、中间商的信誉、中间商的资本实力、中间商的经营能力、中间商的合作意愿等。

2. 激励渠道成员

对渠道成员的激励有正面激励和负面激励，即“胡萝卜+大棒”政策。

正面激励的措施主要有：向中间商提供适销对路的产品；协助中间商开展各种促销活动；向中间商提供必要的资金支持或使用优惠的付款方式等。

负面激励是在中间商不努力推销产品的前提下实施的，如减少让利、减少供货、终止合作关系等措施，以此激励中间商重视本企业产品的销售。

生产者要注意避免激励不足和激励过分。

3. 评估渠道成员

对渠道成员评估的目的在于掌握销售动态，及时发现问题。对绩效好的中间商要给予一定的奖励，必要时可淘汰部分中间商；通过评估，还可以对企业现有的分销渠道进行必要的调整，使之更加合理。

评估的主要内容：销售指标的完成情况、平均存货水平、交货速度、对损坏和遗失商品的处理、贷款的回收情况、为顾客提供的服务等。

4. 分销渠道的调整

随着竞争者的出现、市场的扩大、消费者购买方式的改变、产品进入生命周期的不同阶段等因素的变化，原有的分销渠道就应对其进行必要的调整。

（1）增减某些渠道成员。如某中间商经营不善，影响到了整个分销渠道的通畅和效率，生产企业就应考虑终止与该中间商的合作，并在适当的时候，增加能力较强的中间商。

（2）增减某些分销渠道。当某些市场的营销环境、市场需求或顾客的购买能力都发生了很大变化时，生产企业原有的分销渠道不能有效地将产品送达目标顾客，或只依靠原有的分销渠道不能满足目标顾客的需求，此时，生产企业就应考虑增加或减少某些分销渠道。

（3）变更整个分销渠道。即对原有的分销渠道做较大规模的改进，甚至完全废弃。而重新设计和组建新的分销渠道。如我国禁止任何形式的传销活动后，有的企业就改为了通过店铺进行销售。

课堂阅读

休斯克皮鞋公司的销售渠道管理

休斯克皮鞋公司采用分销商制度，这种方法并不新颖，但公司的做法却与众不同。他们不找有经验的分销商，而找对皮鞋有管理知识的人；他们不找大规模的分销商；他们对分销商守信用；他们采取卓有成效的措施支持分销商，具体包括：凡不好销或卖不出去的积压品，休斯克公司保证收回、休斯克公司做全国性广告，帮助各地分销商拓宽销路。

对分销商下面的大量零售商，公司建议分销商寻找有推销冲劲的人做零售商，并协助零售商解决一切难题。另外零售商应做到式样领先，创造消费者需求，并且统一牌子、统一宣传。

任务实施的方法与步骤

1. 按教学班级分组，每组5~8人
2. 各组内部交流讨论渠道管理的必要性及方法
3. 在组内成员交流讨论的基础上，以组为单位完成一篇心得体会短文
4. 各组选派代表，对小组完成的短文进行课堂汇报
5. 教师点评并总结本单元内容

拓展知识

窜货现象及其整治

一、什么是窜货

窜货是指经销商置经销协议和制造商长期利益于不顾而进行的产品跨地区降价销售。产生窜货的原因主要有：

（1）某些地区市场供应饱和。

（2）广告拉力过大而渠道建设没有跟上。

（3）企业在资金、人力等方面的不足，造成不同区域之间渠道发展的不平衡。

（4）企业给予渠道的优惠政策各不相同。

（5）运输成本不同而引起窜货。

二、窜货的整治

（1）签订不窜货乱价协议；

（2）外包装区域差异化；

（3）建立科学的、地区内部分区的业务管理制度。

三、典型案例

娃哈哈集团对窜货的控制

区域窜货问题，是所有企业面临的共同问题，娃哈哈集团也不能避免。中国市场幅员广阔。各省区之间由于经济状况、消费能力及开发程度的不同，产品的销售量差异极大。如浙江与江西、安徽毗邻而居。经济发展却差异较大。娃哈哈集团在三省的销量各有不同。为了运作市场，总部对各省的到岸价格、促销配套力度和给予经销商的政策也肯定有所差异，因而，各经销商根据政策的不同，偷偷地将一地的产品窜到另一地销售的情况便难免发生，这种状况频繁出现，必将造成市场之间的秩序紊乱。

娃哈哈集团成立了一个专门的机构，巡回全国，专门查处窜货的经销商，其处罚之严为企业界少有。专门的巡察机构每到一地要看的便是商品上的编号，一旦发现编号与地区不符，便严令要彻查到底。

近年来，娃哈哈集团放弃了以往广招经销商、来者不拒的策略，开始精选合作对象，从众多的经销商中发展、扶植大客户，同时有意识地划小经销商的辐射半径，促使其精耕细作，挖掘本区域市场的潜力。

单元3　中间商的类型

知识目标

1. 了解批发商的类型
2. 了解零售商的分类、特点

能力目标

认识到中间商在渠道中的作用，能够根据渠道理论正确选择中间商类型。

引导案例

可的便利店的经营模式

可的便利店有限公司组建于1995年，当时在国内，便利店的经营模式几乎是一个空白。“可的”采取了探索、模仿、学习的态度，跨越了一道又一道“难坎”。

便利店顾名思义为“便利”，其生命力也在于能否为顾客提供更多的商品销售和服务便利。“可的”的经营定位就是不断追求“便利性”的服务，成为人们生活的伙伴，人们的“好邻居”。

1997年，“可的”基本完成了对原有门店的改造，全部实行了开架自选式销售，为市民购物提供了方便。又经过一年左右的时间，逐步推行了二十四小时全年无休经营，给人们的购物带来了时间上的便利。

便利店经营什么，主要满足哪部分需求，一直是经营者的困惑。“可的”从光明牛奶的销售与服务入手。“可的”相继在全市所有门店推出“24小时付款，24小时取奶”的服务，几个月下来，吸引了几万户居民订购，方便了市民，提升了企业知名度，牛奶销售就成为“可的”的一个强项。在以后的摸索中，“可的”又推出了公用电话、传真、复印业务；销售报刊、杂志、IP卡、交通卡；代收冲扩件、部分公用事业费；销售人们所喜欢食用的中华大包、茶叶蛋、鲜肉月饼、串煮食品等。到目前为止属于便捷性商品与服务的约占销售收入的55%~60%。店内的设施与陈列也作了很大的改进，分为功能服务区、冷藏冷柜区、传统货架区。

便利店的特点是店小，门店多，布点散，又是24小时营业，管理难度很大，员工基本来自于社会再就业人员，对电脑技术的理解和应用较弱。所以必须要求后台（总部）控制、处理问题能力较强，而前台（门店）操作简单，商品销售与核算的全过程都由电脑代替人脑来控制与操作。于是就采用了以单品为基础的自动补货、自动配货、自动核算、自动付款的信息技术应用系统。

采用了“四自动”的运行方式，把大量业务工作程序化、规范化、简单化；紧接着利用信息系统在门店的商品库存盘点和货款解缴等方面加以管理，基本保证了“可的”的经营活动都是在可控的状态下运行，取得了较好的效果与企业形象。

思考题：

1.可的便利店的经营定位是什么?便利店与超市的差异在哪里?

2.你认为目前便利店在我国城市有发展前景吗？为什么？

3.观察你所能接触到的零售商，分析影响其成功的因素。

任务分析

要回答上述问题，需要对零售商的一些常见形式进行分析，了解它们的特点、优势、区别等。因此本项目设置如下具体任务：

结合案例资料，分析便利店这种零售形式的特点及优势，另外，结合本地实际情况，你认为选择何种零售类型更有发展前景?

相关知识

一、批发商的类型

批发商区别于零售商的最主要标志是一端联结生产商，另一端联结零售商，专门从事成批商品买卖活动。批发商主要有三种类型：商人批发商、经纪人和代理商、制造商销售办事处。

1. 商人批发商

商人批发商，又称独立批发商，是指自己进货，取得产品所有权后再批发出售的商业企业，是批发商的最主要的类型。包括：

（1）普通商品批发商。这种批发商经营普通货物，而且经营商品的范围很广，种类繁多。如经营织物、小五金、家具、化妆品、药品、电器、汽车设备等。

（2）单一种类商品批发商。这种批发商经营的商品仅限于某一类商品，而且这类商品的花色、品种、厂牌等齐全。同时还经营一些与这类商品密切关联的商品。如单一种类食品杂货批发商通常不仅经营罐头、蔬菜、水果等食品，而且还经营刀片、肥皂、牙膏等食品杂货商店通常出售的商品。

（3）专业批发商。这类批发商的专业化程度较高，专门经营某一类商品中的某种商品，如食品行业中的专业批发商专营罐头食品，或者专门经营保健食品等。

2. 经纪人和代理商

经纪人和代理商是从事购买或销售或二者兼备的洽商工作，但不取得产品所有权的商业单位。与商人批发商不同的是，他们对其经营的产品没有所有权，所提供的服务也少，其主要职能在于促成产品的交易，借此赚取佣金作为报酬。包括：

（1）商品经纪人。主要作用是为买卖双方牵线搭桥，协助他们进行谈判，买卖达成后向雇佣方收取费用。他们并不持有存货，也不参与融资或风险。

（2）制造商代表。制造商常利用这种代理商推销机器设备、汽车产品、电子器材、家具、服装、食品等产品。这种代理商通常和几个制造商签订长期代理合同，在一定地区，按照这些制造商规定的销售价格或价格幅度及其他销售条件，替这些制造商代理全部或部分产品，而制造商按销售额的一定百分比付给佣金，以鼓励这种代理商积极扩大推销，获得最好价格。

（3）销售代理商。这种代理商也和许多制造商签订长期代理合同，替这些制造商代销产品，但它与制造商的代理商有显著不同；①每一个制造商只能使用一个销售代理商，而且制造商将其全部销售工作委托给某一个销售代理商办理以后，不得再委托其他代理商代销产品，也不得再雇佣推销员去推销产品，②销售代理商通常替委托人代销全部产品，而且不限定在一定地区内代销，它在规定销售价格和其他销售条件方面有较大权力，即销售代理商实际上是委托人的独家全权销售代理商。这种代理商在纺织、木材、某些金属产品、某些食品、服装等行业中常见。

（4）拍卖行。拍卖行为卖主和买主提供交易场所和各种服务项目，以公开拍卖方式决定市场价格，组织买卖成交，并从中收取规定的手续费和佣金。

（5）进口和出口代理商。这种代理商在主要口岸设有办事处，专门替委托人从国外寻找供应来源和向国外推销产品。

3. 制造商的分销机构和销售办事处

制造商的分销机构和销售办事处，顾名思义，是属于制造商所有、专门经营其产品批发销售业务的独立商业机构，分销机构和销售办事处有所不同：前者执行产品储存、销售、送货和产品服务等职能，后者没有仓储和产品库存，主要从事产品销售业务。

二、批发商的发展趋势

（1）集中化与分散化。重要商品的批发业务越来越趋向集中化，被少数大公司所控制；日常用品批发业务和小批发商越来越多。

（2）计算机在批发企业中更广泛地应用，能及时提供存货成本最低的存货量指标，能及时确定不盈利的商品，能及时提供最低订货成本的订货批量，计算运输成本最低的运输路线，从而有利于提高业务水平。

（3）批发商加强了市场调查，经常了解和掌握新技术、新产品的动态，了解零售商、用户、消费者的需求，使他们知道从供应企业购进哪些产品或不购进哪些产品，以便减少经营风险。

三、零售商的类型

从经营形式上看，目前零售商的类型主要分为商店零售、无店铺零售和零售组织三种。

1. 商店零售

商店零售又称为有店铺零售，特点是在店内零售产品与服务。主要有：

（1）百货商店。百货商店常采用独家经营或连锁经营的方式来经营。独家经营的商店规模较小，连锁经营商店一般规模都比较大。百货商店的特点：一是经营的商品齐全，品种多；二是经营的商品，从高档的高级商品到日常生活中的必需品，无所不包；三是进行大量销售、大量采购；四是商品周转快，进货价格低，因而商品价格竞争能力较强；五是可以为顾客提供多种服务。

（2）超级市场。常简称超市，是指以顾客自选方式经营食品、家庭日用品为主的大型综合性零售商场。它是以自我服务、低价销售为特殊的方式。它的经营特点主要是连锁经营，总店下属很多分店，经营品种已从主要经营食品发展到经营日用杂品、服装、针织品和家具等。

（3）便利店。多数是小型商店，建立在居民居住区内，补充超级市场的不足。小型方便商店可以在购买场所、购买时间、商品品种上为顾客提供方便，成为人们生活中不可缺少的一种购买形式。

（4）折扣店。指提供很多商品品种、较少种类、有限服务和低价格的普通商品零售商。折扣商店趋向于面向中低收入的消费群体。折扣商店出售全国性品牌的商品，但在这些品牌与百货商店的品牌相比一般不具时尚导向性。

（5）仓储商店。是一种以大批量、低成本、低销售和微利多销方式经营的连锁式零售企业。

2. 无店铺零售

无店铺零售是指不经过店铺销售产品的零售形式。由于科技发展及竞争关系，越来越多的企业采用无店铺零售的方式出售产品，其中最普遍的有以下三种：

（1）邮寄销售。没有门市也没有专门的售货人员，购买者通过报纸、杂志、广播、电视等，用信件或电话向销售单位订货，销售单位按照订货要求，寄到购买者手中。

（2）访问销售。商店的推销人员携带商品或者样品到消费者工作单位或家庭进行商品销售。

（3）电话通信销售。通过报纸、广播、电视等向顾客发出商品广告，顾客用电话或信件向商店订货，商店接到订货通知后，按要求将商品送到顾客手中。

3. 零售组织

零售组织是以多店铺联盟的组织形式来开展零售活动的。参与组织的商店可以是同一个所有者开办的若干店铺，也可以是不同所有者的若干商店。通过商店之间的联合，可以避免过度竞争，提高零售的规模经济效益，节约成本。具体形式主要有连锁商店和特许经营。

（1）连锁商店。它是零售商品垄断组织的主要形式，也是中小商店组织起来和大商店相抗衡的主要形式。典型的大型连锁商店是指由一家大型商店控制的许多家经营相同业务的分店。

（2）特许经营商店。在西方国家有些大公司掌握了某些产品的货源，还有大公司生产的产品是名牌或有特色的产品。中小独立商店要经营这些产品，必须向这些大公司购买经营这些产品的特许经营权，对某些产品购买到特许经营权的商店就是特许经营商店。所有特许经营商店的经营都要使用特许经营权所有者的商标、店名，经营产品的规格、质量、经营方法都要高度标准化。

四、零售商的发展趋势

1. 连锁经营的重要性日益增长

因为集中进货，在进货价格上能取得数量折扣，成本较低，从而售价也较低。同时由于标准的商店门面和平面布置，便于顾客识别，可以增加销售量，而连锁商店还使用标准的广告策略，这样可以从广告媒体经营者中取得广告费用的折扣。

2. 购物中心迅速增加

大型购物中心从大城市的市中心向郊区扩散，并由一两家大型百货公司吸引着广大顾客，再加上许多简便商店和专营商店，构成新的购物形式。

3. 不断强调自助服务

使顾客直接接触货架，便于挑选商品，这样既可使顾客能购买到符合自己心愿的商品，也可以降低销售成本。

4. 争奇商品

即零售商经营不属其正常经营的商品种类内的商品品种。如药房销售化妆品、玩具、棋类、调味品等，食品店销售药品等。

任务实施的方法与步骤

1. 以学习小组为单位分组讨论，随机找同学回答案例思考题
2. 其他同学补充说明，或者提出自己不同的讲解
3. 老师点评并总结本单元内容

拓展知识

超级市场的起源

超级市场一词来源于英文super market，常简称超市，是指以顾客自选方式经营食品、家庭日用品为主的大型综合性零售商场。

超级市场最早产生于1930年的美国纽约。1930年8月，美国人迈克尔·库仑在美国纽约州开设了第一家超级市场——金库仑联合商店。当时，美国正处在经济大危机时期，迈克尔·库仑根据他几十年食品经营经验精确设计了低价策略，并首创商品品种区别定价方法。它的超级市场平均毛利率只有9%，这和当时美国一般商店25%~40%的毛利率相比是令人吃惊的。为了保证售价的低廉，必须做到进货价格的低廉，只有大量进货才能压低进价，迈克尔·库仑就以连锁的方式开设分号，建立起保证大量进货的销售系统。它首创了自助式销售方式，采取一次性集中结算。第二次世界大战后，特别是五六十年代，超级市场在世界范围内得到较快的发展。在超级市场中最初经营的主要是各种食品，以后经营范围日益广泛，逐渐扩展到销售服装、家庭日用杂品、家用电器、玩具、家具以及医药用品等。超级市场一般在入口处备有手提篮或手推车供顾客使用，顾客将挑选好的商品放在篮或车里，到出口处收

款台统一结算。

在我国，超级市场被引入始于1978年，当时称作自选商场。1983年1月3日，中国第一家超级市场在北京市海淀区开业，那时购买者几乎都是外国人。20多年后的今天，人们去超市购物已经成为生活中不可缺少的部分。

项目四 促销策略的制定

单元1 促销、促销组合与促销方案

知识目标

1. 理解促销的本质
2. 掌握促销组合的手段及促销总策略
3. 了解促销方案的制定过程

能力目标

1. 培养学生正确选择促销手段的能力
2. 具备对各种促销手段进行评估的能力
3. 结合具体产品，具备选择适当的促销手段的能力

引导案例

乐凯为什么乐不起来

乐凯胶片公司是我国最早建立的一家感光材料公司，专门从事电影胶片、摄影胶卷和相纸的生产经营。20世纪80年代中期，推出乐凯Ⅱ型彩色胶卷，使我国成为继美、日、德、英之后第五个能生产彩色胶卷的国家。乐凯公司坚持自主开发与引进国外先进技术相结合，产品与国外名牌产品的差距越来越小。1995年，被评为中国胶片之王，当年市场份额为22%。

然而，尽管质量已与国外不相上下，售价也比洋胶卷便宜5至10元，但乐凯的日子还是越来越不好过，市场份额和利润都呈下降之势，1996年，乐凯在国内销售量为2 500万卷，市场份额下降至19%。

一、广告促销不足

乐凯的目标市场是广大普通消费者用于家庭摄影，这在中国是一个极大的市场，能否得到普通百姓的认可是乐凯成败的关键，但是乐凯的广告却没有牢牢抓住他们。黄色的柯达、绿色的富士有着鲜明的视觉形象，中国的老百姓对此也较了解，然后乐凯的红色人们却知之甚少，这与乐凯在电视这样的大众媒体上少有露面有关。电视这一媒体，具有声、形、色、动作等视听形象高度统一的特点，对彩色胶卷来说是最佳的广告媒体，然而乐凯却放弃了这一竞争的主要阵地。

就广告内容而言，乐凯与柯达相比也有逊色之处，柯达电视广告面向大众，内容生动，富有人情味和生活情趣，给人留下深刻印象，而乐凯仅一句“乐凯，张张好色彩”，显得干瘪单调，难以给观念留下较好的印象。

二、赞助活动力度不够

乐凯为争取业余摄影爱好者，曾经举办了各种范围的“乐凯杯”摄影赛，如大学生摄影赛、军事摄影赛等，起到了一定的宣传与促销作用，但总的来说，乐凯的赞助活动规模小，影响面窄，力度小，与柯达的整体促销相比，就显得单薄而乏力，国内一些重大活动如亚运会、甲A联赛、香港回归等的赞助均被富士或柯达夺去而与乐凯无缘，不是不令人遗憾。

三、缺少专卖店和冲印服务

好的胶卷只是获得高品质照片的条件之一，还有相机、摄影技术、冲印等许多环节。柯达、富士均有千家之多的专卖店，专门出售各自的胶卷和冲印各自品牌的照片。相比之下，乐凯的专卖店极少，在京、沪、广州、成都等城市，才只有一两家，使乐凯的使用者在胶片拍摄后不得不送到其他品牌的专卖店冲印，虽不会被拒绝，但总会得到不能保证质量的申明，无形中使消费者不敢放心使用乐凯，辛辛苦苦争取到的消费者又这样被轻易地拒绝了。

四、低价位带来的负面影响

乐凯的市场零售价在11元左右，批零差价2.5元左右，大大低于柯达、富士等洋品牌4至5元的差价，影响了零售商经销和向消费者推荐乐凯的积极性，一些零售商仅为增加品种而陈列乐凯，销售量极少，利润更少。没有了零售商的桥梁作用，乐凯销售量也难以大幅提高。

对消费者来说，商品价格低可以得到实惠，但对胶卷而言，情况就不那么简单了，乐凯比洋品牌低几元的价格优势，比起电视机、电冰箱等家电，国产品牌比进口品牌低几百元甚至上千元的优势来说是微不足道的，而且，胶卷又不能同牙膏、香皂这些日用品那样必需和普及，胶卷常常用于记录个人或家庭的重要事件，价格低反而给人不可靠的感觉。

任务分析

乐凯公司在市场上的遭遇，与其不重视促销有着密切联系。促销在一定程度上决定着企业经营的成败。结合案例，本单元设置如下具体任务：

1. 乐凯为什么乐不起来？怎样才能让乐凯乐起来？

2. 为乐凯胶卷策划一项大型促销活动。

相关知识

一、促销的实质与作用

1. 促销

促销即促进销售，是指企业通过人员或非人员的方式，把企业的商品、服务等信息传递给消费者，从而达到刺激需求、促成购买、扩大销售的全部活动的总称。

其实质是企业同目标市场之间的信息传递和沟通。

2. 促销的作用

（1）提供商业信息，指导顾客消费。通过促销宣传，可以让消费者了解企业产品的信息，从而引起顾客注意，激发其购买欲望。

（2）突出产品特点，提高竞争能力。通过促销活动，宣传本企业产品的特点，努力提高产品和企业的知名度，增强用户的信任感，能提高企业和产品的竞争力。

（3）强化企业形象，巩固市场地位。通过促销活动，可以树立良好的企业形象和商品形象，培养和提高“品牌忠诚度”，有利于巩固和扩大市场占有率。

（4）影响消费，刺激需求。通过促销沟通，突出宣传产品的特点，诱导和激发消费，创造需求。

二、促销组合的手段

促销组合是指企业根据促销的需要，选择的各种促销方式的组合。促销方式分为人员推销、广告、营业推广及公共关系等。

1. 人员推销

又称人员销售，是企业通过派出推销人员亲自向顾客介绍、推广、宣传，以促进产品的销售。可以是面对面交谈，电话交流、信函交流。

2. 广告

是指企业以付费的形式，通过一定的媒介，向广大目标顾客传递信息的方法。广告是一种应用范围广、传递速度快的传递工具。

3. 营业推广

是指企业为激发顾客的购买行为而在短期内采取的各种促销形式。包括：奖励、比赛、优惠、展销等多种方法，其刺激性很强、吸引力大。

4. 公共关系

是指企业为树立、传播和维护自身的形象，通过直接或间接的渠道，保持与企业外部的有关公众的沟通活动。企业常用公关报道的促销手段。

三、促销组合常用的基本策略

从促销活动运作的方向来分，有推式、拉式及推拉结合策略三种。

1. 推动策略（从上而下式）

以人员推销为主，辅之以中间商销售促进，兼顾消费者的销售促进。把商品推向市场的促销策略，其目的是说服中间商与消费者购买企业产品，并层层渗透，最后到达消费者手中，如图5-8所示。

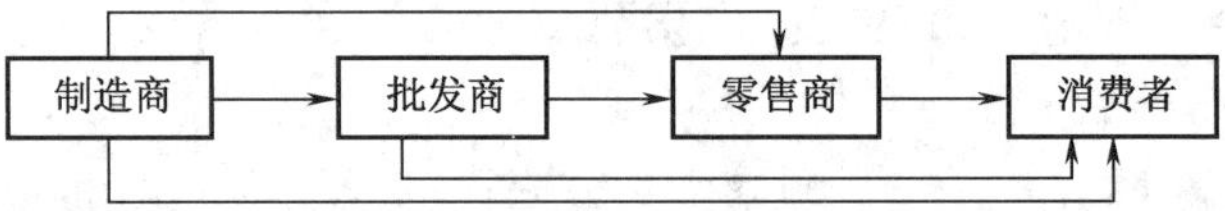

图5-8　推动策略

这一策略需利用大量的推销人员推销商品，它适用于生产者和中间商对产品前景看法一致的产品上。推式策略风险小、推销周期短，资金回收快，但其前提条件是须有中间商的配合。

推式策略常用的方式有：派出推销人员上门推销、提供各种售前、售中售后服务等。

2. 拉引策略（从下而上式）

以广告促销为主，通过创意新、高投入、大规模的广告轰炸，直接诱发消费者的购买欲望，由消费者向零售商、零售商向批发商、批发商向制造商求购，由下至上，层层拉动购买。如图5-9所示。

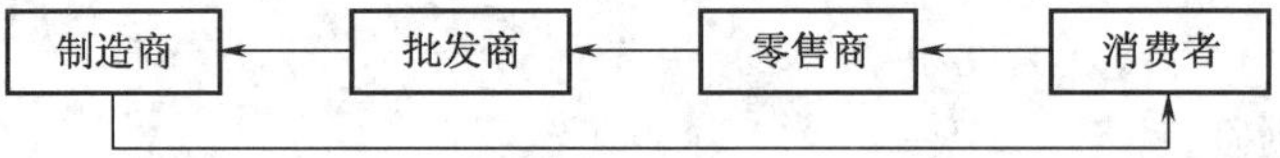

图5-9　拉式策略

采用“拉”的方式，促销信息流向和产品流向是反方向的，其优点是能够直接得到顾客的支持，不需要去讨好中间商，在与中间商的关系上占主导地位，但采用“拉”的方式时注意：中间商（主要是零售商）是否有足够的库存能力和良好的信誉及经营能力。拉式策略常用的方式有：价格促销、广告、展览促销、代销、试销等。

3. 推拉结合策略

企业在促销时，也可以把上述两种策略结合起来一起使用。在向中间商进行大力促销的同时，通过广告刺激市场需求。在“推式”促销的同时进行“拉式”促销，用双向的努力把商品推向市场，这比单纯地“推”或“拉”更为有效。

四、制定促销组合应考虑的因素

1. 产品类型

一般说来，在对消费品促销时，因市场范围广而更多地采用拉式策略，尤其以广告和销售促进形式为多；在对工业品或生产资料促销时，因购买者购买批量较大，市场相对集中，则以人员推销为主要形式。

消费品：广告→营业推广→人员推销→公共关系

工业品：人员推销→营业推广→广告→公共关系

即广告比较适合于产品价值低、技术性低、买主多而分散的消费品。人员推销比较适合于产品价值量高、技术复杂、买主少而集中的商品。

2. 市场特点

从市场地理范围大小看，若促销对象是小规模的本地市场，应以人员推销为主；而对广泛的全国甚至世界市场进行促销，则多采用广告形式。从市场类型看，消费者市场因消费者多而分散，多数靠广告等非人员推销形式；而对用户较少、批量购买、成交额较大的生产者市场，则主要采用人员推销形式。

3. 产品所处生命周期的阶段

促销目标在产品生命周期的不同阶段是不同的，决定了在生命周期各阶段要相应选择不同的促销组合，采用不同的促销策略。以消费品为例，见表5-2。

表5-2　　产品生命周期不同阶段的促销组合

产品生命周期的阶段	促销目标	主要方式
投入期	认识了解产品 鼓励试用	广告、公共关系为主 配合营业推广和人员推销
成长期	扩大知名度 增进兴趣与偏爱	加强广告和公共关系 用人员推销来降低促销成本
成熟期	对抗竞争 树立品牌形象	增加营业推广 加强公共关系
衰退期	促成购买 保持顾客记忆	营业推广为主 辅以提示性广告，降价

4. 促销费用

四种促销手段的费用各不相同。总的来说，广告宣传的费用较大，人员推销次之，营业推广花费较少，公共关系费用最少。企业在选择促销方式时，要考虑促销费用总预算，合理支出，达到最佳促销效果。

任务实施的方法与步骤

1. 以5~8人的学习小组为单位，分别讨论相关问题
2. 各组选派代表发言
3. 其他小组可结合发言人的阐述进行提问
4. 老师点评，总结本单元内容

拓展知识

设计有效的促销方案

营销人员不仅要懂得如何进行促销，还要具备组织促销活动的能力及设计促销方案的能力。仅就促销方案的设计而言，应包括以下内容。

1. 确定促销目标

即开展此次促销活动的目的是什么?是处理库存？提升销量？打击竞争对手？新品上市？还是提升品牌认知度及美誉度?只有目的明确，才能使活动有的放矢。

2. 确定目标受众

即确定企业欲加以影响的人是哪些。活动针对的是每一个人还是某一特定群体?活动控制在多大范围内？哪些人是促销的主要目标人群？哪些人是促销的次要目标人群？

3. 确定活动主题

即依据活动目标、竞争条件及促销费用的预算分配等选择适合的促销工具和促销主题。

4. 确定活动方式

主要解决两个问题。一是活动的合作伙伴。是厂家单独行动，还是和经销商联手，或是与其他厂家联合促销。二是确定刺激程度。要根据促销实践进行分析和总结，并结合客观市场环境确定适当的刺激程度和相应的费用投入。

5. 确定活动时间和地点

在时间上尽量让消费者有空闲参与，在地点上也要让消费者方便，而且要事前与城管、工商等部门沟通好。此外，还要决定持续时间的长短。持续时间过短会导致在这一时间内无法实现重复购买，很多应获得的利益不能实现；持续时间过长，又会引起费用过高而且市场形不成热度，并降低顾客心目中的身价。

6. 确定广告配合方式

一个成功的促销活动，需要全方位的广告配合。选择什么样的广告创意及表现手法？选择什么样的媒介炒作？这些都意味着不同的受众抵达率和费用投入。

7. 前期准备

一是人员安排。谁负责与政府、媒体沟通？谁负责文案写作？谁负责现场管理？谁负责礼品发放？谁负责顾客投诉？这些都要考虑清楚，否则就会临阵出麻烦，顾此失彼。

二是物资准备。要事无巨细，大到车辆，小到螺丝钉，都要罗列出来，然后按单清点，确保万无一失，否则必然导致现场的忙乱。

三是试验方案。由于活动方案是在经验的基础上确定的，因此有必要进行必要的试验来判断促销工具的选择是否正确，刺激程度是否合适，现有的途径是否理想。试验方式可以是询问消费者，填调查表或在特定的区域试行方案等。

8. 中期操作

中期操作主要是活动纪律和现场控制。在方案中对应对参与活动人员各方面纪律作出细致的规定。现场控制主要是把各个环节安排清楚，要做到忙而不乱，有条有理。同时，在实施方案过程中，应及时对促销范围、强度、额度和重点进行调整，保持对促销方案的控制。

9. 后期延续

主要是媒体宣传，对这次活动将采取何种方式在哪些媒体进行后续宣传？脑白金在这方面是高手，即使一个不怎么样成功的促销活动也会在媒体上炒得盛况空前。

10. 费用预算

对促销活动的费用投入和产出应作出预算。当年爱多vcd的“阳光行动b计划”以失败告终的原因就在于没有在费用方面进行预算，直到活动开展后，才发现这个计划公司根本没有财力支撑。一个好的促销活动，仅靠一个好的点子是不够的。

11. 意外防范

每次活动都有可能出现一些意外。比如政府部门的干预、消费者的投诉，甚至天气突变导致户外的促销活动无法继续进行等。必须对各个可能出现的意外事件作必要的人力、物力、财力方面的准备。

12. 效果预估

预测这次活动会达到什么样的效果，以利于活动结束后与实际情况进行比较，从刺激程度、促销时机、促销媒介等各方面总结成功点和失败点。

单元2　人员推销

知识目标

1. 了解人员推销的概念与特点
2. 掌握人员推销的步骤及技巧
3. 懂得如何进行推销员队伍的建设与管理

能力目标

1. 能灵活机动地运用推销方法及技巧向消费者介绍和推销产品
2. 能正确处理推销队伍建设与管理中的一般问题

引导案例

布鲁斯的推销

布鲁斯是专门销售上光用的油漆公司的销售人员，他将要和泰尔公司的采购代表霍顿女士会面。过去他们在公司曾经会过面，但没有达成买卖协议。这次是布鲁斯第一次与霍顿女士见面。在预定的时间外足足等了二十分钟，终于，一位秘书将他带进霍顿的办公室。

布鲁斯：你好，霍顿女士。我是葛林油漆公司的布鲁斯，我想和你谈谈我们的产品(霍顿女士并没有理睬布鲁斯的微笑，而只是指着桌前面的一张椅子。)

霍顿：请坐。我想告诉你我手头现在有两个月的存货。而且，泰尔公司已经同那些供货商打了近三年的交道。

布鲁斯：(坐下)谢谢!你知道，葛林油漆公司是全国最大的油漆公司之一。我们的服务和价格都是无可挑剔的。

霍顿：你为什么觉得你们的服务优于其他公司呢?

布鲁斯：因为我们对全国的每个销售点都保证在24小时内发货，如果我们当地的储备不足，我们会空运供货。我们是业界唯一通过空运的公司。另外，我们的油漆很牢固。你们通常的订货量是多少，霍顿女士?

霍顿：这要看情况而定。

布鲁斯：大多数公司都订一到两个月的货。你们一年之中共用多少油漆？

霍顿：只有看了你们的产品之后，我才想谈定货的问题。

布鲁斯：我明白，我只是想弄清你们的订货量，以便决定对你们的价格折扣。

霍顿：我想，你们的价格和折扣不会比现在的好。我想给你看一份价目单。

布鲁斯：我相信各个厂家之间油漆价格的竞争会很激烈，这是我们最新的价目单，你可以比较。如果把价格与产品质量和服务保证联系起来，你会发现我们的产品很具吸引力。

霍顿：也许吧!

布鲁斯：许多和你们公司类似的公司都不止一家供货单位，这可以保证供货的稳定性，我们愿意成为你们的供货商之一。

霍顿：我只想有一家供货商，这样我可以得到更多的折扣。

布鲁斯：你考虑过两家轮流供货吗？这样你可以获得相同的折扣，并且货源更加充足。

霍顿：让我考虑考虑，把你随身带来的文件留下来我看看吧。

任务分析

1. 布鲁斯的个人基本素质如何？

2. 霍顿是什么类型的顾客？什么才能吸引她呢？

3. 请对布鲁斯的整个推销过程进行评述。

4. 如果你是布鲁斯，你会怎么做呢？

相关知识

一、人员推销的含义与特点

1. 人员推销的含义

人员推销是指一个企业委派自己的销售人员，直接向消费者或用户销售某种产品和提供某种服务的一种直接销售方式。即企业通过派出推销人员与一个或一个以上可能成为购买者的人交谈，作口头陈述，以推销商品，促进和扩大销售。

在人员推销活动中，推销人员、推销对象、推销品三要素缺一不可。

2. 人员推销的特点

与非人员推销相比，人员推销具有以下特点：

（1）灵活机动，适应性强。推销人员可以根据顾客的具体情况，采取不同的推销方式，及时调整推销策略，也可在顾客方便的时间、地点，以顾客最能接受的方式向顾客传递产品信息、推销产品。

（2）区别对待，针对性强。一般来说，推销人员在开展推销活动之前，都估计和分析过可能的目标顾客，对他们的需要和欲望以及其他一些特性已有大致了解。另外推销员面对顾客推销产品，可根据顾客的不同需求，采取不同的解说和介绍，有利于促成购买。

（3）双向沟通，反馈性好。由于推销员是和顾客直接面对面洽谈，因此，顾客不是被动地接受企业的促销信息，他们也通过某种方式主动发出信息，这就使得推销人员可以根据顾客的即时反应调整推销对策，施展劝说才能，达到销售目的。

（4）及时促成购买，缩短购买时间。在人员推销中，传递信息与达成销售是融为一体的。推销人员在传递信息的同时，就根据顾客的反应适时提出销售建议，从而达成交易。

（5）搜集信息，兼做服务。推销人员在推销产品时还可以进行市场调研，搜集市场信息，同时还可以兼做一些商业性业务和售后服务工作，如签约、收款、送货、安装、维修等。

（6）推销费用较大，对人员素质要求较高。单位信息的传播成本大，要求推销人员有较高的素质，才能胜任推销工作。

二、人员推销的程序

多数推销人员按下述7个步骤完成推销工作。

1. 寻找顾客

即发现和选择潜在顾客。潜在顾客是那些对推销员所推销的商品有一定需求，并有购买能力的组织和个人。潜在顾客应具备三原则（MAN原则），即金钱（MONEY）、权力（AUTHORITY 决定权）和需要（NEED）。

2. 访问前准备

推销人员在访问顾客之前需要做的准备工作主要有：

（1）本企业及其产品的详细情况、资料和样品等。

（2）竞争企业的相关产品的特点、价格、竞争能力和市场定位等。

（3）顾客情况。如谁参与购买决策、谁去采购、需要采购什么等。

（4）访问时机和方法。决定最佳的访问时机，因为许多潜在顾客可能在一定时间内十分繁忙；决定采用哪种访问方法，是私人访问、电话访问还是信函访问；还要提前考虑好对顾客的全面推销策略。

3. 约见顾客

在完成推销准备后，推销人员就要开始约见顾客。与关系密切的顾客约见只需通个电话就可以了；与往来不多的顾客或从未谋面的顾客约见，一定要注意以下三点：一是注意礼仪，二是要验证在准备阶段所得的情况，三是要为后面的谈话做好准备。

4. 推销洽谈

这是推销工作的核心，推销人员要运用各种方法说服顾客购买产品。推销人员可以按照AIDI模式向顾客进行推销，争取成交。AIDI即“关注产品——引起兴趣——激发欲望——采取行动”。推销员在该阶段应以产品性能为依据，着重说明产品给顾客带来的利益，必要时还需进行产品演示或请顾客进行产品体验。

5. 异议处理

在推销过程中，顾客随时都可能表现出抵触情绪或提出一些异议。推销人员要采取积极的方法对此予以应对，如请顾客说明反对的理由，向顾客提一些其不得不回答的反对意见的问题，否定其意见的正确性，或者将对方的意义转变为购买的理由。

6. 促成交易

推销人员要善于捕捉成交的信号，在适当的时机促使成交。一般来说，顾客情绪变得友好、轻松，从起初礼节性的行为渐渐变成很自然的谈话和动作，或者开始询问价格、送货等产品的购买细节，或者开始默不作声，开始思考时，都是消费者成交的有利时机，推销人员应积极推动消费者做出购买决策。

7. 跟踪服务

跟踪服务，是成交之后与顾客保持良好关系的重要途径。一方面能够解决顾客的后顾之忧，另一方面可以影响顾客今后的后续购买行为，并可能从顾客那里寻找新顾客，同时通过关系好的顾客，推销人员也更容易了解到顾客关于产品的真实反馈，对推销员今后的推销工作有着重要的意义。

三、推销队伍的管理

1. 招聘和选择推销人员

招聘和选择优秀的推销人员是销售队伍管理成功的关键。优秀的推销人员可以大幅度地增加总企业的销售业绩。

罗伯特·麦克默里说：“我认为一个具有高效率推销个性的推销员是一个习惯性的追求者，一个怀有赢得和抓住他人好感的迫切需求的人。”他列出超级推销员的5项品质：旺盛的精力，强烈的使命意识，对金钱的追求，坚韧不拔的毅力，挑战异议跨越障碍的癖好。

2. 推销人员的培训

对推销人员的培训内容有：公司的历史与宗旨；公司的产品情况；顾客和竞争者的特性；如何做有效的推销展示；实地作业的程序与责任等。

通过培训，应该使销售人员在心态、知识、技巧及习惯等4个方面有较大改善。积极的心态是销售成功的前提；知识面扩大，有助于增加和客户的沟通；掌握一定的销售技巧可以事半功倍；养成良好的推销习惯，无形中会帮助推销员提高销售业绩。

3. 推销人员的激励

企业可以通过环境激励、目标激励、物质激励、精神激励及逆向激励等方式提高推销人员的工作积极性。

（1）环境激励。即企业创造一种良好的工作氛围，使推销人员能心情愉快地开展工作。

（2）目标激励。即为推销人员确定一个较高的目标，以此激励推销人员上进。主要目标有：销售定额、毛利额、访问户数、新客户数、访问费用和贷款回收等。

（3）物质激励。即通过物质报酬的增加来刺激推销人员的积极性。包括：如奖金、奖品和额外报酬、佣金、优先认股权等。物质激励是对推销人员的激励作用最为明显。

（4）精神激励。即指对作出优异成绩的推销人员给予表扬；颁发奖状、奖旗；授予荣誉称号等，以此来激励推销人员上进。精神激励通常对那些受正规教育较多的年轻推销人员更有效。

（5）逆向激励。即惩罚性措施，主要是对于业绩长期欠佳的员工进行必要的惩罚，让员工感觉到更大的压力，自动寻找更好的解决方案。通常采取的逆向激励措施有：自动淘汰、罚款、降薪、辞退甚至除名等。

4. 推销人员的考核

考核就是企业对推销人员销售业绩的考评。它既是对推销人员激励的客观依据，也是企业调整销售策略的基础。主要包括以下内容：

（1）收集考核资料。考核资料的收集主要从推销人员的推销工作报告、企业销售记录、顾客及社会公众的评价和企业内部员工的意见等途径获取。

（2）建立考核标准。常用的绩效考核指标有：销售量、毛利、每天平均访问次数、每次访问的平均时间、每次访问的平均费用、每次访问平均收到订单的百分比、一定时期内新增顾客数等。

（3）实施考核。考核具体有三种方法。第一种：将各个推销人员的绩效进行比较和排队；第二种：将推销人员目前的绩效同过去的绩效相比较；第三种：考核推销人员对企业、产品、顾客、竞争者、本身职责的了解程度，也包括推销人员的言谈举止和修养。

四、人员推销的基本形式

1. 上门推销

这是最常见的人员推销形式。由推销人员携带样品、说明书和订单等走访顾客，推销产品。这种形式，可以针对顾客的需要提供有效的服务，方便顾客，故为顾客所广泛认可和接受。

2. 柜台推销

又称门市推销，指企业在适当地点设置固定的门市，由营业员接待进入门市的顾客，推销产品。这是等客上门式的推销方式。由于门市里的产品种类齐全，能满足顾客多方面的购买要求，为顾客提供较多的购买方便，并且可以保证商品安全无损，因此，顾客乐于接受。柜台推销适合于零星小商品、贵重商品和容易损坏的商品。

3. 会议推销

是利用各种会议向与会人员宣传和介绍产品，开展推销活动。例如，在订货会、交易会、展览会、物资交流会等会议上推销产品均属会议推销。这种推销形式接触面广，推销集中，可以同时向多个推销对象推销产品，成交额较大，推销效果较好。

任务实施的方法与步骤

1. 以5~8人的学习小组为单位，分别讨论相关问题

2. 结合项目具体任务，随机指定四个小组，由其派代表回答其中的一个问题

3.其他小组可结合发言人的阐述进行提问

4.老师点评，总结本单元内容

拓展知识

营销人怎样学习许三多

许三多是谁?

最初，人们说，这是中国的“阿甘”，但很快，被人们否认了；

接着，人们说，是“傻根”到部队了，再一想，也不对啊，许三多的经历，与傻根是完全不一样的……

那么，许三多是谁?

这一问题，或许就是《士兵突击》火热的原因，也是许三多成为人们议论热点的原因。

而这一答案，或许就应该是：许三多就是你，一个真实到“本我”的你。

许三多的成长经历，对销售人员来说是值得借鉴的宝贵经验。销售人员从许三多的成长经历中可以学到许多有益启示：

一、销售是以业绩论英雄的职业

销售是一个以业绩论英雄，以成败论输赢，胜者为王败者为寇的工作。

曾有人问拿破仑什么样的人是英雄，拿破仑回答道：“胜利者”。许三多从被人视为傻子不为人尊敬到最后赢得包括一直蔑视他的连长在内所有人的敬佩，是因为他成了胜利者。

销售人员在市场上奋斗，年终回公司时，公司的鲜花是为销售场上的胜利者准备的。胜利者是可以坐在庆功会前排的。

销售人员在公司的地位，是用自己的业绩挣出来的。正如存在主义哲学家萨特所说“英雄把自己变成英雄”。

要想赢得领导的欣赏和大伙的尊敬，你就要拿出令你骄傲、能让你挺直腰杆的业绩。否则，不论你的销售过程做得是如何完美，你是如何努力，你还要夹紧你的尾巴。

二、成长比成功更重要

成功只是把一件事情做对，而成长则是能力的提升。成功并不一定能让你成长，但销售人员要能成才，就必须不断地成长。

成功是把事情做对，而成长则是做对的事情。

一些销售人员能够把事情做成功，但却没有成长。这样的销售人员是没有前途的。

能成功却不能成长的销售人员，他们的人生轨迹就是从一无所知的新业务员到经验丰富的老业务员而已。

三、销售人员永远都要相信自己蕴藏着巨大潜力

美国20世纪最伟大的心理学家威廉·詹姆斯说，我们发挥出的能力只占到自己潜能的10%。这就是说，在你的身上还有巨大的潜能没有发挥出来。

什么是能力？我认为日本心理学家未名一央对能力的解释是最到位了。他说：“所谓能力，从某种意义讲只不过是一种心理状态，能够做多少，取决于你想做多少，你是你认为的那种人。”

马克思有一句话说得好，伟人之所以伟大，是因为我们在跪着看他，站起来吧。

我们老祖宗说的更直接了：王侯将相，宁有种乎？

许三多从人称傻子到成为兵王，不就是一个很好的例子吗？

所以，销售人员要相信自己是最棒的，相信自己也能够成为胜利者。

四、销售人员应像一盆火，能够照亮他人、温暖他人、感染他人

许三多在新兵训练结束后，被分配到地处偏远的五班看守输油管道。五班包括班长在内的四人整日无所事事，以靠打牌度日。许三多来后，他以自己的努力，把这个小团体带动起来了，让每个人重新找到了人生的意义。

连队裁撤后，连队只剩下了连长和许三多两人。在连长都有些灰心的情况下，许三多仍然每天打扫营房，按时出操，照常训练。走路仍然是二人成行三人成列。到食堂吃饭，两个人军歌嘹亮。许三多把一向傲慢的连长也感动了，连长在团长面前佩服地说，许三多“每做对一件小事就像他救命稻草一样抓着，有一天我一看，好，他抱着的已经是让我仰望的参天大树了”。

有一句谚语“只有划着的火柴才能点亮蜡烛”。销售人员不论身处什么样的环境，在什么样的市场上，面对什么样的客户，和什么样的同事合作，都要像划着的火柴，能感染他人，影响他人。当你把大伙都带动起来了，市场也就动起来了。

五、人的成长需要贵人相助

贵人既可以给你提供机会，也可以成为老师，指导你成长和进步。

许三多的第一个贵人是招兵的史今，可以说没有史今，他今天仍会被他父亲叫做龟儿子。袁朗也是许三多的贵人。袁朗更多的是在批评、肯定、指导、鼓励他进步。

销售人员也要找到能够帮助你的贵人。

你的上司可以是你的贵人；

你的同事也可以是你的贵人；

你的客户可以成为你的贵人；

甚至你的竞争对手也会成为你的贵人。

销售人员要感谢那些帮助你的人，因为，他们在教你如何做对事，如何成长。

销售人员要感谢那些批评你的人，因为，他们在给你压力，压力让你释放出了自己的潜力，从而使成长的步伐迈得更快。

六、每天都要做有意义的事

许三多对“有意义”的理解很简单，他认为有意义就是好好活着，好好活着就是做有意义的事情。许三多从来不做无意义的事情，比如在偏远的五班时，他认为打牌是没有意义的，他就不去做。他认为修路是有意义的事，坚持去做。结果做到了团长当年想修都无法修成的路。

每天坚持做有意义的事，你就是在好好地活着，让你的生命变得丰富而美丽。

销售人员在市场上，每天都要去做有意义的事情，比如，多拜访一次客户，多在产品销售上动一次脑筋，多贴一张产品宣传海报等，销量的提升也就是水到渠成的事了。

七、伟大是熬出来的

许三多所在钢七连的信念是“不抛弃，不放弃”。不抛弃你的信念，不放弃你的努力。在取得成功的道路上，有风有雨、有曲折有坎坷，许多人会半途而废。只有那些坚持下去的人，才会看到终点的美丽。就像毛泽东说，胜利往往就在于再坚持一下的努力中。

销售人员在市场上遇到困难时，你是否也能像钢七连一样，做到不抛弃、不放弃呢？

八、人是环境的产物

李斯早就对仓鼠和厕鼠的不同而发过感慨了。

一位培训师在一次培训活动中曾做过这样一个实验：让学员站起来说出自己十位最好朋友的月收入情况，然后，培训师就推算出这位学员每月的大概收入了。道理很简单，你处在一个什么样的环境中，你就会变成一个什么样的人。

许三多如果不是去当兵，整日和他家里村里的人在一起，他可能一辈子会被他父亲称为“龟儿子”了。他走出去了，和一帮有志向、有理想的人在一起，他也就升华了。

毛泽东说，凡是有人的地方，都有左中右。在任何一个单位，都有积极者和消极者。和人生的积极者在一起，销售人员可以会学会追求成功的方法；和人生的消极者在一起，销售人员会学会如何为失败寻找借口。时间久了，自己就变成他们中的一员了。

近朱者赤，近墨者黑。销售人员一定要远离那些消极者，和积极者一起去追求美好的未来。

资料来源：价值中国网

http://www.chinavalue.net/Article/Archive/2008/2/20/100173_2.html 赵海建 2008-9-4

单元3 广告

知识目标

1. 明确广告的含义及广告决策的内容
2. 正确选择广告媒体，做好广告设计
3. 了解广告效果的测定

能力目标

1. 具备对广告案例进行评析的能力
2. 具备对具体产品正确选择广告媒体的能力
3. 具备对具体产品进行初步广告设计的能力

引导案例

百事可乐的贺岁广告

百事公司曾在一年的岁末推出贺岁广告片——“祝你百事可乐”之“幸福时光”版，主要内容由五部分组成，分别是“新事可乐”、“旧事可乐”、“大事可乐”、“小事可乐”、“百事可乐”。

广告开篇十分喜庆。京郊的一个村子，朴实的村民在置办年货，村外的土路上，一辆手扶拖拉机载着一台崭新的百事可乐自动售货机回到村里。大人们敲锣打鼓迎接这个大家伙的到来，孩子们都围上来看着这个新鲜的玩意。刚一放平，有人第一个使用了自动售货机，塞进硬币，指尖轻轻一按，霎时，一罐百事可乐在大家的欢呼中落了下来——新事可乐。

画面上一只手接住百事可乐，镜头切换到故宫的午门前，一群中外青年身着古老的民族服装，手拿百事可乐，一起欢快地又唱又跳，欢度新春佳节。庆祝中国加入了WTO，成功申办了奥运，有着五千年文明的华夏以更快的步伐走向世界的舞台，越来越多的外国人也来到中国，在进行商务合作的同时，欣赏着我们古老灿烂的文化。作为主创人员的百事市场部程武，在这个场景里还客串了一把。这段表现的是“旧事可乐”。

第三段描述的是著名球星李玮峰和妈妈一起过节的场景。画面是这样展开的，除夕夜，拼搏了一年的李玮峰回到了最亲爱的妈妈身边，他脱下球衣，穿上围裙，正在厨房里跟妈妈学习包汤圆。母子俩一边喝着百事可乐一边包汤圆，孝顺的大头还跟母亲聊比赛的事儿。场面温馨感人。与千万个普普通通的家庭一样，春节就是家庭团聚，享受天伦之乐——小事可乐。

忽然，滚沸的汤圆变成了足球，画面也变成了李玮峰进球后挥舞着球衣狂奔的场面，变成了2001年中国足球冲出亚洲时群情激昂的场面。百事公司作为中国足球的坚定支持者和百事联赛的冠名赞助商，2001年中国足球的巨大突破在百事人心中是最让人高兴的大事。这则“大事可乐”就是最好的证明。

最后一个场景是一个很多年轻人参加的大PARTY。新年到了，年轻人穿得五彩缤纷，大家都很快乐地唱着跳着，一个戴蓝色墨镜的很酷的小伙子拿出一大瓶百事可乐，打开以后喷出的百事可乐变成了绚丽的礼花，最后变成欢快的“祝你百事可乐”。

在百事可乐的广告中，你看不到任何贺岁的字眼，却能强烈地感受到节日的温馨与喜庆。百事可乐此次一改一直使用明星全力打造“新一代的选择”的路子，广告追求的是一种标新立异，一份与众不同，重要的是，百事可乐能够把这种与众不同表现得淋漓尽致并极具感染力。没有大牌明星、没有欢歌载舞，小处着眼，却能紧紧抓住年青一代的心，与可口可乐截然不同，也许这就是百事可乐要达到的目的。

任务分析

广告作为促销手段，是一门带有浓郁商业性的综合艺术。虽说广告并不一定能使产品成为世界名牌，但若没有广告，产品肯定不会成为世界名牌。成功的广告可使默默无闻的企业和产品名声大振，家喻户晓，广为传播。百事可乐就是成功地运用了广告这一手段，牢牢抓住了年轻人。结合案例资料，本单元设置如下具体任务：

1. 分析百事可乐贺岁广告的创意。

2. 分析广告对饮料产品经营的影响。

相关知识

一、广告的含义与种类

广告作为一种传递信息的活动，是被企业普遍重视且应用最广的促销方式。市场营销学中的广告是广告主以促进销售为目的，付出一定的费用，通过特定的媒体传播商品或劳务等有关经济信息的大众传播活动。

1. 根据广告的内容和目的分为：商品广告、企业广告和公益广告

（1）商品广告。是针对商品销售开展的大众传播活动。商品广告按其目的的不同又可分为三种类型：

开拓性广告。即报道性广告，是以激发顾客对产品的初始需求为目标，主要介绍刚刚进入投入期的产品的用途、性能、质量、价格等有关情况，以促使新产品进入目标市场。

劝告性广告。即竞争性广告，是以激发顾客对产品产生兴趣，增进“选择性需求”为目标，对进入成长期和成熟前期的产品所做的各种传播活动。

提醒性广告。即备忘性广告或提示性广告。是指对已进入成熟后期或衰退期的产品所进行的广告宣传，目的是在于提醒顾客，使其产生“惯性”需求。

（2）企业广告。又称商誉广告。这类广告着重宣传、介绍企业名称、企业精神、企业概况等有关企业信息，其目的是提高企业的声望、名誉和形象。

（3）公益广告。即用来宣传公益事业或公共道德的广告。公益广告能够实现企业自身目标与社会目标的融合，有利于树立并强化企业形象。公益广告有广阔的发展前景。

2. 根据广告传播的区域分为：国际性广告、全国性广告和地区性广告

（1）国际性广告。即面对国际市场的广告。国际性广告通常由跨国企业作为广告主，发布的广告可以是全球统一的广告，也可以是专门针对某个国家或地区制作并发布的广告。

（2）全国性广告。即利用全国性的媒体，在全国范围内进行传播，以此激发全国消费者对所做广告的产品产生需求。在全国发行的报纸、杂志以及广播、电视等媒体上所做的广告，均属全国性广告。这种广告要求广告产品是适合全国通用的产品，并且因其费用较高，也只适合生产规模较大、服务范围较广的大企业，而对实力较弱的小企业实用性较差。

（3）地区性广告。即利于区域性媒体，在特定地区进行传播，借以刺激某些特定地区消费者对产品的需求。在省、县报纸、杂志、广播、电视上所做的广告，均属此类；路牌、霓虹灯上的广告也属地区性广告。此类广告传播范围小，多适合于生产规模小、产品通用性差的企业和产品进行广告宣传。

此外，还有其他一些分类。如按广告的形式划分，可分为文字广告和图画广告；按广告的媒体不同，可分为报纸广告、杂志广告、广播广告、电视广告、互联网广告等。

二、广告媒体及选择

广告媒体种类繁多，不同的媒体有不同的特性。选择的媒体不同，广告费用、广告设计、广告策略、广告效果等内容都是不同的。因此，采用何种广告媒体把商品信息传向市场，是广告决策的一个主要内容。

1. 各种广告媒体的优缺点

（1）报纸。报纸媒体的优势是：发行量大，读者广泛，覆盖面广；信息传播迅速及时；地理选择性好。不足是：时效短，不易保存；内容庞杂，易分散注意力；印刷不精美。

（2）杂志。杂志媒体的优势是：信息传播对象明确，针对性强；保存期长，可反复阅读；印刷精美，吸引力大。不足是：发行周期长、灵活性差；读者少，传播不广泛。

（3）电视。电视媒体的优势是：传播范围广，影响面大；形象具体，感染力强；传播迅速灵活，不受时空限制。不足是：费用高；信息不易存查；播放不当，易引起反感。

（4）广播。广播媒体的优势是：传播迅速及时；制作简单，费用较低；灵活性强，传播范围广。不足是：有声无形，形式单调；不便记忆；不便存查。

以上四种广告媒体是最常用的，被称为四大广告媒体。此外还有一些广告媒体，称其他广告媒体，如互联网、壁图、橱窗、车船、霓虹灯等。特别是互联网，比之所有传统媒体，具有速度快、容量大、范围广、可检索、可复制以及交互性、导航性、丰富性等优点，发展极为迅速。

2. 广告媒体的选择

正确地选择广告媒体，一般要考虑以下影响因素：

（1）产品的特性。广告媒体只有适应产品的特性，才能取得较好的广告效果。生产资料和生活资料、高技术产品和一般生活用品、价值较低的产品和高档产品、一次性使用的产品和耐用品等都应采用不同的广告媒体。通常，对高技术产品进行广告宣传，面向专业人员，多选用专业性杂志；而对一般生活用品，则适合选用能直接传播到大众的广告媒体，如广播、电视等。

（2）消费者接触媒体的习惯。能使广告信息传到目标市场的媒体是最有效的媒体。如，对儿童用品的广告宣传，宜选电视媒体；对妇女用品进行广告宣传，选用妇女喜欢阅读的妇女杂志或电视，其效果较好，也可以在妇女商店布置橱窗或展销；老年人有更多的闲暇看电视听广播，因此电视和广播也是宣传老年用品的极佳媒体。

（3）媒体的传播范围。媒体传播范围的大小直接影响广告信息的传播区域。适合全国各地使用的产品，应以全国性发放的报纸、杂志、广播、电视等做广告媒体；属地方性销售的产品，可通过地方性报刊、电台、电视台、霓虹灯等传播信息。

（4）媒体的费用。各种广告媒体收费标准不同，即使同一种媒体，也因传播范围和影响力的大小而有价格差别。考虑媒体费用，不应单纯计较总金额，同时应考虑广告促销效果，常用指标：千人平均成本。如果使用电视做广告需支付20 000元，预计目标市场收视者 2 000万人，则每千人支付广告费是1元；若选用报纸作媒体，费用10 000元，预计目标市场收阅者 500万人，则每千人广告费为2元。相比较结果，应选用电视作为广告媒体。

总之，要根据广告目标的要求，结合各广告媒体的优缺点，综合考虑上述各影响因素，尽可能选择使用效果好、费用低的广告媒体。

三、广告的设计原则

广告效果，不仅决定于广告媒体的选择，还取决于广告设计的质量。设计广告时必须遵循以下原则。

1. 真实性

广告的生命在于真实。真实性体现在两方面。一是内容要真实，包括：广告的语言文字要真实，不宜使用含糊、模棱两可的言词；画面也要真实，并且两者要统一起来；艺术手法修饰要得当，以免使广告内容与实际情况不相符合。二是广告主与广告商品也必须是真实的，不能虚构。依据真实性原则设计广告，这也是一种商业道德和社会责任。

2. 思想性

广告在传播经济信息的同时，也传播一定的思想意识，必然会潜移默化地影响社会文化、社会风气。思想性体现在：广告必须符合社会文化、思想道德的客观要求，要有利于社会主义精神文明，有利于培养人们的高尚情操。

3. 合法性

广告设计，无论从内容、形式都要合法。广告要遵循党和国家的有关方针、政策，不违背国家的法律、法令和制度；严禁出现带有中国国旗、国徽、国歌标志、国歌音响的广告内容和形式，杜绝损害我国民族尊严的、甚至有反动、淫秽、迷信、荒诞内容的广告等。

4. 针对性

广告的内容和形式要富有针对性，即对不同的商品、不同的目标市场要有不同的内容，采取不同的表现手法。由于各个消费者群体都有自己的喜好、厌恶和风俗习惯，为适应不同消费者群的不同特点和要求，广告要根据不同的广告对象来决定广告的内容，采用与之相适应的形式。

5. 艺术性

广告是一门科学，也是一门艺术。广告的设计要吸收文学、戏剧、音乐、美术等各学科的艺术特点，把真实的、富有思想性、针对性的广告内容通过完善的艺术形式表现出来。只有这样，才能使广告像优美的诗歌，像美丽的图画，成为精美的艺术作品，给人以很高的艺术享受，使人受到感染，增强广告的效果。这就要求广告设计要构思新颖，语言生动、有趣、诙谐，图案美观大方，色彩鲜艳和谐，广告形式要不断创新。

四、广告效果的测定

广告效果有传播效果、促销效果和本身效果之分，因此要从三方面测定广告效果。

1. 广告传播效果的测定

广告传播效果是指具有说服动机的广告信息对受众心理、态度和行为的影响，即广告传播活动在多大程度上实现了广告目标；同时也包括广告信息带来的一切影响和后果。是以广告的收看、收听、认知、记忆等因素为依据来衡量广告传播的效果。衡量广告传播效果的指标主要有：

（1）接收率。指接收某种媒体广告信息的人数占该媒体总人数的比重。

$$接收率=\frac{接收广告信息的人数}{接触该媒体的总人数}\times 100\%$$

（2）认知率。指接收到广告信息的人数中，真正理解广告内容的人所占的比重。

$$认知率=\frac{理解广告内容的人数}{注意到此广告的人数}\times 100\%$$

2. 广告促销效果的测定

广告促销效果，是广告的直接经济效果，反映广告费用与商品销售量（额）之间的比例关系。广告促销效果的测定，是以商品销售量（额）增减幅度作为衡量标准的。常用指标有：

（1）广告费用占销率。利用该指标可以测定出计划期内广告费用对产品销售量（额）的影响。广告费用占销率越小，表明广告促销效果越好；反之则越差。

$$广告费用占销率=\frac{广告费}{销售量（额）}\times 100\%$$

（2）广告费用增销率。该指标可以测定计划期内广告费用增减对广告商品销售量（额）的影响。广告费用增销率越大，表明广告促销效果越好；反之则越差。

$$广告费用增销率=\frac{销售量（额）增长率}{广告费用增长率}\times 100\%$$

（3）单位费用促销量（额）。该指标可以测定单位广告费用促销商品的数量或金额。单位广告费用促销量（额）越大，表明广告效果越好；反之则越差。

$$单位广告费用促销量（额）=\frac{销售量（额）}{广告费用}$$

（4）单位费用增销量（额）。该指标法可以测定单位广告费用对商品销售的增益程度。单位广告费用增销量（额）越大，表明广告效果越好；反之则越差。

$$单位广告费用增销量（额）=\frac{报告期销售量（额）-基期销售量（额）}{广告费用}$$

（5）弹性系数。即通过销售量（额）变动率与广告费用投入量变动率之比值来测定广告促销效果。

$$E=\frac{\Delta S/S}{\Delta A/A}$$

式中：S——销售量（额）；

ΔS——加广告费用后的销售增加量（额）；

A——广告费用原有支出额；

ΔA——增加的广告费支出额；

E——弹性系数，即广告效果。E值越大，表明广告的促销效果越好。

3. 广告本身效果的测定

广告本身效果不是以销售数量的大小为衡量标准，而主要是以广告对目标市场消费者所引起心理效应的大小为标准，包括对商品信息的注意、兴趣、情绪、记忆、理解、动机等。因此，对广告本身效果的测定，应主要测定知名度、注意度、理解度、记忆度、视听率、购买动机等项目。

任务实施的方法与步骤

1. 以5~8人的学习小组为单位，分别讨论相关问题
2. 结合项目具体任务，随机指定两个小组，由其派代表回答其中的一个问题
3. 其他小组可结合发言人的阐述进行提问
4. 老师点评，总结本单元内容

拓展知识

好地板自己会说话《实验篇》电视广告赏析

画　面	音　响
背景：大楼林立的现代都市	海关大楼的钟声隐隐约约
1. 早晨，阳光穿透薄薄的晨曦纱一样飘落，大楼前的广场上散散落落地堆放着永林蓝豹金刚板，地板上坐着得意洋洋的小蓝豹，一群工人正在路上铺设地板 字幕：让我们做个实验吧	小蓝豹奶声奶气的声音：让我们做个实验吧!
2. 阳光色的地板，温暖而明亮 字幕一个一个地蹦出来：第一天，晴。	咔嗒咔嗒的打字声
3. 一辆接一辆的摩托车在地板上呼啸而过，几辆自行车压过地板，形形色色人群的腿脚走过地板，小蓝豹在车轮与腿脚之间躲来闪去。一支燃烧的烟头扔在地板上，红色的烟头上烟气袅袅 小蓝豹受惊地一跳	摩托的马达轰鸣声，自行车铃声，人群熙熙攘攘 “咚”的鼓声 小蓝豹咯咯咯的笑声
4. 黑底白字：第三天，阴。	咔嗒咔嗒的打字声
5. 汽车唰地在地板上飞驰而过，雨水四处飞溅，自行车、人腿在地板上急匆匆地碾过 小蓝豹拼命甩脑袋，水珠乱飞	嘈杂的车声、雨声、人声连成一片
6. 黑底白字：第五天，晴。	咔嗒咔嗒的打字声
7. 阳光灿烂的日子，永林蓝豹金刚板放着光鲜的亮泽，一群五颜六色脚踩滑轮的孩子兴高采烈地溜过地板	孩子们快乐的欢呼声
8. 特写:依然完好如初的永林蓝豹金刚板 字幕一个接一个地蹦出来: 5 076人次，758辆自行车，143辆机动车，24小时雨淋，7个烟头	男声:几天来，永林蓝豹金刚板，经受如此考验，依然完好无损
9. 小蓝豹得意地在画面一角竖起大拇指	好地板自己会说话
10. 企业标版	

资料来源：张丁卫东. 营销策划：理论与技艺. 北京：电子工业出版社，2007:201

单元4　营业推广

知识目标

1. 理解营业推广的内涵
2. 掌握营业推广手段及其适用范围

能力目标

1. 具备分析营业推广案例的能力
2. 具备评估营业推广效果的能力
3. 具备初步营业推广策划的能力

引导案例

雅芳购物“三级跳”

雅芳（Avon）是美国最大的500家企业之一，现今雅芳全球年销售额达90亿美元，通过280余万名独立营业代表和拓展中的零售渠道，向全球135个国家和地区的女性提供2万余种产品，在45个国家和地区有直接投资。

雅芳在其19周年庆之际，特别推出“欢乐周年一起来‘蹦极’”的购物“三级跳”精彩促销活动，声明消费者只要冲破“蹦极”极限，就可满载而归。具体活动内容如下：

1级跳：轻松买满60元得一张标签，再加1元，可随意挑选两款经典香露中的一款；

2级跳：轻松买满120元得两张标签，再加1元，可在俏冬手套和暖帽中随意二选一；

3级跳：轻松买满240元得两张标签，再加1元，即可获得时尚围巾一条。

这次活动不仅扩大了雅芳的品牌形象，而且大大提高了产品的销售量。据雅芳的促销小姐介绍，她们的产品销量比以前大幅上升，赠品也供不应求，还得不断进货。

任务分析

市场竞争日益激烈，品牌数目增加，产品日趋类似，广告成本上升、法律约束等诸多因素，导致企业营销效率下降。因此，营业推广立竿见影的促销效果，使其受到众多企业青睐。结合案例资料，本单元设计如下具体任务：

1. 雅芳在19周年店庆活动中应用了哪些营业推广的手段？
2. 雅芳应用的推广手段，其亮点有哪些？

相关知识

一、营业推广的含义

营业推广，又称销售促进，是人员推销、广告和公共关系以外的能刺激需求、扩大销售的各种促销活动。它由一系列具有短期诱导性的战术性促销方式组成。概括说来，营业推广有如下特点。

1. 促销的非连续性

营业推广一般是为了某段时期的促销目标专门开展的一次性促销活动。即它不像广告、人员推销、公共关系那样作为一种连续的、常规性的促销活动出现，活动内容着眼于一些短期的、具体的促销问题，也就说销售促进不能经常使用，所以具有非规则、非周期性的特点。

2. 促销形式多种多样

营业推广的方法多种多样，如优惠券、抽奖活动、加量不加价、积分优惠、现场打折、免费样品等。这些方法各有其长处，企业应根据不同的产品特点、不同的市场营销环境、不同的顾客心理等灵活地加以选择和运用。

3. 促销的短期效应

营业推广是在一个特定的时间里，针对某方面的消费者或中间商提供一种特殊优惠的购买条件，能给买方以强烈的刺激作用。只要方式选择运用得当，其效果能很快地在其经营活动中显示出来。因此，营业推广比较适合于突击式的，需要短期见效的促销目标。

4. 促销手段的局限性

有些产品不适合用此方式，如品牌效果较好的产品不能过多地采取营业推广，而应依靠品牌优势来获得消费者的青睐。营业推广难以建立品牌忠诚，只可能在短时期刺激购买，一旦营业推广结束，可能会面临“销售冷淡期”。故此，一些营销专家建议：不能过分依赖用营业推广招揽生意。否则，不仅起不到促销作用，反而会降低产品的品牌价值。处于衰退期的产品，采用营业推广很难改变其销售大幅度下降的趋势，只可能稍稍延缓销售下降的幅度。

二、营业推广的具体方式

可供选择的营业推广的形式种类很多，各有其特点和适用情况，企业要结合目标市场类型、营业推广目标、市场竞争状况等因素来选择和使用。

1. 针对消费者的营业推广

向消费者推广，是为了鼓励老顾客继续购买、使用本企业产品，激发新顾客试用本企业产品。其方法主要有：

（1）折价促销。即企业通过降低商品的正常售价，以提供给消费者经济利益，从而激发消费者购买欲望，促进商品销售的促销方式。常见的折价形式：直接打折、数量折扣、附加赠送、加量不加价等。这种方式适用于那些消费者熟悉或经常购买的品牌。

（2）优惠券促销。即企业通过一定形式向目标顾客免费赠送的，持券人在指定地点购买商品时可以享受一定优惠的促销方式。

（3）赠送样品促销。向消费者免费赠送样品，以鼓励目标顾客试用。某些单价低、易于以独立小包装的形式分送的日用消费品，可以采用赠送样品的促销方式。

（4）退款促销。企业根据顾客提供的购买某种商品的购物凭证给予一定金额的退款，以吸引顾客，促进销售。退款可以是商品购价的一部分，也可能是全部或超额。一般来说，在售价20%以上的退款才能引起消费者的兴趣。

（5）赠品促销。为鼓励或刺激消费者购买其产品而向消费者免费赠送奖品或礼品。一般是买某件产品，赠送该品牌旗下的其他种类产品，也可能是其他厂商的产品。营销实践中，赠品促销的一种特殊形式是，消费者除支付所购商品费用外，还需要支付一定的费用才能领到赠品。

（6）集点换物促销。也称印花促销或积分优待，指消费者凭借购物凭证换取相应的奖励，作为积分的凭证通常是产品包装，或是包装上的某一特殊标志，如瓶盖、商标贴或包装内的小卡片，也可以是企业发放的积分卡或是积分记录。

（7）有奖销售。即抽奖促销，指消费者在购买某种商品或累计购买达到一定数量时，可以参与厂商事先安排的抽奖活动，最后由厂商从参加者中抽出幸运者并赠送其奖品的促销方法。抽奖的形式有摇奖、摸奖、转奖、兑奖、刮奖等。

（8）会员制促销。又称作俱乐部营销，企业以某种利益或服务为主题，将各种消费者组成俱乐部形式，开展宣传、促销和销售活动。成为会员的条件可以是缴纳一定的会费或购买一定数量的产品。常见的会员制有三种形式：优惠类会员制、积分类会员制、便利类会员制。会员营销能培养消费者的品牌忠诚度，缩短厂商与消费者之间的距离，加强营销竞争力。

（9）路演促销。企业在超市卖场外或其他场所开展现场宣传活动，通过与消费终端的直接沟通树立品牌形象，并在活动中推荐或销售产品，直接拉动产品现场销售。

（10）特价包装促销。企业对其产品给以一定折扣优惠，并把原正常价格与限定优惠价格标明在商品包装或标签上。特价包装的形式，可以将同类商品包装起来减价出售，也可以将两件或多件相关产品包装在一起组合销售，但价格比单独购买一件商品的价格之和要实惠。这种方法适用于非耐用性消费品，短期效果明显。

此外，还有以旧换新、免费试用、返券促销、信贷促销、竞赛和游戏等多种形式。

2. 针对中间商的营业推广

（1）进货折扣促销。进货折扣使用广泛，操作简便，效果显著，是企业吸引中间商的重要促销形式。常见的进货折扣促销形式有：

现金折扣：即企业对于在约定时间内提前付清货款的客户给予一定比例的折扣。

数量折扣：即企业向大量购买本企业产品的中间商提供价格折扣，分为累积性数量折扣和一次性数量折扣。

附加赠送：即企业根据中间商的购买数量，向其赠送一定数量的相同产品。

提前采购折扣：即企业对在销售淡季购买或提前购买产品的客户给予一定比例的折扣。

职能折扣：即企业根据中间商承担的营销职能情况给予不同的折扣。

协作表现折扣：即企业根据中间商的忠诚度与协作状况给予不同的折扣。

进货品种折扣：即企业根据中间商进货品种结构状况给予一定的折扣优惠。

（2）随货赠品促销。具体形式有：

箱外赠送：企业根据中间商进货的多少赠送一定数量的物品。赠品一般在箱外随货送出，一般适用于对批发商的促销。赠送的物品可以是本企业的其他商品或其他企业的产品，也可以是赠品券、折价券、抽奖券、优惠券等。

箱内赠送：将赠品放在封装好的包装内，主要适用于对零售商或整件批量购买的消费者的促销。

（3）销售奖励促销。即对超额完成销售目标的中间商给予的奖励，包括年度销售奖励和阶段性销售奖励。

（4）销售竞赛促销。这是企业常用的激励中间商的促销方式。具体做法有：销售量竞赛、陈列竞赛、店铺装饰竞赛、销售技术竞赛、创意竞赛等。

（5）补贴促销。企业常对中间商采取各种补贴的措施，以激励中间商对企业的支持、合作与努力销售。具体做法有：售点广告补贴、合作广告、商品陈列展示补贴、产品示范表演和现场咨询补贴、降低零售价补贴、点存货补贴、恢复库存补贴、延期付款或分期付款、赊销或代销等。

3. 针对推销人员的营业推广

（1）销售竞赛。竞赛项目可针对销售额、销售增长率、目标达成率、拜访客户数、开发新客户数、货款回收率、销售毛利、销售知识与技术以及客户服务技巧等方面。奖励可以是物质奖励，也可以是晋升、晋级、授予荣誉称号、颁发荣誉证书等精神奖励，也可以是免费观光旅游、带薪休假、教育培训等综合性奖励。

（2）销售红利。为了鼓励推销人员积极推销，企业规定按销售额提成，或按所获利润不同提成。销售人员的报酬与其销售业绩挂钩使其会更主动、积极地工作，销售绩效会不断地体现销售人员的潜力。

（3）培训和协助。培训的目的在于通过提高销售人员的总体素质以促进销售；协助是企业向销售人员提供统一职业装束、用具、样品或模型、销售手册等销售道具，目的在于提高销售人员的销售效率。

三、营业推广的实施过程

企业在进行营业推广时必须有一个科学而又切实可行的方案。企业营业推广方案是企业营业推广活动的具体安排，包括规模与强度、对象、途径、时间及费用等内容。

1. 营业推广规模与强度

一般而言，营业推广规模越大，对潜在消费者产生的影响面就会越大，强度越高，刺激程度就会越强。但从成本效益的角度看，规模大，程度高，不一定就能达到最佳投入产出，过度的刺激在营业推广的同时会造成企业利润的减少，还可能引起消费者的抵触情绪。

2. 营业推广对象

营业推广对象指要明确企业进行营业推广对象是谁，它可以是企业目标市场范围内的所有消费者、中间商和全部推销人员，也可能是特定的团体或人员。一般来说，企业应该选择那些对营业推广刺激反应最强烈的群体作为营业推广的对象，这样能够有效地促进销售，增强营业推广的效果。

3. 营业推广途径

营业推广的形式多样，具体的营业推广形式，可以通过不同的途径来实施，但是每一种途径都有其适应性。例如配合新产品上市的广告，可以用赠送样品的方式，也可以用现场演示的方式，一般不用廉价包装的方式，因为廉价包装更适合于推销老产品。

4. 营业推广时间

营业推广时间的控制，是营业推广能否取得预期效果的关键因素之一。营业推广持续的时间太短，可能会有一些潜在顾客来不及购买，其影响力可能得不到充分的发挥；如果持续时间太长，会使消费者产生一些疑问；这是不是在推销过剩商品？是不是变相降价？是不是在弄虚作假？这样一来，营业推广的短期刺激作用会被削弱，一些潜在顾客可能会持币观望而不急于购买。目前许多企业营业推广活动都存在持续时间过长的弊端，这不仅增加了促销成本，还影响了促销效果。一般来说，营业推广活动以每季度用三周时间开展为宜，每一次推广的周期应与消费者的平均购买周期相近。

5. 营业推广预算

制定营业推广预算的方法一般有两种。第一种是根据营业推广的形式计算每个项目的费用，再将它们加总得出总费用。主要包括管理成本，如印刷费、邮寄费、宣传活动费等；刺激成本主要有赠品或减价放成等。第二种方法是采用总促销预算比例法，即从总促销预算中拨出一定比例的款项用于营业推广活动。

四、营业推广活动的效果评价

营业推广有两种评价方法可以采用，即销售量比较评价法和推广对象调查法。

1. 销售量比较评价法

销售量比较评价法是指从销售量评价营业推广效果，通过对基本推广活动前、中、后的销售量进行比较分析的评价方法。销售量比较评价法一般认为有四种情况：

（1）稳定上升型。在营业推广期间内销售量不断增加，营业推广结束后仍然保持营业推广期间的销售量，这是一种最理想的状况，也是较少见到的情况。

（2）平起平落型。在营业推广期间销售量增加，推广结束后，销售量又回到原先的水平。这说明营业推广只是使消费者购买时间提前，并没有有效地促使消费者增加使用量，扩大消费者规模和提高企业的市场份额。针对这种情况，对季节性或时间性不强的产品可不进行营业推广，改用其他方式进行促销。

（3）大起小落型。营业推广期间销售量增长快，营业推广结束后销售量有所减少，但总体上销售量增加大于销售量减少。根据这种情况，企业可以在上一营业推广期结束后，经过短时间调整，开展新一轮的营业推广活动。

（4）大起大落型。在营业推广期间销售量增加，营业推广结束后，销售量大幅减少。总体上销售量增加小于销售量减少，这种状况应引起企业密切注意，一旦出现这种情况，应停止新一轮营业推广活动，以免出现更大的损失。

2. 推广对象调查法

推广对象调查法是通过对推广对象的调查以了解他们对营业推广活动的反应，以此来对营业推广效果进行评价的方法。推广对象调查法一般包括调查以下内容：

（1）有多少人知道并记得企业的营业推广活动；

（2）消费者的看法如何；

（3）有多少人在活动期间增加了产品的购买量；

（4）有多少新顾客购买了企业的产品；

（5）营业推广活动对消费者今后的购买行为中的品牌选择有什么影响等。

任务实施的方法与步骤

1. 以5~8人的学习小组为单位，分别讨论相关问题
2. 结合项目具体任务，随机指定两个小组，由其派代表回答其中的一个问题
3. 其他小组可结合发言人的阐述进行提问
4. 老师点评，总结本单元内容

拓展知识

路演流程

1. 热场：播放快节奏的歌曲吸引人气，同时发放DM单。

2. 主持人开场：介绍本次活动的内容以及奖品的设置，并告知消费者：凡在活动期间购买该产品将获得什么优惠，路演当天凡到场的新老顾客凭什么东西将获得什么意外惊喜、现

场观众将获得什么礼品，介绍舞台活动内容等。

3. 有奖问答：主要是吸引更多的消费者参与，实现与消费者的互动，且问题一定要与产品推广有机结合。

4. 介绍活动：再次利用简洁的语言向消费者宣传产品的特点。

5. 开始游戏：首先简单介绍游戏规则，然后通过简单、互动式的游戏环节，让消费者了解更多产品信息。

6. 现场抽奖：现场抽出本场的获奖者并举行颁奖仪式。

7. 结束语：在结束语的同时，主持人应提醒现场消费者下一场路演活动的时间，并告诉他们产品专柜及咨询处的详细地址。

资料来源：张丁卫东. 营销策划：理论与技艺. 北京：电子工业出版社，2007:235

单元5　公共关系

知识目标

1. 掌握公共关系的内涵
2. 掌握公共关系的形式

能力目标

会应用公共关系的方法进行促销活动

引导案例

可口可乐的体育赞助

可口可乐以689. 5亿美元的价值，再度被美国《商业周刊》评为世界十大品牌的榜首。可口可乐赞助体育从1907年赞助美国棒球比赛开始，至今已有90余年的传统。1928年，随着1 000箱可口可乐和参加第9届奥运会的美国代表团一道运抵阿姆斯特丹，揭开了可口可乐赞助奥运会的历史篇章。

可口可乐是世界上最先把赞助当做企业营销组合来看待和运作的企业之一。以1996年为例，高达6. 5亿美元，约占当年沟通预算13亿美元左右的一半和总销售额185亿美元的3.5%。其奋斗目标是“哪里有体育，哪里就有可口可乐”。

可口可乐的赞助对象主要集中于三大目标。

首先是经销商。他们是销售可口可乐的商人，遍布世界各个角落，是连接可口可乐和消费者的桥梁。只有通过他们，才能接触到更多的消费者。因此必须首先加强和他们之间的沟通，取得他们的信任和支持。

其次是消费者。他们是可口可乐的顾客，其中特别强调运动员和广大体育锻炼者和爱好者、新闻界以及舆论界。因为他们或是可口可乐的衣食父母，或是可口可乐形象的传播者。

最后是代理商。可口可乐实行的是代理制，代理商遍布世界许多城市。以中国为例，自从1979年可口可乐公司重返中国市场，在北京建立第一家合资代公司以来，目前这类公司的数量已发展成25家。代理商从总部或分公司获得可口可乐浓缩液和基本原料后，按统一标准进行分装和推广、批发销售，因此可口可乐也非常看重代理商。

任务分析

1. 分析可口可乐的体育赞助对企业经营的影响？

2. 请分析企业应如何借助体育活动来开展营销活动。

相关知识

随着现代信息传播技术和大众传播的发展，公众舆论的作用日益增强，企业必须运用公关手段来引导舆论，营造良好的生存发展环境。

一、公共关系的含义

公共关系，是指社会组织运用沟通手段使自己与公众相互了解和相互适应，以争取公众的理解、支持和协作的一系列管理活动。其主要目的不是为了销售产品，而是通过与社会和企业内部的“对话”来提升形象，内求团结和协调，外求理解与支持，为企业发展赢得良好的内外部环境。

二、公共关系的特点

公共关系是一门“内求团结、外求发展”的经营管理艺术，是一项与企业生存发展休戚相关的事业。公共关系作为促销组合的重要组成部分，与其他促销方式相比，具有以下特点。

1. 注重长期效应

企业通过各种公共关系手段的使用，能树立良好的企业形象和产品形象，但是这个过程不是一朝一夕就能完成的，企业必须要经过长期努力，着眼于长远利益，不计较一城一池之得失。待企业形象、产品形象成功塑造起来，就能长时间地促进销售，稳固市场。

2. 注重双向沟通

公共关系的工作对象是各种社会关系。企业与社会公众之间的联系要通过双方的信息交流与沟通来实现。通过公共关系手段的应用，让企业了解公众，让公众认识企业并愿意接受企业的产品和服务。

3. 注重间接促销

公共关系是通过积极参与各种社会活动，宣传企业形象，扩大企业知名度，增强社会各界对企业的了解和信任，从而达到促销的目的，因此是一种间接促销的行为。

课堂阅读

趣味谈公关

曾经有一位公关经理用一个小伙子追求一位漂亮姑娘的例子来形象地描述公共关系的本质特征，他说，如果小伙子对姑娘大献殷勤，起劲地表白自己如何喜欢、欣赏她，这是推销；如果小伙子精心打扮了自己，并以翩翩风度去吸引姑娘的注意，这是广告；如果小伙子认定目标，制定计划并埋头苦干，取得了优异成绩，赢得了大家的好评，而这种赞美之词又通过众人之口传入姑娘的耳中，使姑娘对小伙子产生了尊敬，进而转为钦佩和爱慕之情，这才是公共关系。

三、公共关系的活动方式

1. 借助新闻媒体宣传

新闻媒体宣传是一种免费广告。企业的公关部门及公关人员的一个主要任务就是发展和创造对公司的产品或员工有利的新闻，撰写故事性的新闻稿件，争取让媒体采用，达到宣传的目的。

2. 策划新闻事件

公关部门策划一些与企业自身密切相关的事件并借助媒体进行报道，吸引公众的注意和兴趣，以达到提高社会知名度、塑造企业良好形象的目的。如金六福成为奥运赞助商举行新闻发布会，利用报纸、电视、网络等多种媒体进行详细报道。

3. 参与和赞助社会公益活动

赞助是企业最常采用的公共关系方式，包括：体育运动、文化娱乐活动、教育事业、社会慈善和福利事业等。如有的企业热心于“希望工程”、“西部水窖工程”等，以引起社会各界公众及媒体关注，树立企业热心公益事业、福利事业的良好形象。

4. 举办专题活动

如举办展销会、博览会、开业庆典、周年纪念日、答谢会等专题活动，向公众宣传企业，介绍产品，促进公众对企业的了解和支持。

5. 进行公关宣传

一是发布公关广告，即为形成某种进步或具有积极意义的社会风气或宣传某种新观念而做的广告；二是印制各种宣传品，如产品画册、企业刊物、企业影像等资料，介绍企业的发展史、宣传企业文化、推荐企业产品。

6. 导入CIS

CIS，即企业形象识别系统。企业综合运用现代设计和企业管理的理论和方法将企业的经营理念、行为方式和个性特征等信息加以系统化、规范化和视觉化，以塑造具体的可感受的企业形象，并通过一定的媒体来传播这种视觉化的形象。如：将代表其形象的视觉符号（色彩、字体、图案等）放置在企业的建筑物、车辆、工作服、业务名片、包装物等上面。

7. 危机公关活动

近年来频出的毒奶粉、苏丹红、天价茅台、染色馒头、腾讯对战360等事件，把一些企业推向了社会舆论的风口浪尖，因此，危机公关作为重中之重也就提上了相关企业的议事日程。危机公关，需要动用整个企业的力量及各种传播媒介来处理危机，协调与平衡企业与公众之间的紧张关系，变危机为商机。

当企业面对此类危机时，应在第一时间内，本着诚意、诚恳、诚实的原则与公众真诚沟通，说明事实真相，勇于承担责任，求得公众谅解。

任务实施的方法与步骤

1. 以5~8人的学习小组为单位，讨论相关问题及策划方案
2. 随机指定一个小组由其选派代表发言
3. 其他小组同学就发言人的观点进行提问，由发言人及组内其他同学解释及补充
4. 老师点评，总结本单元内容

拓展知识

赞助——公共关系最常用的手段

赞助是社会组织以提供资金、产品、设备、设施和免费服务等形式无偿赞助社会事业或社会活动的一种公关专题活动。赞助活动是一种对社会作出贡献的行为，是一种信誉投资和感情投资，是企业改善社会环境和社会关系最有效的方式之一。

我国早在南北朝时期就有了关于赞助的记载。在梁・慧皎《高僧传・义解二・道安》中写道："安以白马寺狭，乃更立寺，名曰檀溪，即清河张殷宅也。大富长者，并加赞助，建塔五层，起房四百。"由此可见，赞助这种形式古已有之，并流行于当代，成为公共关系诸多手段中最常用的一种。赞助在现代企业中，发挥着非常重要的作用：

（1）通过赞助活动做广告，能增强广告的说服力和影响力。赞助活动作为广告宣传的载体，易赢得公众的好感；同时通过赞助所获得的"冠名权"能提高广告的效果。

（2）能帮助企业树立关心社会公益事业的良好形象。赞助活动，有助于企业赢得政府与

社区的支持，从而为企业组织的生存与发展营造相对宽松的社会环境。

（3）能帮助企业培养与社会公众的良好感情。举办与公众密切相关的赞助活动，能够有效地培养企业同公众的情感，增进彼此之间的友谊，加强双方的联系，使公众在内心深处认同企业。

（4）能制造新闻效果，扩大社会组织认知度，提高组织在公众中的美誉度。

常见的赞助活动形式有：赞助体育活动、赞助社会慈善和福利事业、赞助教育事业、赞助文化生活等。

赞助实例：

阿迪达斯作为2008年北京奥运会的赞助商，赞助费达3 800万欧元，推出来很多带有奥运标志的运动产品并筹划了奥运期间的市场活动。由于其赞助奥运的强大影响力，当年阿迪达斯就预计到2010年，在华专卖店将扩张至5 000家，分布在500个城市，销售总额将达到10亿欧元。

项目五 基础知识及技能训练

产品策略的制定

基础知识训练

一、单项选择题

1. 产品概念中最基本、最主要的部分是（　　）。

A. 核心产品　　B. 有形产品　　C. 无形产品　　D. 附加产品

2. 企业增加产品项目，提高市场占有率，这是指拓宽产品组合的（　　）。

A. 广度　　B. 深度　　C. 关联性　　D. 前三者的总和

3. 尼康公司提供的照相机都附有各种用途的镜头、滤光镜及其他配件，所有这些项目构成了一个（　　）。

A. 产品组合　　B. 产品项目　　C. 产品大类　　D. 产品系列

4. 某企业生产四大类产品，每大类各有八个产品项目，则产品组合的长度是（　　）。

A. 4　　B. 8　　C. 32　　D. 12

5. 品牌中可以被认出但不能用语言称呼的部分是（　　）。

A. 品牌　　B. 品牌名称　　C. 品牌标志　　D. 商标

6. 美国桂格麦片公司成功地推出桂格超脆麦片后，又利用这一品牌及其图样特征，推出雪糕、运动衫等新产品，其利用了（　　）。

A. 品牌质量决策　　B. 品牌扩展决策

C. 家族品牌决策　　D. 品牌重新定位决策

7. 化妆品、餐具等产品采用一个包装整体出售，这属于（　　）策略。

A. 类似包装　B. 多种包装　C. 组合包装　D. 新奇包装

8. 下列产品可以不使用商品品牌策略的是（　　）。

A. 火腿肠　B.针线包　C. 方便面　D. 瓶装水

9. 企业利润达到最大是在产品生命周期的（　　）。

A. 介绍期　B. 成长期　C. 成熟期　D. 衰退期

10. 电视机从黑白电视机发展到彩色电视机这属于（　　）。

A. 全新产品　B. 换代产品　C. 改进产品　D. 仿制产品

11. 所谓产品线双向延伸，就是原定位于中档产品市场的企业掌握了市场优势后，向产品线的（　　）两个方向延伸。

A. 前后　B. 左右　C. 东西　D. 上下

12. 典型的产品生命周期曲线是一条（　　）。

A. U形曲线　B. S形曲线　C. L形曲线　D. C形曲线

13. 向各类顾客提供某类产品的企业产品组合类型称为（　　）。

A. 全线全面型　B. 市场专业型

C. 产品专业型　D. 有限产品专业型

14. 典型的产品生命周期中销售增长率最高的阶段是（　　）。

A. 导入期　B. 成长期　C. 成熟期　D. 衰退期

15. 产品生命周期是指产品的（　　）。

A. 技术寿命　B. 使用寿命　C. 市场寿命　D. 自然寿命

二、多项选择题

1. 产品生命周期的成熟期的特点是（　　）。

A. 销售增长率下降，销量达到最高

B. 销售增长率高

C. 企业利润持续下降

D. 企业利润达到最高

2. 产品生命周期的成长期的特点是（　　）。

A. 销售增长率高

B. 销量达到最高

C. 企业利润达到最高

D. 企业盈利，且利润增长较快

3. 产品生命周期的投入期的企业营销方针是（　　）。

A. 准　B. 优　C. 改　D. 转

4. 营销中的新产品包括（　　）。

A. 完全新产品　B. 换代新产品　C. 改进新产品　D. 仿制新产品

5. 商品生产经营者使用品牌的目的是（　　）。

A. 使自己的产品与其他单位的同类产品相区别

B. 使自己的不同产品相区别

C. 表明商品的来源

D. 表明商品的特质

6. 企业采用统一品牌策略（　　）。

A. 能够降低新产品的宣传费用

B. 有助于塑造企业形象

C. 易于区分产品质量档次

D. 促销费用较低

7. 产品包装一般包括三个部分，即（　　）。

A. 运输包装　　B. 外部包装　　C. 销售包装　　D. 首要包装

8. 品牌的构成主要包括（　　）。

A. 品牌的命名　　B. 品牌的名称　　C. 品牌的标志　　D. 商标

9. 产品整体概念包含的几个层次是（　　）。

A. 核心产品　　B. 实体产品　　C. 消费品　　D. 附加产品

10. 产品组合包括的变数是（　　）。

A. 长度　　B. 相关性　　C. 宽度　　D. 深度

三、判断对错

1. 为了提高企业声誉，制造商不论实力大小，都应设计并使用自己的品牌。（　　）

2. 品牌和商标的功能基本相同，因此可以同等看待。（　　）

3. 产品项目就是指密切相关的一组产品。（　　）

4. 产品一旦进入衰退期，就应立即退出市场。（　　）

5. 创品牌的根本措施是确保产品的高质量。（　　）

6. 由于包装的价值是构成产品价值的一部分，所以产品包装必须与产品本身的价值相符合。（　　）

7. 产品的生命周期是指产品的市场寿命。（　　）

8. 新产品一定是新发明创造的产品。（　　）

9. 任何产品都必须经历投入期、成长期、成熟期和衰退期。（　　）

10. 仿制是企业开发新产品的最快捷途径。（　　）

观念应用训练

一、讨论题

可口可乐公司在1985年宣布改变品牌配方时引起轩然大波，顾客们怨声载道，纷纷抗议，迫使公司不得不恢复原有的配方。可口可乐改变品牌未被顾客接受说明了什么？

二、阅读案例，回答问题

1mm的创意

美国有一家牙膏公司，产品优良，包装精美，深受广大消费者的喜爱，每年营业额蒸蒸日上。记录显示，前十年每年的营业增长率为10%～20%，令董事部雀跃万分。不过，随后的几年里，业绩却停滞下来，每个月维持同样的数字。

董事部对业绩表现感到不满，便召开全国经理级高层会议，以商讨对策。

会议中，有名年轻经理站起来，对董事部说："我手中有张纸，纸里有个建议，若您要使用我的建议，必须另付我5万元！"

总裁听了很生气说："我每个月都支付你薪水，另有分红、奖励。现在叫你来开会讨论，你还要另外要求5万元。是不是过分了？"

"总裁先生，请别误会。若我的建议行不通，您可以将它丢弃，一分钱也不必付。"年轻的经理解释说。"好！"总裁接过那张纸后，阅毕，马上签了一张5万元支票给了那位年轻经理。那张纸上只写了一句话：将现有的牙膏开口扩大1毫米。

结合案例内容，回答以下问题：

1. 谈谈产品的创意在企业营销中的重要性。

2. 这位年轻经理的建议涉及了哪一种包装策略？这种策略对企业有何好处？

情景模拟训练

你正在参加公司的主管联席会议，此次会议的议题是商讨是否推出一种新产品。身为制造部门的负责人，你深知在目前的形势下推出此种产品是不明智的：制造成本过高，一旦决定推出该新产品，最后的摊子肯定要烂在你这里。不过，你很清楚，推出新产品是企业最高当局所渴望实现的一件大事。在这次会议中，你应采取什么态度？

1. 保持沉默，一切顺其自然。

2. 反对推出该新产品，因成本太高。

3. 提议由最高领导班子决定是否推出新产品。

4. 提议由研发部对该新产品做进一步的试验，并请会计部门估算该新产品的制造成本。

请几位同学，分设角色，进行角色扮演，并从中总结整理出可行的做法。

思维拓展训练

楚人有卖其珠于郑者，为木兰之柜，熏以桂椒，缀以珠玉，饰以玫瑰，辑以羽翠。郑人买其椟而还其珠。《韩非子·外储说左上》

故事大意：楚国有个珠宝商到郑国去卖珍珠，为了吸引顾客，他做一个很漂亮的用名贵木料做成的匣子，匣子还镶嵌着宝石和翡翠，看起来十分华贵。一个郑国的买主抱着珍珠匣子便以高价买下，打开匣子取出珍珠还给楚国商人。故事意在告诉我们，郑国人买椟还珠，实在是没有眼力，取舍不当。

你还能从营销的角度分析一下这个故事吗?

实训项目

整体产品设计

设计下列产品整体概念的三个层次，核心产品（核心利益）、形式产品（外观、品牌、包装等）、延伸产品（服务项目）。

化妆品　个人电脑　汽车　饮品　全自动洗衣机

每个同学选择一种产品，根据产品整体概念包括的三个层次这一思路，进行整体产品的设计。产品设计要求内容完整，设计合理，具有一定的新颖性，符合现代市场营销观念的要求。

学生可以分成若干小组，实行分组讨论互相启发，通过各种形式查阅相关资料，归纳整理，独立思考并完成任务。

价格策略的制定

基础知识训练

一、单项选择题

1. 维持生存的定价目标只要求产品价格能弥补（　　）和部分固定成本。

A. 总成本　　B. 变动成本　　C. 销售成本　　D. 生产成本

2. 产品定价的最高限度取决于（　　）。

A. 市场竞争　　B. 市场需求　　C. 生产成本　　D. 产品质量

3. 若通过降低产品价格以提高其销量，一般对以下（　　）类产品效果最明显。

A. 生产原料　　B. 生活必需品　　C. 特效药　　D. 高级化妆品

4. 允许将价格定在成本以下的定价方法是（　　）。

A. 成本加成定价法　　B. 目标利润定价法　　C. 变动成本定价法　　D. 竞争价格定价法

5.在企业定价方法中，以收回目标投资收益率的定价法属于（　　）。

A. 成本导向定价法　　B. 需求导向定价法　　C. 竞争导向定价法　　D. 市场导向定价法

6. 需求导向定价法是以（　　）对商品价值的理解和需求程度为出发点的定价方法。

A. 生产企业　　B. 顾客　　C. 竞争对手　　D. 中间商

7.体育馆对于不同座位制定不同的票价，采用的是（　　）策略。

A. 因产品样式而异的差别定价　　B. 因空间而异的差别定价

C. 因顾客而异的差别定价　　D. 因时间而异的差别定价

8. 可销价格倒推法是先定（　　）。

A. 零售价　　B. 可销零售价　　C. 可销批发价　　D. 可销出厂价

9. 建筑包工、大型设备采购、政府大宗采购通常采用（　　）定价。

A. 拍卖定价法　　B. 随行就市定价法　　C. 密封投标定价法　　D. 成本加成定价法

10.（　　）不属于产品组合定价策略。

A. 产品线定价　　B. 任选品定价　　C. 互补品定价　　D. 累计数量折扣

11. 当产品市场需求弹性较大且在成本方面有一定优势时，企业便具备了（　　）的可能性。

A. 渗透定价　　B. 撇脂定价　　C. 声望定价　　D. 招徕定价

12. 撇脂定价策略一般适用于（　　）。

A. 市场新产品　　B. 技术新产品　　C. 替代产品　　D. 任选品

13.（　　）是指对那些有较高声誉的名牌高档商品或在名店销售的商品制定较高的价格，以满足消费者求名和炫耀的心理。

A. 声望定价　　B. 招徕定价　　C. 尾数定价　　D. 心理定价

14. 非整数定价一般适用于（　　）的产品。

A. 价值较高　　B. 高档　　C. 价值较低　　D. 奢侈

15. 许多商场、超市经常推出"特价"、"惊爆价"商品，这属于（　　）。

A. 现金折扣　　B. 招徕定价　　C. 特别事件定价　　D. 习惯定价

16. 为鼓励顾客购买更多物品，企业给那些大量购买产品的顾客的一种减价称为（　　）。

A. 功能折扣　　B. 数量折扣　　C. 季节折扣　　D. 现金折扣

17.（　　）是企业向为其产品进行广告宣传，橱窗布置，展销等促销活动的中间商所给的一定价格折扣或让价。

A. 现金折扣　　B. 数量折扣　　C. 促销折让　　D. 季节折扣

18. 企业将整体市场划分为若干区域，不同区域内的产品价格可能不同，但同一区域内实行完全相同的价格，这种定价策略属于（　　）。

A. 产地交货定价　　B. 统一交货定价　　C. 运费补贴定价　　D. 分区运送定价

19. 如果厂商急需在某地区开展业务，它可能使用（　　）。

A. 统一交货定价　　B. 分区运送定价　　C. 基点定价　　D. 运费补贴定价

20. 企业的产品供不应求，不能满足所有顾客的需要，企业应该通过（　　）来遏制需求，获取高额利润，为扩大生产提供条件。

A. 降价　　B. 提价　　C. 维持价格不变　　D. 降低产品质量

二、多项选择题

1. 企业定价目标主要有（　　）。

A. 维持生存　　B. 利润最大化　　C. 市场占有率最大化　　D. 产品质量最优化

2. 需求价格弹性大的商品降价，一般会（　　）。

A. 增加销量　　B. 减少销量　　C. 增加销售收入　　D. 减少销售收入

3. 以下（　　）价格形式属于需求差异定价?

A. 景区门票对本地人实行价格优惠　　B. 商场在节假日实行酬宾大减价

C. 体育馆不同位置的座位票价不同　　D. 对大量购买的顾客给予优惠

4.比较常用的拍卖定价的具体方法有（　　）。

A. 英式拍卖　　B. 荷兰式拍卖　　C. 美式拍卖　　D. 复式拍卖

5. 只要具备了下述条件（　　）当中的一项时，企业就可以考虑通过低价来实现市场占有率的提高。

A. 市场对价格反应迟钝　　B. 低价能吓退现有的和潜在的竞争者

C. 市场对价格高度敏感　　D. 企业能较长期占领市场

6. 折扣与让价策略包括（　　）。

A. 数量折扣　　B. 季节折扣　　C. 现金折扣　　D. 交易折扣

7.（　　）属于心理定价策略

A. 品牌差价策略　　B. 尾数定价策略　　C. 如意定价策略　　D. 声望定价策略

8. 引起企业降价的原因主要有（　　）。

A. 经济不景气　　B. 企业市场占有率下降

C. 产品供不应求　　D. 企业成本费用比竞争对手低

9. 企业降价多采用明降和暗降方式实现，下列属于暗降的有（　　）。

A. 津贴　　B. 改进产品性能　　C. 赊销　　D. 有奖销售

10. 引起企业提价主要有（　　）等原因。

A. 通货膨胀，物价上涨　　B. 企业市场占有率下降

C. 产品供不应求　　D. 挤垮竞争者

三、判断对错（对的打√，错的打×）

1. 企业陷入困境，处于破产边缘时，应把提高企业及产品形象作为主要的定价目标。（　　）

2. 单位产品价格越高，越能实现企业利润最大化。（　　）

3. 正常情况下，企业产品定价的最低限度是单位成本。（　　）

4. 想打败竞争对手，就一定要给产品定最低价格。（　　）

5. 资源实力雄厚，并拥有特殊技术的企业，可采取高于竞争对手的价格定价。（　　）

6. 撇脂定价是要在产品刚上市时以较低的价格推向市场，以便迅速扩大市场份额。（　　）

7. 在产品组合定价策略中，一般制造商对购买次数少且对价格敏感的产品制定较低的价格。（　　）

8. 任何情况下，降价都能扩大产品的销售量。（　　）

9. 面对激烈的竞争，企业为了生存和发展，应始终坚持只降价不提价的原则。（　　）

10. 基点定价是企业选定某些城市作为基点，然后按一定的厂价加上从基点城市到顾客所在地的运费来定价，按照顾客最远的基点计算运费。（　　）

观念应用训练

一、你认为以下几种说法是否有道理？并简要说明理由。

1. 凡是亏本的买卖都不能做。

2. 只要提价定能增加收入和利润。

3. 薄利多销，是永恒的真理。

二、请结合定价的相关原理和技巧解释印度画家的行为。

在比利时的一间画廊里，一位美国画商正和一位印度画家在讨价还价，争辩得很激烈。其实，印度画家的每幅画底价仅在10~100美元之间。但当印度画家看出美国画商购画心切时，对其所看中的3幅画单价非要250美元不可。美国画商对印度画家敲竹杠的宰客行为很不满意，吹胡子瞪眼地要求降价成交。印度画家也毫不示弱，竟将其中的一幅画用火柴点燃，烧掉了。美国画商亲眼看着自己喜爱的画被焚烧，很是惋惜，随即又问剩下的两幅画卖多少钱。印度画家仍然坚持每幅画要卖250元。从对方的表情中，印度画家看出美国画商还不愿意接受这个价格。这时，印度画家气愤地点燃了火柴，竟然又烧了另一幅画。至此，酷爱收藏字画的美国画商再也沉不住气了，态度和蔼多了，乞求说："请不要再烧最后这幅画了，我愿意出高价买下!"最后，竟以800美元的价格成交。

三、结合家乐福大玩价签戏法一事，谈谈企业定价与企业营销道德建设的关系。

据经济之声《天天315》报道，价签上标低价，结账时却收高价；明明是打折，促销价却和原价相同。家乐福超市虚假促销，被消费者质问却百般狡辩。

结账时价格变高，顾客求解释被打

最近，昆明的张老先生和老伴到昆明家乐福白云店购物，看到柜台上的标签显示"前腿肉每公斤18元8角"。他们觉得实惠，就挑了一大块前腿肉。结果到柜台结账后发现，小票上显示的价格竟然是21元8角一公斤。发现标价和售价不符后，张老先生老伴就喊服务人员查询价格并作出解释。这时一名20多岁的男员工赶到现场，态度很强硬，说就是这个价格了，如果不愿意买可以马上退货。双方为此发生争执，张老先生的老伴被这名家乐福员工打断了手骨。

商品上面挂低价，底部却"藏"高价

上海消费者沈先生反映：前不久他在上海联洋家乐福买了个不倒翁。挂在上面的价格是19元，可是卖出的价格却是25元。付完钱后，看到价格不符，沈先生问工作人员，工作人员给出的解释是条形码的价格在不倒翁的底部。沈先生非常生气：既然底部有价格为什么还要挂19元的价格？这种诱导消费者买东西的做法合适么？

货架上标8. 7元，收银时变9. 3元

武汉消费者王先生也投诉武汉洪山家乐福"价格欺诈"。前不久，王先生在武汉家乐福洪山广场店购买了大袋的康师傅酸菜牛肉面。货架上的标价是8. 7元，而收银时却收了9. 3元。第二天，当他再次来到这家店的时候，发现货架上的标价依然没有改变。接到投诉后，记者迅速赶到家乐福洪山广场店，发现货架上的康师傅酸菜牛肉面标价确实为8. 7元。记者随即购买一袋，收银台打出的票据确实是9.3元。

针对这个问题，该店客服中心叶经理说，问题出在不久前该商品做了促销活动，活动结束后没能及时更换货架上的标价。

家乐福在各地的超市出现“标低价卖高价”已经不止一次两次，也不是一家两家。不止一个消费者遇到这种“欺价”情况，那就说明超市有问题。如果是偶然的弄错价格，为什么每次都把价格往高了弄错呢？为什么不把价格往低了弄错呢？

24%的人明确表示，遇到过价格欺诈

针对商家价格欺诈的问题，记者在网上发起了一个调查。

调查结果是：4%的人没有遇到过价格欺诈；13%的人没有对比过价格，所以没有注意过；24%的人遇到过价格欺诈。

13%的人遇到价格欺诈会跟商家交涉；6%的人遇到价格欺诈会向工商或消协投诉；36%遇到价格欺诈自认倒霉，没有投诉过。

资料整理自2011年01月19日重庆晚报

情景模拟训练

一、讨价还价训练

1. 具体要求

从图书馆、互联网查阅讨价还价的方法与技巧知识；

参阅《超级侃价》，精心做好讨价还价训练准备；

不露痕迹与老板或销售人员进行讨价还价；

认真完成讨价还价过程描述及心得体会。

2. 步骤

按学习小组分头进行，各组指定专人负责；

利用双休日，选择某商品市场，选定自己要购买的商品进行讨价还价实践；

写出讨价还价过程及心得体会。

附：超级侃价

顾客：老板，请问这条裤子多少钱？

老板：180元，广州正宗货，要不要？

顾客：我先看看……

老板：别看了，东西是好东西，给你优惠点170元。

顾客：这也叫优惠啊？

老板：呵呵，好吧就140元，这回可以了吧。

顾客：哈哈哈哈，我笑！

老板：你笑什么，难道嫌贵？

顾客：不，何止是贵，简直就是用水泵抽我的血！

老板：哪里有那么夸张，看你是本地人就120元吧。

顾客：……

老板：你不会还嫌贵吧，我最多只挣你几块钱。

顾客：不，我没有说贵，这条裤子值这个价钱。

老板：你真有眼光，快买吧。

顾客：裤子是好裤子，只是我口袋里的票子有限啊。

老板：那你口袋里有多少钱啊？

顾客：90元。

老板：天啊，你开玩笑，赔死我了，再添10元。

顾客：没的添，我很想给你120元，可无能为力。

老板：好吧，交个朋友，你给90元拉倒。

顾客：我不会给你90元的，我还要留10元的车费。

老板：车费？这和你买裤子有什么关系？

顾客：当然，我来自很远很远的地方，我必须坐长途汽车回去，车费10元。

老板：你骗人！

顾客，我从十八岁以后再也没有骗过人，相信我。你看我的脸，多么的真诚啊。

老板：虽然我看不出来你的真诚，但我认赔了，算你80元好了。

顾客：等等，我还要补充一点，我还没有吃早饭，我很饿。

老板：你！！天啊，你太过分了，你在要花招。

顾客：相信我，我很真诚。如果再不吃饭的话，我会昏倒在你面前。

老板：我真是倒霉，遇到你这样的滑头。可你的确过分，一会要坐车，一会又要吃早饭。是不是你一会还要说你口渴，想喝饮料呢？

顾客：你太小瞧我了。相信我，我没有要求了。

老板：相信你？最后一次？

顾客：是的，相信我。

老板：好吧，痛快些，70元。

顾客：我这就给你钱。

老板：快些。

顾客：等等，这里的颜色好像有点不对劲啊。

老板：不，不是，这是磨砂颜色，故意弄成这个样子的，这叫流行。

顾客：是吗，怎么看起来像旧裤子，怪怪的。

老板：什么？你侮辱我人没有关系，请你不要侮辱我的裤子。这是真东西。

顾客：……

老板：好吧，我给你看我的进货单……你瞧，进货日期是上个礼拜，进货单位是广州某某服装厂，这怎么能是旧裤子呢？

顾客：哦，对不起我误会了，不过……天啊，进货价：20元每件。

老板：哦，不对，不对。这是没有上税前的价钱，缴税后每条成本价是40元。

顾客：你在撒谎，你以为我是傻瓜吗，这是增值税发票，是缴税后的价格。这条裤子只值20元，可你……

老板：嘿嘿……做生意吗，你要知道我每天的门面房租金上百呢，不赚钱我吃什么？

顾客：光天化日、朗朗乾坤，你心太黑！

老板：嘿嘿，30元行不!让我赚点。

顾客：钱是小意思。只是你的行为让我气愤。你深深伤害了一个消费者的心灵。

老板：有那么严重？

顾客：难道你认为欺骗行为不严重吗？再发展下去，可就是诈骗，就是犯罪！

老板：妈呀，好夸张啊。这样，你消消火，我25元卖给你，就赚五元。

顾客：什么？25就是二百五的意思，你瞧不起我？

老板：没有没有，就24吧。

顾客：有一个4，就是“死”的意思，不吉利，我很迷信的。

老板：天，23没有毛病吧？

顾客：好吧，成交！

资料来源：沙河．超级侃价．淮海晚报

二、该不该接受外商的订单

某厂家健身器年生产能力为1 500台，已接订单1 000台，全年应摊固定成本40万元，则每台应摊固定成本400元，单位变动成本800元。按摩器年生产能力1 000台，已接订单1 000台，全年应摊固定成本10万元，则每台应分摊固定成本100元，单位变动成本400元。

一日，某外商前来洽谈订货，拟定购健身器400台，按摩器200台。外商报价健身器1 000元，按摩器450元。而厂家健身器出厂价为1 600元，按摩器600元。由于外商报价太低，谈判陷入僵局。营销经理王某前来厂长办公室汇报谈判情况，请示对策。

请各学习小组分派代表模拟王经理和厂长，进行角色扮演。

思维拓展训练

卖石头

一天，一位禅师为了启发他的门徒，给他一块很美丽的石头，叫他去菜市场试着卖掉。但师父说：“不要卖掉它，只是试着卖掉它。注意观察，在菜市场能卖多少钱。”

这个人去了。在菜市场，许多人看着石头想：它可作很好的摆件，我们的孩子可以玩，或者可以当秤砣，或者用来腌菜。他们出价不过几个硬币。门徒回来说：“它最多卖几个硬币。”师父说：“现在你去黄金市场，问问那儿的人。”从黄金市场回来，门徒很高兴，说：“这些人太棒了，他们乐意出到1000块钱！”师父说：“现在你去珠宝商那儿。”他去了珠宝商那儿，简直不敢相信，他们竟然乐意出5万块钱。他不愿意卖，他们继续抬高价格——10万、20万、30万……他不能相信："这些人疯了！"

他回来，师父拿回石头说："现在你明白了，石头的价值要看你是不是有试金石、理解力。如果你生活在菜市场，那么你只有那个市场的理解力，就永远不会认识更高的价值。"

资料来源：华夏酒报

上述现象被命名为"凡勃伦效应"，请同学们试着解释"凡勃伦效应"产生的原因，并列举类似的现象。

分销策略的制定

基础知识训练

一、单项选择题

1. 分销渠道所涉及的是商品实体和商品（　　）从生产向消费转移的整个过程。

A. 使用权　B. 支配权　C. 所有权　D. 价值

2. 按照流通环节或层次的多少，分销渠道可分为（　　）。

A. 直接渠道和间接渠道　B. 长渠道和短渠道

C. 宽渠道和窄渠道　D. 单渠道和多渠道

3. 直接渠道主要用于分销（　　）。

A. 工业用品　B. 农产品　C. 生活消费品　D. 食品

4. 接受用户订货是一种（　　）。

A. 直接渠道　B. 间接渠道　C. 长渠道　D. 窄渠道

5. 企业将其产品通过电子商务网站销售，属于（　　）的范畴。

A. 直接推销　B. 直复营销　C. 购物服务　D. 零售

6. 产品单价高、体积大而笨重，可考虑下列何种渠道。（　　）

A. 短而宽　B. 短而窄　C. 长而宽　D. 长而窄

7. 生产资料分销渠道中最重要的类型是（　　）。

A. 生产者→批发商→用户　B. 生产者→用户

C. 生产者→代理商→用户　D. 生产者→代理商→批发商→用户

8. 某企业的主要产品是香皂和洗衣粉，该企业最适合采取（　　）。

A. 选择分销策略　B. 独家分销策略　C. 人员推销策略　D. 密集分销策略

9. 某小企业直接向其所在县城的零售店供应冷冻食品，这种渠道叫（　　）。

A. 直销　B. 一层渠道　C. 二层渠道　D. 三层渠道

10. 经销商与代理商的根本区别在于（　　）。

A. 拥有商品的所有权　B. 签订合同

C. 提供市场信息　D. 拥有商品的定价权

二、多项选择题

1. 渠道成员中的中间商包括（　　）。

A. 消费者　　B. 生产者　　C. 批发商　　D. 零售商业

2. 下列商品中，适宜选择短渠道分销的有（　　）。

A. 鲜活商品　　B. 建筑材料　　C. 机器设备　　D. 日用百货

3. 当企业生产经营的是（　　）产品时，宜采用短渠道分销。

A. 单价高　　B. 耐久性强　　C. 技术性强　　D. 市场集中

4. 属于直接分销的形式（　　）。

A. 本地零售店销售　　B. 合同订购　　C. 电话订购　　D. 邮购

5. 制造商在决定是否采取直接渠道时，必须考虑的因素包括（　　）。

A. 顾客定购量　　B. 顾客的购买习惯

C. 所运送产品的特性　　D. 市场范围的大小

6. 企业选择分销渠道应考虑的主要因素有（　　）。

A. 顾客因素　　B. 产品因素　　C. 中间商因素　　D. 企业自身因素

7. 商人中间商包括（　　）。

A. 批发商　　B. 企业代理商　　C. 经纪商　　D. 零售商

8. 适合广泛性分销的产品（　　）。

A. 便利品　　B. 选购品　　C. 标准件　　D. 精选品

三、判断对错

1. 分销渠道是由一系列的中间商所组成的。（　　）

2. 自己进货，并取得产品所有权后再出售的商业企业是经纪人或代理商。（　　）

3. 以大批量、低成本、低售价和微利多销的方式经营的连锁式零售企业是便利商店。（　　）

4. 某企业选择本埠市场为目标市场相应采用短渠道策略。（　　）

5. 一般来说，低价商品应选择短渠道。（　　）

6. 技术性较强的商品适于选择短而窄的分销渠道。（　　）

7. 没有分销商介入的分销渠道，称为一级分销渠道。（　　）

8. 实行独家经销，对于经销商来讲，生产和市场无论发生什么变化，都对其没有多大的影响。（　　）

观念应用训练

一、讨论以下产品各应采取何种分销渠道？

1. 洗发水　　2. 山西老陈醋　　3. 红木家具　　4. 流行服装

5. 钟表眼镜　　6. 小轿车　　7. 家居用品

二、阅读案例，回答问题

宝洁和沃尔玛：对手变盟友

一份战略联盟协议让沃尔玛和宝洁化干戈为玉帛，成为供应链中的合作伙伴，从而结束了两者长期敌对的局面。宝洁是消费型产品的全球领导者，零售巨擘沃尔玛是它最大的客户之一。在20世纪80年代中期，这两家巨型企业之间的关系变得剑拔弩张。宝洁的促销力度很大，给零售商很大的折扣优惠。沃尔玛趁机以超出常规的购买量大量吃进并囤积宝洁的产品。这就给宝洁造成了很多麻烦，它生产太多，伤害了现金流。为了提高现金流，宝洁于是提供更多的推广优惠，而沃尔玛的反应是买得更多，于是这两家公司之间的恶性循环就这样持续下去。

于是，宝洁下决心要化敌为友，向沃尔玛抛出了成立战略联盟的橄榄枝。“第一个难题是如何组建一支由双方的管理人员所组成的运作团队，”凯梅尼和亚诺威茨说：“他们举行了数天的研讨会，通过运用系统思维工具，在共同的商业活动将会给双方带来的结果方面达成了共识。来自宝洁和沃尔玛的管理者们发现，彼此的举措原来可以是合理的，而不是自利的行为。”充分理解对方的需要之后，这两家公司在双赢战略的基础上开始合作，而宝洁也无须再向沃尔玛提供折扣。“这个战略实施非常成功，于是被推而广之——宝洁甚至几乎停止了所有的降价推广活动，为此它几乎得罪了整个零售业。但是这样做的结果却是，宝洁的盈利大幅攀升。”

为了使合作可以运转，这两家公司把软件系统连接到一起，很多信息都实现了共享。据报道，现在，当沃尔玛的分销中心里宝洁的产品存货量低时，它们的整合信息系统会自动提醒宝洁要补货了。

该系统还允许宝洁通过人造卫星和网络技术远程监控沃尔玛每个分店的宝洁产品专区的销售情况，而网络会把这些信息实时反映给宝洁的工厂。宝洁的产品无论何时在收银台扫描，这些工厂都可以知道。这些实时信息使宝洁能够更准确地安排生产、运输以及为沃尔玛制定产品推广计划。节省下来的库存费用就使得宝洁可以向沃尔玛提供更加低价的产品，这样沃尔玛就能继续它的“每日低价”策略了。

沃尔玛和宝洁合作后，双方成立一个协作团队，共同控制商品的质量。双方通过结盟的方式，通过计算机实现信息数据共享。宝洁公司借助数据库，除迅速知道沃尔玛物流中心自己所需的商品情况外，还能及时了解自己商品在沃尔玛各店铺的销售量、库存量和价格等，这不仅能使宝洁公司及时制定出符合市场需求的生产和研发计划，同时也能对沃尔玛的库存做到连续补货，沃尔玛只需要决定商品的进货数量就可以了。反过来，沃尔玛向宝洁反馈市场和消费信息，直接指导宝洁调整产品结构，改进产品质量。双方是一种双赢的合作联盟。

资料来源：品牌时代网http://www.pptime.com/Threads/view/id-7953

思考题：宝洁和沃尔玛是怎样从制造商和零售商的敌对关系转化为双赢的合作关系的？此案例对中国的企业有何借鉴意义？（从当时的背景环境、时间和过程开始，到怎样开始的合作，合作后的效果进行分析，最后总结你自己的观点。）

情景模拟训练

北京某冰箱厂生产的冰箱要销往石家庄，工作人员小李提出来三套分销方案：

1. 在石家庄开设门市部，每月可销300台，该冰箱的生产成本1 200元/台，运往石家庄的运费75元/台，在石零售价可卖1 650元/台，该门市部房租45 000元/月，工作人员工资和其他费用15 000元/月。

2. 在石家庄找三家特约经销商，每月可销冰箱450台，给经销商每台的售价1 365元(包括运费)，每台利润90元。

3. 在北京找一家批发商，通过它把冰箱销往石家庄，每月可销180台，给批发商的每台售价1 275元(不含运费)，每台利润75元。

假如你是这家电冰箱厂的营销经理，面对小李提出的三套方案，该如何抉择呢？进行情景模拟，选择出合适的分销方案，并向大家阐述理由。

思维拓展训练

李先生原来是一家当地有名的服装厂的设计师，因为与老板意见不合而离职。李先生认为自己有很强的新潮服装的设计能力(过去他设计的多套新款服装销路都不错)，便决定自己做老板，拿出多年积蓄开设一家服装厂，并打算在销售渠道方面大胆创新，推出服装邮购销售方式。如何来组织商品销售，他还是一个外行。有关他的构思的可行性如何，他更是心中无底。

资料来源：孙金霞．市场营销．北京：电子工业出版社，2007: 232

请同学们为李先生的服装厂如何组织销售把脉问诊。

实训项目

渠道策划实训

1. 实训内容

每个小组选择一个背景企业，分析其现有渠道，为其撰写一份新的渠道策划方案。

2. 实训要求

（1）要求学生事前搜集背景企业现有产品销售渠道资料。

（2）根据产品渠道模式策划和管理策划的程序和方法，撰写产品渠道策划报告。

3. 实训操作步骤

（1）各策划小组根据已选定的策划项目进行产品渠道策划方案的撰写。

（2）各策划小组派代表上台陈述本小组的产品渠道策划方案，最好用PPT形式展示。

（3）其他小组成员和任课教师对各小组的产品渠道策划方案进行提问，并提出相应的修改意见。

（4）各策划小组根据老师和同学所提意见进行方案的修改。

（5）上交修改后的产品渠道策划方案。

4. 实训评分（满分100分）

由老师和各组组长组成评委，对每组同学进行评分，最后取评委平均分。

（1）营销策划方案的内容是否完整、科学（40分）

（2）营销策划方案是否可行（10分）

（3）营销策划方案是否有创意（20分）

（4）发言代表口头表达是否顺畅，仪态是否大方得体。（10分）

（5）PPT制作水平（10分）

（6）回答问题的水平（10分）

促销策略的制定

基础知识训练

一、单项选择题

1. 以下关于促销与营销的关系说法正确的是（　　）。

A. 促销就是营销　　B. 促销是营销策略中的一个部分

C. 促销是营销的发展　　D. 营销的重点是促销

2. 促销工作的核心是（　　）。

A. 出售商品　　B. 沟通信息　　C. 建立良好关系　　D. 寻找顾客

3. 拉动策略最主要的促销手段是（　　）。

A. 人员推销　　B. 广告　　C. 营业推广　　D. 公共关系

4. 对于单位价值高、性能复杂、需要做示范的产品，通常采用（　　）策略。

A. 广告　　B. 公共关系　　C. 推动　　D. 拉动

5. 下列因素中，不属于人员推销基本要素的是（　　）。

A. 推销员　　B. 推销品　　C. 推销条件　　D. 推销对象

6. 营业推广是一种（　　）的促销方式。

A. 常规性　　B. 辅助性　　C. 经常性　　D. 连续性

7. 购买折扣、免费货品、合作广告、推广津贴、销售竞赛奖等属于针对（　　）的促销工具。

A. 中间商　　B. 推销人员　　C. 消费者　　D. 采购人员

8. 儿童智力玩具一般宜选择（　　）作为广告媒介。

A. 报纸　　B. 广播　　C. 电视　　D. 杂志

9. 从立足点来看，公共关系广告应立足于（　　）。

A. 商业利益　　B. 公共利益　　C. 长远利益　　D. 短期利益

10. 下面不属于公共关系策略的是（　　）。

A. 贫困基金捐献　　B. 处理内部信访

C. 召开部门间的联谊会　　D. 对中间商数量折扣

二、多项选择题

1. 以下属于促销基本手段的有（　　）。

A. 广告　　B. 人员推销　　C. 建立销售网络　　D. 公共关系

2. 促销策略从总的指导思想上可分为（　　）。

A. 组合策略　　B. 综合策略　　C. 拉动策略　　D. 推动策略

3. 促销组合和促销策略的制定其影响因素较多，以下属于其影响因素的是（　　）。

A. 促销时机　　B. 促销目标　　C. 产品因素　　D. 市场特点

4. 人员推销具有如下特点（　　）。

A. 成本较高　　B. 针对性强　　C. 促成交易　　D. 兼做服务

5. 广告的目标主要有（　　）。

A. 宣传产品功能　　B. 告知信息　　C. 诱导购买　　D. 提醒使用

6. 以下属于广告最常用媒体的是（　　）。

A. 报纸　　B. 杂志　　C. 电视　　D. 电影

7. 以下关于营业推广的理解正确的是（　　）。

A. 营业推广对在短时间内争取顾客扩大购买具有特殊的作用，因此营业推广占促销预算的比例越来越高

B. 由于消费者对不同推广方式的反映不同，为引起消费者兴趣，在一次营业推广活动中，应尽量选择较多推广方式

C. 营业推广的影响常常是短期的，对建立长期的品牌偏好不是很大

D. 有奖销售，利用人们的侥幸心理，对购买者刺激性较大，有利于在较大范围内迅速促成购买行为，因此奖励应尽可能大

8. 公共关系的作用对象相当广泛，以下属于其作用范围内的对象有（　　）。

A. 顾客　　B. 社会团体　　C. 竞争对手　　D. 政府机构

三、判断对错

1. 促销是指企业通过人员推销或非人员推销的方式，向目标顾客传递商品或劳务的存在及其性能、特征等信息，帮助消费者认识商品或劳务所带给购买者的利益，从而引起消费者的兴趣，激发消费者的购买欲望及购买行为的活动。（　　）

2. 人员推销是一种“拉”式促销策略。（　　）

3. 拉式策略一般适合于单位价值较高、性能复杂、需要作示范的产品。（　　）

4. “推”式促销策略要求制造商以中间商为主要的促销对象。（　　）

5. 结构简单、标准化程度较高、价格低廉的产品适合人员促销。（　　）

6. 推销员除了要负责为企业推销产品外，还应该成为顾客的顾问。（　　）

7. 在产品成长期的促销组合选择是人员推销、公共关系和广告的效应都降低了，以营业推广为主。（　　）

8. 如果市场区域广阔，那么应多用人员推销，配合以广告和营业推广。（　　）

9. 广告作为促销方式或促销手段，它是一门带有浓郁商业性的综合艺术。（　　）

10. 公共关系的目标是塑造组织形象。

观念应用训练

一、讨论题

广告的真实性，被称为广告的生命。但目前市场上虚假广告泛滥，严重损害了消费者的利益，甚至威胁到消费者的身体健康和生命安全。通过上网或其他途径查找资料，结合实际讨论企业利用广告促销时应注意的问题。

二、阅读案例，回答问题

别出心裁的促销

比利时一家啤酒厂推出了一种新型啤酒，为了迅速打进市场，厂家想尽了各种办法，但是奏效不大。一天厂家人员来到了布鲁塞尔市区一个公园游玩，这里有一个大广场，经常人山人海，公园中央有一尊小男孩撒尿的雕像。面对此景厂家想出了一个绝妙的促销创意。

啤酒厂经有关部门同意，将小男孩雕像清洗干净，选择一个节日，做好了准备，节日这天，人山人海，中心公园无比热闹。天气很热，许多人口渴难耐。忽然，人们闻到从小男孩雕像处传来阵阵浓厚的啤酒芳香。有人大呼小男孩撒出的是啤酒（厂家事先安排的），有人试着用杯子接啤酒，一喝，哇！好啤酒！消息传来，人们蜂拥而至，附近专门有人免费发放一次性纸杯。这一举动轰动全城，很快这家啤酒厂就迅速占领了市场。

讨论：在促销工具、场地选择、时间选择的组合中缺少一个会有效吗?

三、阅读案例，回答问题

秦池的盛衰

秦池酒厂原是山东省临朐县一家生产“秦池”白酒的企业，1990年3月正式领取工商执照，时年产白酒1万多吨，销售区域只局限在潍坊。

1993年秦池酒厂厂长姬长孔把产品投放沈阳，同时在当地电视台买断段位、密集投放广告，对消费者实行免费品尝，请当地技术监督局对秦池酒进行鉴定……，一系列活动使秦池迅速走红。

1995年以6 666万元摘得中央电视台黄金时段广告“标王”，在全国引起极大轰动，秦池酒厂也因此一夜成名，订单雪片般地飞来，在短短的一个多月内，秦池酒厂就签订了4亿元的销售合同，两个多月秦池酒厂的销售收入就达到2.18亿元，实现利税6 800万元。

尝到甜头的秦池酒厂，在1996年11月再次以3.2亿元人民币的“天价”，买下了中央电视台黄金时间段的广告权，连任两届“标王”。

巨大的广告投入给秦池酒厂带来了“惊天动地”的效益，1996年秦池酒厂的销售收入达到9.5亿元，此时，秦池酒厂的老总们可谓是踌躇满志，秦池风光无限。

俗话说，“天有不测风云，人有旦夕祸福”，1996年12月《经济参考报》的4位记者刊发了4篇关于秦池酒厂沿川藏公路两侧收购散装酒勾兑“秦池”的报道，使秦池陷入巨大的媒体危机之中，而且使刚树立的“秦池”形象遭受了损害，在一定程度上影响了其市场份额。

好景没有持续多久，新华社1998年6月25日又传来惊人之报道：“秦池目前生产、经营陷入困境，今年亏损已成定局……”。

分析秦池酒厂盛衰的原因。

情景模拟训练

雨天，一对年轻夫妇走进一家建材家装店。

导购小姐热情上前：“你好！选点什么产品呢？”

女顾客脸上没有任何表情，随口说了一句：“随便看看。”

“装修可真不容易！要是工期赶着，什么天气都要出来买材料。”导购只得没话找话。

“是啊，都转了好几家了！”男顾客应道。

不错的信号，导购马上接茬过来说：“那应该对想要的产品风格和价位有谱了吧？”

“便宜、干净一点就好。”男顾客答道。

“你们不是名牌吧？好像都没听说过？”女顾客突然问了一句。

如果你是导购，如何促成这笔交易呢？请同学们分设角色，进行场景模拟。

思维拓展训练

如何正确处理顾客的异议，是推销员成功销售必经的环节。以下是几种顾客经常会提出来的异议以及推销人员不正确的处理方法，你能指出推销员的错误在哪儿吗？应该如何正确处理这些异议呢？

1. 我们笑颜以对，可顾客却毫无反应，一言不发或冷冷回答：我随便看看。

错误1：没关系，您随便看看吧。

错误2：好的，那你随便看看吧。

错误3：那好，您先看看，需要帮助的话叫我。

2. 顾客其实很喜欢，但同行的其他人却不买账，说道：我觉得一般，到别处再看看吧。

错误1：不会呀，我觉得挺好。

错误2：这是我们这季的主打款。

错误3：这个很有特色呀，怎么会不好看呢？

错误4：甭管别人怎么说，您自己觉得怎么样？

3. 顾客虽然接受了我们的建议，但是最终没有做出购买决定而离开。

错误1：这个真的很适合您，还商量什么呢！

错误2：真的很适合，您就不用再考虑了。

错误3：……（无言以对，开始收东西）

错误4：那好吧，欢迎你们商量好了再来。

4. 我们建议顾客感受一下产品功能，但顾客却不是很愿意。

错误1：喜欢的话，可以感受一下。

错误2：这是我们的新品，它的最大优点是……

错误3：这个也不错，你可以看一下。

5. 顾客总是觉得特价商品质量有这样那样的问题，我们应当如何消除他的疑虑。

错误1：您放心吧，质量都是一样的。

错误2：都是同一批货，不会有问题。

错误3：都是一样的东西，怎么会呢？

错误4：都是同一个品牌，没有问题。

6. 顾客说：你们卖东西的时候都说得好，哪个卖瓜的不说自己的瓜甜呢。

错误1：如果你这样说，我就没办法了。

错误2：算了吧，反正我说了你又不信。

错误3：（沉默不语继续做自己的事情）

7. 顾客看中了一样商品，想买下来送给自己的家人，但却说要把家人带来再决定。

错误1：不要等，现在不买就没有了。

错误2：你现在买就可以享受折扣。

实训项目

选择你学校所在城市的一家超市或商场，利用周末、节假日进行实地考察，了解其正在进行的促销活动，完成调研报告。报告中应包括以下问题：

1. 此次促销活动的名称是什么？
2. 此次促销的产品或服务是什么？
3. 此产品或服务的目标市场是什么？
4. 什么使促销引人注目并且独一无二？
5. 你认为此促销的目的何在？你觉得达到目的了吗？为什么？

参考文献

1. 孙金霞. 市场营销. 北京：电子工业出版社，2007.
2. 吴国章. 市场营销实务. 北京：北京理工大学出版社，2008.
3. 林文杰. 市场营销原理与实训. 北京：北京理工大学出版社，2009.
4. 王瑶. 市场营销基础实训与指导. 北京：中国经济出版社，2009.
5. 李世嘉. 国际市场营销理论与实务. 北京：高等教育出版社，2008.
6. 张丁卫东. 营销策划：理论与技艺. 北京：电子工业出版社，2007.
7. 付丽，欧亚. 市场营销. 北京：机械工业出版社，2009.
8. 屈冠银. 市场营销理论与实训教程. 北京：机械工业出版社，2006.
9. 周文根，王瑶. 市场营销原理. 北京：中国经济出版社，2008.
10. 隋兵，吴敏. 市场营销基础与实务. 北京：中国经济出版社，2010.
11. 李留法. 市场营销实务. 北京：中国计量出版社，2009.
12. 方光罗. 市场营销学. 大连：东北财经大学出版社，2004.
13. 申纲领. 消费心理学. 北京：电子工业出版社，2009.
14. 平建恒，王惠琴. 消费者行为分析. 北京：中国经济出版社，2008.
15. 吕一林，李蕾. 现代市场营销学. 北京：清华大学出版社，2007.
16. 吴宪和，任毅. 市场营销学. 大连：东北财经大学出版社，2007.
17. 车慈慧，碰庆环. 市场营销策划实务. 大连：大连理工大学出版社，2007.
18. 刘岚. 市场营销理论与实务. 北京：北京理工大学出版社，2008.
19. 胡德华. 市场营销理论与实务. 北京：电子工业出版社，2007.
20. 侯贵生. 市场营销综合实训教程. 重庆：重庆大学出版社，2005.
21. 刘传江. 市场营销学. 北京：中国人民大学出版社，2008.
22. 焦利军. 市场营销学. 北京：高等教育出版社，2008.